湛庐 CHEERS

与最聪明的人共同进化

HERE COMES EVERYBODY

现在，
发现孩子的
优势

［韩］
崔殷贞 著
최은정

张彦青 译

육아 고민?
기질 육아가 답이다!

中国纺织出版社有限公司

前 言

取长补短的气质育儿法

作为父母,你对自己的孩子真正了解多少呢?

长期以来,我一直从事儿童治疗以及育儿咨询等工作,我意识到,很多父母并不了解自己的孩子。例如,孩子的优缺点各是什么、它们是如何表现的、将来会如何发展,大部分父母对此一无所知。即使他们意识到存在的问题,也不知道问题的核心是什么。因此,在育儿过程中,他们总是顾虑重重、迟疑不决,面对问题则慌乱应对。

之后,这些父母会将正视孩子优缺点的责任推给幼儿园或咨询中心。他们担心孩子会因为自身缺点而遭受排挤和伤害,希望孩子尽早改掉缺点。孩子的缺点和父母的缺点越相似,父母就越容易过度关注这些缺点,仿佛孩子的缺点都该归咎于自己。由此,他们开始强迫孩子尽快改正缺点,以减轻自责感和负罪感。结果,担心带来不安,不安转化成愤怒。最终,他们只能不断地给孩子施加压力。

仅依靠老师就能真正理解孩子并培养孩子的气质吗？当然不能。父母才是和孩子共同生活的人，也是陪伴孩子最久的人，如果父母不改变自己的观念，那么，无论老师或咨询师如何努力，都无法全面地了解孩子，实现最佳育儿。

要想打破这种恶性循环，成为孩子成长的最佳助力者，父母需要对气质有所了解。掌握了孩子的气质，就能发现孩子的优点，继而帮助孩子扬长避短，最终提高育儿质量。

本书将介绍 16 种气质类型以及如何判断气质要素的强弱，作为父母，你最应该关注的是孩子的气质优点。因为这些优点能带给孩子快乐和幸福，让他们尽情地探索自身的存在价值，拥有享受生活的能力。也就是说，发现孩子天生的气质优点，才是理解气质的核心。

所有人都有缺点，过分关注缺点，不但不利于成长，而且会让人越来越讨厌自己、怀疑自己。无论是父母还是孩子，处在接纳自己的环境中时，会产生克服缺点的力量。接受自己并给予自己安全感时，或者激励并帮助自己的合作伙伴出现时，是下定决心正视及克服缺点的开始。家庭应该成为进行这种挑战的安全基地，父母应扮演合作伙伴的角色。只有这样，孩子在温暖安全的家庭氛围中才能充分发现自身的优势，改善不足，继而散发出自身独特的光彩。这就是为什么我们倡导气质育儿。

一些父母总是关注孩子身上的缺点，这与其说是对孩子的爱，不如说是为孩子的未来担忧。我们期盼孩子健康长大且能与他人融洽相处、互相尊重，也期望他能得到他人的喜爱。但是，我们对孩子缺点的关注会渐渐演变成担忧和不安，总希望立刻帮他们改正。这种担忧和不安最终会变成对孩子的催促和指责。

作为父母，你希望孩子走一条连你都不熟悉的道路吗？仔细回想一下，在对待孩子时，你是否总是犯同样的错误，进而陷入无限的内疚与自责之中？想要摆脱自责感和负罪感，你要主动发现孩子独有的闪光点，信任他们，与他们并肩同行。

作为一名教育工作者兼心理咨询师，我在过去的 15 年间遇到过许多孩子和父母。我发现，通过理解孩子的气质，强化其优点、弥补其缺点，他们的身上会发生奇迹般的变化。在此之前，我也曾因为担心而不断地训斥并指责孩子，但当我开始理解孩子的气质并关注他们的优点时，惊人的变化发生了。

期望读完本书的父母能了解孩子，尊重他们原本的气质，进而健康、有爱地教育孩子。同时，我也真切地希望本书能成为父母理解孩子气质的起点。

你知道什么是气质育儿吗？

- 人的气质完全是由遗传决定的吗？（　）
    A. 是
    B. 不是

- 人的气质与性格是一回事吗？（　）
    A. 是
    B. 不是

- 妈妈如果在怀孕过程中长期感受到压力，可能会导致孩子生性敏感，这是真的吗？（　）
    A. 是
    B. 不是

扫码鉴别正版图书
获取您的专属福利

扫码获取全部测试题及答案，了解如何运用气质育儿激发孩子的优势

扫描左侧二维码查看本书更多测试题

目 录

第一部分
什么是气质育儿

01　为什么要了解气质　　　　　　　　　　　003
02　理解孩子的最佳方法是了解气质　　　　　005
03　强化孩子的气质优点　　　　　　　　　　012
04　给气质"上色"的需求　　　　　　　　　017
05　组成气质的 9 种要素　　　　　　　　　　019

第二部分
判断气质类型，了解孩子的先天气质

06　4 种气质类型　　　　　　　　　　　　　055
07　细分的 16 种气质类型　　　　　　　　　075
08　幼儿期出现的 4 个层次需求　　　　　　　087
气质测试　判断孩子的气质类型　　　　　　　100

第三部分
16 种气质类型的针对性育儿指导

09	活动性强的顺应性气质 认真地做自己想做的事	113
10	活动性弱的顺应性气质 安安静静、做事不慌不忙	121
11	社会性强的顺应型气质 擅长营造气氛	133
12	社会性弱的顺应性气质 享受独处	142
13	活动性强的抑制性气质 追求完美	150
14	活动性弱的抑制性气质 小心谨慎	158
15	社会性强的抑制性气质 想和朋友一起冒险	165
16	社会性弱的抑制性气质 安静地做自己想做的事	172
17	活动性强的持续性气质 捍卫自己想做的事	181
18	活动性弱的持续性气质 享受独处	190
19	社会性强的持续性气质 想要主导关系	197

20	社会性弱的持续性气质 沉浸在自己的世界里	204
21	活动性强的敏感性气质 热情地追求自己想要的东西	212
22	活动性弱的敏感性气质 感情细腻、丰富	223
23	社会性强的敏感性气质 敏感又活泼	230
24	社会性弱的敏感性气质 情感上十分敏感	238

第四部分
需要注意的气质类型

25	顺应性气质的孩子注意力弱吗	249
26	抑制性气质的孩子情绪过分敏感吗	254
27	持续性气质的孩子注意力弱吗	260
28	敏感性气质的孩子情绪过分敏感吗	266

第五部分
父母的养育类型应与孩子气质相协调

29	父母的气质决定养育类型	273
养育类型测试	判断自己的养育类型	274
30	养育类型与孩子的气质不协调怎么办	278

第六部分
如何对气质特点取长补短

  31 找到孩子的气质优点 291
  32 正视孩子的气质缺点及问题行为 304

附　录
气质育儿 Q & A 311

第一部分

什么是气质育儿

01 为什么要了解气质

曾有一个 3 岁的小男孩,他不爱说话,也不与人对视,对声音极度敏感,严重挑食。一旦遇到不满意的事,他就会大哭大闹一整天。他完全无法与人沟通,被认为患上了孤独症。但事实上,他并未患上孤独症,只是具有一种高需求的敏感性气质,在不顺心、不满意的状态下,他会通过过激的肢体动作来释放自己的高压力。对此,我们需要在满足他的高需求的同时,降低他对刺激的敏感性。之后,经过 6 个月的治疗,这个小男孩终于打开了话匣子,也能和他人开心地玩耍了。

有一个 3 岁的小女孩,她几乎不怎么哭。妈妈抱她,她会推开妈妈。妈妈不见了,她也不会去找。此外,她总是紧闭着嘴,难以顺畅地发声。这种情况通常被称作依恋障碍。但事实上,她并没有所谓的依恋障碍,而是在情感上极度敏感且克制,属于抑制性气质。后来,她和妈妈一起玩了 3 个月的治疗游戏,抑制情绪慢慢得到了缓解。与此同时,她妈妈成为她敏感情绪的安身之所,她开始变得像其他同龄人一样,不再压抑自己,并开始表达情绪,充满好奇心,紧跟在妈妈身后,且变得越来越爱说话。

还有一个 5 岁的小男孩，他十分胆怯，发音不准，语速缓慢，只想自己玩耍。他会被周围陌生的微小声音吓哭，也不敢靠近人。很多人认为他发育迟缓。但是，他的妈妈认为他具有社会性弱的顺应性气质。他的妈妈根据他的气质对他说合适的话，给予他恰当的反应，并和他玩符合他气质的游戏，他的急躁情绪逐渐得到了缓解。最终，他发展出比其他孩子更加突出的认知能力和同理心。

只观察孩子的行为就下结论，是不可取的。把养育问题的根源归咎于父母或环境，是无法找到合适的解决方法的。而理解孩子的气质特性，并进行气质育儿，孩子很快就会产生令人惊奇的变化。因此，问题的根源和解决方法就在于气质。

心理学上的"气质"（temperament）一词是指性格的先天特性，即个人具有的典型特质。每个人都有自己的舒适区，在不经意间出现的偏向被称作"倾向性"。每个孩子天生就有自己独特的气质倾向性。

个人的气质倾向性不会轻易改变或消失，就像用石头在潺潺流淌的溪水中砌一道水坝，虽然水坝能将水积聚在一处，但改变不了水往低处流的性质。因此，人们虽可以通过努力和意志养成良好的习惯，但气质不会改变。将石子整整齐齐地堆砌起来，能造出一条水渠，同样的道理，父母和老师如果能充分理解孩子的气质并据此培养孩子，孩子就能健康地成长。这就是我们要了解孩子气质最主要的原因。

02 理解孩子的最佳方法是了解气质

基因和环境对个人的气质倾向性影响巨大，气质的遗传特性也很明显。倘若父母都是内向且谨慎的敏感性气质，那么，孩子不太可能拥有积极且无畏的人生态度；倘若父母注意力分散，缺乏耐心，那么，孩子也很难集中注意力，忍耐性也不会很强。

气质多为遗传

曾有一对父母带着6岁的儿子来找我，希望我给孩子进行游戏治疗。从上幼儿园开始，这个孩子一直不和人打招呼。同学拿走他的玩具小汽车后，别说讨回来了，他连嘴都不张，只是一动不动地站着。即使想上厕所，他也不敢开口和老师说，一直憋到放学，回家后才上厕所。

此时，他的父母才意识到问题的严重性，前来咨询中心求助。他们尝试过开导孩子，比如对孩子说："在幼儿园和老师大声打招呼的话，会得到礼物哦。"他们也鼓励过、吓唬过孩子，但孩子没有任何改变。

经过一番询问我才得知，孩子的爸爸自小毫无主见，任何事情都由父母做主。结婚之后，不要说搬家了，就连购买家电、家具也没法自己拿主意。他的父母突然登门造访或要求探望，他也不敢拒绝。而孩子的妈妈虽然感受到了巨大的压力，也只是露出疲惫的表情，连"我现在太累了"之类的话都不对丈夫说，只能偷偷服用抗抑郁药物来缓解压力。此外，夫妻俩都是在家办公，很少与他人交流，孩子的妈妈为了培养孩子的社交能力，正努力和孩子同学的妈妈们相处。

可以看出，这对夫妻和他们的儿子具有相同的气质。夫妻俩都是内向、容易害羞的性格，不愿表达自己的需求，讨厌麻烦和纠纷，属于抑制性气质。他们的儿子容易害羞，在和同学产生矛盾时，不懂得宣示主权，只能默默看着同学拿走自己的玩具。

这对夫妻对自身没有主见的性格常常感到郁闷不已，所以他们殷切地希望儿子不要像他们那样。为了让儿子变得有主见，他们尝试了许多方法，但最终还是把自身的影子投射到了儿子身上，忽视了儿子的内心。他们自己年轻时也曾希望父母明白他们内心的主张，即使不明确地表达，也希望父母能察觉到并真诚地接纳他们。当他们刚有孩子时，可能也曾希望自己成为那样的父母并为之努力过吧。

但是，他们只看到了儿子在气质上与自己相似的缺点，却没有认识到儿子与彼时的自己相似的内心。因此，他们只是想简单、快速地解决问题，而未能正视儿子的气质优点，忽视了儿子敏感的内心。

在治疗过程中，我发现这个小男孩虽然内向、木讷，但他拥有独特的气质优点：他有一颗善良的心，无论何时都会爽快地与同学分享东西；他还十分体贴，同学说要和他一起玩，他总是欣然接受。其实，他的父母也具有这种气质，只是他们忽视或无视了，因为他们认为，拥有这种气质的人在社会上会遭受欺凌。

后来，夫妻俩开始重新审视自己内在的气质。面对儿子时，他们不再愁眉苦脸，而是露出和蔼的笑容，儿子也欣然回应，他还会对父母说"我想和你们一起玩"之类的话，甚至开始表达想去同学家玩的意愿。

孩子都是像父母的。如何看待这种相似性，决定了父母对孩子的态度。

胎儿也有记忆

精子和卵子结合形成受精卵后，会以飞快的速度分裂、生长。在这个过程中，子宫内的环境会对遗传基因的形成产生巨大影响。此外，孕妇的心情和感受及他人的声音，都会影响胎儿。当孕妇感受到压力时，胎儿也会感受到相同的压力，察觉到周围环境的危险，开始本能地对外部世界采取防御姿势。此时，与自我防御有关的基因表达发生变化。为了适应环境，胎儿会通过对刺激反应敏感的传感器来保护自己。这就是表观遗传学上所说的胎儿生存反应。

换句话说，孕妇子宫内的环境与胎儿的敏感性直接相关。孕妇对压力的反应越强、不安定情绪越多，胎儿对外部刺激引发的危险越敏感。为了自我防御，胎儿的敏感性会进一步提高，最终，他们对微小刺激也会产生反应。所以，在咨询中心进行早期儿童心理评价时，我们会仔细了解孩子的妈妈在怀孕前、怀孕中和生产后的压力程度以及身体和精神的状态，再来判断孩子的高敏感性是因为自我防御，还是气质使然。值得庆幸的是，遗传性的高敏感性是可以改变的，而改变的原动力就是依恋。

敏感是一种本能

孩子生性敏感，妈妈无须自责，因为可以利用依恋的强大力量来帮助孩子。

父母稳定的回应方式和持续的保护会给孩子带来安全感，由此，孩子原本敏感的防御性反应会逐渐趋向稳定。孩子在出生后的一年内对刺激最敏感，如果他们在稳定的依恋关系中成长，通过视觉感知以及爬行、走路等累积的直接经验，他们会逐渐减少对世界的恐惧；而如果他们身处一个令其不安的环境，他们就会变得更加敏感。

此外，妈妈压力过大或在怀孕期间受过外伤，也会引发孩子的不安全感，且这种不安全感短时间内无法消除。同时，恢复孩子的安全感不仅很难，需要的时间也很长。所以，父母不能因为孩子敏感就埋怨他们，好像这是孩子的错一样。孩子的敏感反应是为了生存而被强化的一种本能，这种本能或许是妈妈在怀孕期间感受到诸多负面情绪所致。

用心观察才能了解孩子真正的气质

如前所述，遗传和环境是影响气质的重要因素。不过，孩子的气质不单是由遗传和子宫内的环境这两方面造就的。每个孩子都是独立的个体，因此，我们必须用心理解他们，并为之付出足够的努力。而要想了解孩子，先要以谦虚的态度观察孩子。

气质小百科

第❶步

观察孩子（摒弃推测、解释、判断，直接观察）
- 仔细观察孩子表现出来的样子。
- 不要只观察孩子单个的行为，而要持续观察孩子的行为走向与变化。

曾有一位妈妈带着7岁的儿子来找我。从进入咨询中心起，这个小男孩一直蹦来跳去。孩子的妈妈一直皱着眉头抱怨:"哎!我要疯了!这孩子太散漫了,一刻也待不住。"她说话的工夫,孩子已经踢掉自己的鞋,径直走向了沙发,坐下去又站起来,然后"嗖"地爬到另一把椅子上,直直地望向窗外。孩子的妈妈叹着气说:"看看他的样子,真令人头疼!"

尽管如此,我们不能单凭孩子的表现就做出判断,而应根据孩子的行为了解其内在本质。"你都 7 岁了,怎么还上沙发呀!""你怎么就控制不住自己呢?""动来动去,真没规矩!"这样的话只是假装观察后做出的判断,而真正的观察是看孩子原本的面貌。

气质小百科

第❷步
找出孩子同时出现的行为模式和情绪模式
- 行为和情绪总是同时出现的,所以要把握行为模式和情绪模式。
- 行为和情绪看起来不协调时,可能是防御机制或反作用行为的表现。

经过仔细观察后我发现,这个小男孩的动作是有一定的顺序的,而且他还曾要求说"请给我一杯水",后来他又问"什么时候走"。

其实,这个小男孩跑动的位置和移动线路,正好是他进咨询中心后视野所及场景的顺序。他跑动时面带微笑,表现得有些兴奋,坐在桌旁时,看起来又面无表情。

第❸步

透过孩子的行为和情绪发现其需求
- 猜透孩子想要的是什么。
- 把表达需求的"行为和情绪"与"言语"关联起来。

这个小男孩通过行为在表达什么样的需求呢?他几乎使出了浑身解数来表达自己想玩的心情。他非常开心能和妈妈一起到这里来玩,因此用特定的行为来表达这种想玩的需求。但在和妈妈一起等待的10分钟内,妈妈没有发现适合他做的事情,只是一味地对他说"安静点"或"不要跑了"。他期待和妈妈一起度过愉快的时光,但妈妈却不断指责他,令他感觉到妈妈并不喜欢他这样,所以他最后安静地坐下来并要求给他一杯水。小男孩的那句"什么时候走",暗含了他想和妈妈玩耍的渴望。

孩子的行为、情绪与言语都会展现他们的需求。小男孩十分享受和妈妈在一起的时光,但他的行为起到了反作用,让妈妈感受到了压力。

第❹步

父母不要以自己的思想去判断孩子,而应全面理解孩子
- 不能对孩子说"你还小"。

事实上,小男孩跑来跑去不是因为他生性散漫,而是因为他不知道该如何表达自己愉悦的心情。后来,小男孩的妈妈通过观察意识到儿子深爱着自己,他很喜欢和自己在一起的时光。那么,小男孩的妈妈怎么做才能同时满足孩子和自己的诉求呢？其实，把在咨询中心等待的 10 分钟变成一段愉快的亲子时间，准备好彩纸或彩色铅笔和孩子一起玩就行了。这样，孩子能获得和妈妈在一起的乐趣并安静下来，妈妈也能因此感到舒适。

这位妈妈后来还曾对我说："即使只有一点儿时间，孩子也想和我一起愉快地度过。一周里，他最期待的就是和我在一起。"

为了和孩子一起度过愉快的时光，父母需要做很多准备。只有用心观察和理解孩子，才能实现积极的育儿效果。

03 强化孩子的气质优点

如前所述,了解孩子的气质,父母就可以找到最适合他的养育方式。而要想理解孩子的行为及言语,父母需要仔细观察或倾听。

气质不等于性格

气质是指天生的倾向性,而性格则像"在与环境的相互作用中形成的外衣"。从青春期开始,所有人都会经历自我认同的混乱时期,然后以自己天生的气质和后天的经验为基础,形成符合自己需求的性格"外衣"。到 20 岁左右,人的性格才会完全显露出来。这也是为什么有人会说,自从上大学以后,自己的性格发生了很大的变化。

父母都希望孩子拥有良好的性格,担心孩子幼儿时期表现出的不良行为倾向会成为其日后的性格特征。事实上,孩子可能不会形成父母期盼的那种性格。如果父母无视孩子天生的气质,一味鞭策他们,期待他们有好的性格,那么,当孩子长大成人时,他们会脱掉父母期望的性格"外衣",展示出自己真正的性格。

我曾遇到过一个女大学生，她在童年时期一直很腼腆，很听父母的话，但进入小学高年级之后，她经历了疾风骤雨般的青春期，总是出去玩、见朋友，向父母表达不满，并表示说她将来只想做自己喜欢的事。父母认为她的偏执和叛逆是青春期带来的暂时性变化，并坚持认为她是顺从的性格，因此强迫她听从他们的意见。后来，她在中学时期一直不愿和父母交流，虽然考上了父母期望的幼儿教育系，但她最终不顾父母的反对，选择学习作曲和音乐。我听说她现在的生活一点也不幸福。

这个女大学生的气质优点是情绪敏感性。一直以来，由于她的父母把守规矩、顺从视为她的优点，所以他们不假思索地按照这些要求教育她。但事实上，她气质上的优点是感受、表达和体验敏感情绪。所以，她在青春期表现出的"反常"行为不是突发的，而是源于其自身原本的气质所致。

作为父母，我们都希望孩子幸福，期望他们有能力发挥自己所长，做自己想做的事。因此，我们要帮助孩子发现他们自己天生的气质优点，只有这样，他们才能发挥自身潜力，获得幸福，而开启这条路的第一步就是帮他们建立自我信赖感。

气质小百科

> **小知识**

自我信赖感：充分相信并肯定自己
- "我是一个足够好的孩子。"

自我信赖感就是充分相信和肯定自己。孩子在小时候与父母或依恋对象的相处模式可以决定其内在的运行模式，他们会通过这种模式认识自己。因此，童年时期的养育方式非常重要。想要让孩子发挥自身长处，父母应该帮助他们充分相信自己、肯定自己，尽可能多地创造能增强自我信赖感的积极经历。

在婴幼儿时期，孩子以自身的主要气质特征生活，他们在发展自身气质的同时，还会体验、感受自己天生的气质优点并进行自我反馈，形成积极的自我信赖感。如果他们的气质优点没有得到充分的发挥，没有得到他人的肯定与支持，长大成人后，无论他人如何肯定或称赞他们，他们也不会相信，因为支撑其自我的自我信赖感已趋近干涸。

六年级的贤宇个子很高，皮肤白皙，非常帅气且有礼貌。他话不多，总在思考，但喜欢与人谈心。他对他人的感觉和情绪以及周围环境十分敏感。

贤宇的父母性格外向，在他们看来，贤宇过于敏感、内向，甚至无法随心所欲地说话。他们认为男孩子应该去外面踢球，和朋友一起玩才正常。所以，他们认为贤宇有很多问题，即使贤宇静静地看书，他们也忍受不了。而实际上，贤宇只不过在以自己的方式生活罢了。

在青春期临近时，一些内向的孩子为了弥补他们在学校及辅导班消耗的能量，会想要拥有安静的独处时间。对于像贤宇这样内向敏感的孩子而言，他们所需的时间更长。

和贤宇聊天时，他对我倾诉了很多，表达了他反思过往、思考未来的想法。正是由于内向与敏感的优点，贤宇会不断思考和反思自己。虽然他现在还小，找不出答案，用的方法也过于简单，但他在尝试利用自身的优点积极地生活。

如果父母总认为孩子有问题，孩子就会对自己所有的行为都感到不安，最终会选择转身逃跑。"反正怎么做都不行"的心态会削弱孩子的内在动机。

很多父母虽然承认孩子的优点，但他们担心"水满则溢"，因此认为过于突出的优点就是缺点。例如，如果孩子与朋友相处融洽、喜欢和朋友一起玩耍且处事灵活，有些父母会认为"我们的孩子社交能力强，很会交朋友，很不错"，但一旦孩子在和朋友玩过激的游戏时受伤或在家不愿做作业时，他们就会自动"屏蔽"孩子的社交优点，只看到孩子注意力不集中的缺点。

父母应该冷静思考一下：自己现在是否仍然会忽视孩子的优点，一直想纠正孩子的缺点呢？其实，非难与指责不仅会刺痛孩子的内心，还会阻碍孩子探索的脚步，尤其当孩子进入青少年期、为寻找自我认同进行积极尝试与挑战时更是如此。

发现气质优点，拥有自我效能

很多父母在抚养孩子时总是拿自己的孩子与其他孩子做比较，想以此纠正孩子的缺点。然而，孩子只有发现了自身的气质优点，拥有充分的自我信赖感，才能发展出自我效能感。这种自我效能感只能通过直接经验获得。

气质小百科

小知识

自我效能感：知道自己有能力做什么
- "我什么事都能做。"

在心理学上，胎儿期到幼儿期这一阶段被称为前运算阶段。此时，我们是通过亲身经历相信和理解某件事的，还很难理解从他人口中得知的某种结论。推理能力一般在 10 岁以后才会形成。在这之前，孩子只有切身体会自己的优点，才会明白"原来我能做到啊"或"做了才发现，真的很不错"。如果孩子缺乏直接体验，他们会不再相信自己的优点与能力，或是消极情绪越来越严重。

有一个6岁的小女孩，曾经十分害羞。因为容易紧张，她不喜欢在幼儿园进行才艺展示。她的妈妈为此抱怨道："哎，你这么腼腆，该拿你怎么办呢？"事实上，这个小女孩不是不愿意展示，而是希望自己在大家面前好好表现。她经常在课堂上画画或用黏土做东西给老师看，并拜托老师帮她展示。

当时，我建议她的妈妈带她去美术班学习画画，经常展示她的作品。后来，不到6个月的时间，她就能自信满满地站在父母面前讲解自己的画作了。

父母不了解孩子的气质优点，或没能给予孩子发挥气质优点的平台，导致孩子无法自信地表现自己。一旦孩子发挥自身气质优点，并获得自我信赖感和自我效能感，那么，即使他们做得不好，也会产生想要再试一次的勇气。因此，父母应该着重培养并鼓励孩子的气质优点。请务必记住这一点。

当孩子以自信的面貌形成健康的自信心后，任何能让他们发挥优点的环境，都能帮助他们获得极大的成就感，克服缺点。通过这些经历获得自我成长的力量后，孩子再次面临挑战时，就会相信自己，同时信赖父母，勇敢前进。对孩子来讲，这种取长补短的方式是最安全的成长方法，他们的自尊心也会自然而然地强大起来。

父母发掘孩子的气质优点并对其进行强化后，这种气质优点会更加凸显，孩子也会确信自己是最独特的存在，并因自信而感到幸福。

给气质"上色"的需求

04

所谓需求,就是获得某物或想要做某事的心理感受。对孩子来说,一旦他们想要某个东西或想做某件事,他们会表现出相应的动机。孩子通过表达需求展现自己时,就是他们作为独立的个体自信生活的开始。

有一个关于自我认识的著名实验:在孩子的鼻子上涂上口红,观察孩子看到镜子中自己的样子后,是否会擦掉口红。我们对 9～24 个月的孩子进行了这一实验,结果发现,大部分 18 个月以上的孩子会把鼻子上涂的口红擦掉。他们已经认识到,镜子中映照的正是自己。

这种自我认识在孩子出生后的 18～24 个月就会形成。之后,孩子会切切实实表现出自己独特的欲望。他们对世界没有恐惧感,会随心所欲地行事,他们不会思考该做什么,不该做什么,只遵从自己的动机前进。

孩子的需求不同,行为也会有所不同。他们身上会逐渐显现出属于自己的特色。有些孩子会亲近夸他们长得漂亮的长辈,吃长辈给的零食,有些孩子在妈妈怀中时,会以安全且舒适的状态观察四周。

到幼儿期，孩子的需求会更加明显。有的孩子会因为喜欢和朋友玩而主动去上幼儿园；有的孩子喜欢学习，期望看到、熟知并了解事物；有的孩子想要展现出自己漂亮的样子，喜欢戴项链、戒指，穿好看的衣服；有的孩子想要展示自己的能力，喜欢爬到高处再跳下来；还有的孩子喜欢自己一个人玩耍，享受独处。

每一个孩子都拥有属于自己的个性与独特性，即使他们与父母有相似性，也不会与父母完全相同。所以，父母要仔细观察孩子的需求，让他们活得像个孩子。要想详细了解孩子的需求，需要综合观察孩子在家里和幼儿园时的表现。幼儿期是孩子社会性发展的时期，此时，孩子的社交需求十分突出，且这种需求在集体生活中会比在家中更加明显。因此，父母需要和老师积极沟通，经常分享各自的观察和理解。

对于需求的进一步探讨，可见后文相关章节。

05 组成气质的 9 种要素

人的气质一般由 9 种要素组成（见图 5-1），接下来，我们来一一进行详细探讨。

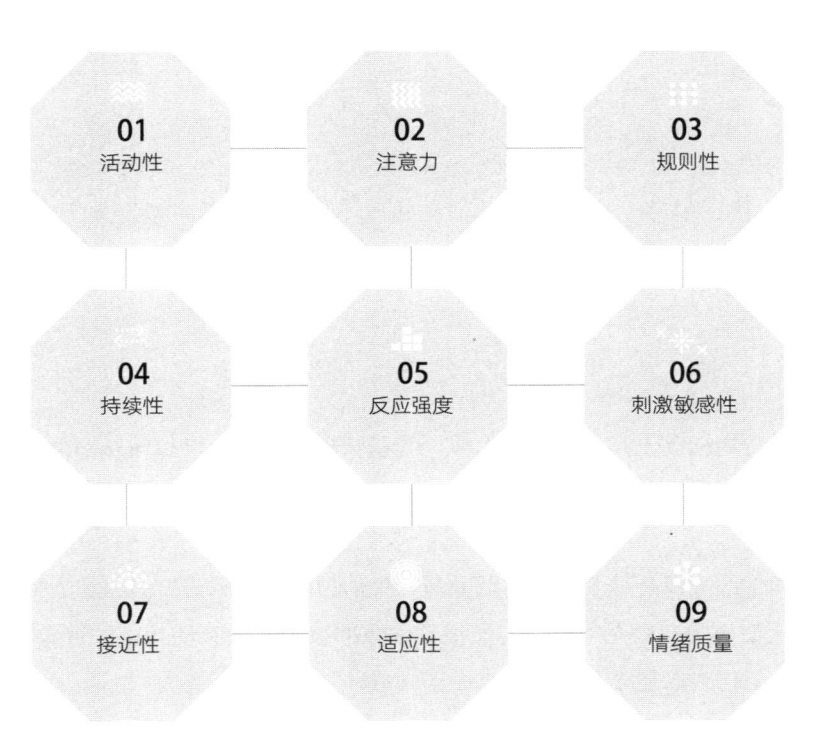

01 活动性	02 注意力	03 规则性
04 持续性	05 反应强度	06 刺激敏感性
07 接近性	08 适应性	09 情绪质量

图 5-1　气质的 9 种要素

活动性

活动性是一种特点,包括活动程度、活动方向以及需求(见图 5-2)。

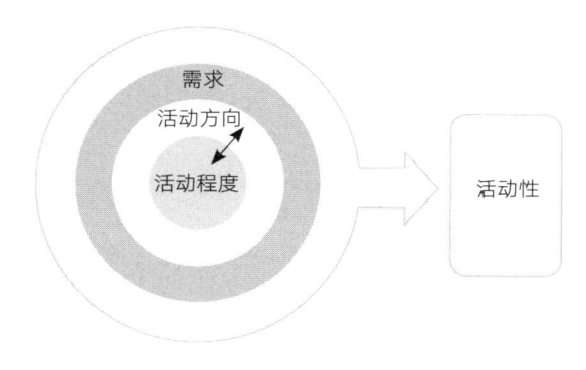

图 5-2　活动性的含义

活动程度

活动程度是指活动能量,即孩子有多爱动,它像是控制孩子行动和心情的"引擎"。根据引擎功率的大小和活动幅度不同,孩子活动能量的强弱也有所差异。

活动方向

活动方向指孩子是外向还是内向。有些孩子的活动能量指向外部世界(外向型),有些孩子的活动能量则指向内部世界(内向型)。

外向型的人通过外部世界获取能量,他们越疲惫,越需要出门和人交谈,在运动和玩耍中为自己充电。外向型活动性强的孩子即使在幼儿园玩得大汗淋漓,他们也会觉得自己还未尽兴,想去游乐园或朋友家继续玩耍。

内向型的人通过内心世界获取能量,他们越疲惫,越需要独处。他们需要在安静的场所休息，专注于自己以进行充电。内向型活动性强的孩子即使在幼儿园和同龄的小朋友做游戏都会觉得疲惫。他们也喜欢和好朋友一起玩耍，但当好朋友不在场或受到周边环境的影响而感到压力时，他们想尽快回家玩自己喜欢的游戏。内向型活动性的孩子如果同时具有较强的接近性和适应性，那么他们会希望妈妈能像朋友一样陪自己玩耍，而接近性和适应性较差的孩子会经常独自玩耍。

需求

需求指生理动机和心理动机，它驱使人们想办法得到自己想要的东西，做自己想做的事情，以此来弥补自己缺少的东西。孩子会通过行为、情绪和语言来表达自己的需求，并希望自己的需求能得到满足。因此，父母可以通过观察来了解孩子的需求。

需求和欲望不同。法国精神分析学家雅克·拉康（Jacques Lacan）给出了如下定义（见表5-1），可以明确区分需求、要求和欲望三者之间的不同。

表5-1　需求、要求和欲望

	定义及示例
需求	凭借生物学冲动获得满足，如"我希望妈妈爱我"
要求	表达出来的需要，如"妈妈，你到我这儿来""妈妈看我"
欲望	无意识地不断提出要求，如"你必须只爱我一个"

美国心理学家亚伯拉罕·马斯洛（Abraham Maslow）认为，需求是动机的根源。他曾表示"人自一出生就会本能地产生需求"，并认为人的需求是从最低层次的生理需求开始，经过一步步发展，最终达到最高层次的自我实现需求的。低层次需求得到满足后，新的动机就会出现，以进一步满足高层次需求（见图5-3）。

并非低层次需求完全得到满足后才会出现下一层次的需求，但通常情况下，需求的满足是按层次依次进行的。人生的不同时期，总有一种需求占支配地位，多种需求不会同时以相同强度出现。此外，基本需求若未得到满足，会对人产生一定的不良影响。因此父母应该帮助孩子满足基本需求，同时，也要看到孩子的优点和缺点，想办法帮孩子克服缺点，这样孩子才能到达自我实现需求的层次，更好地成长。

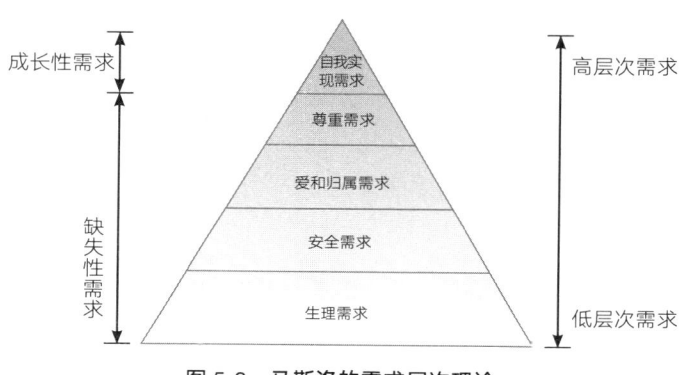

图 5-3　马斯洛的需求层次理论

马斯洛的需求层次理论将需求分为 5 个层次，接下来将重点探讨不同活动性的孩子在幼儿期产生的前 4 个层次的需求，即生理需求、安全需求、爱和归属需求和尊重需求（见图 5-4）。

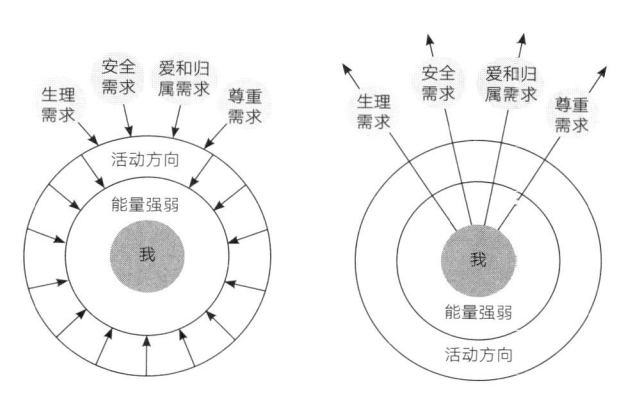

图 5-4　内向型活动性和外向型活动性

活动性是判断孩子气质类型的重要标准，起着至关重要的作用，因此，父母在分析孩子的活动性时要严谨。父母要综合分析孩子活动能量的强弱，是外向还是内向，有什么需求，然后再判断孩子的活动性，这样才能得出正确答案。

> 气质表现
>
> **外向型活动性较强的孩子**
> - 学步早。
> - 蹒跚学步后会不断尝试走路，活动较多。
> - 看到物品后会立刻触摸，想要亲身感受。
> - 喜欢登高或跑、跳，喜欢挑战。
> - 胆大。
>
> **内向型活动性较强的孩子**
> - 学步晚。
> - 安静坐着时会玩耍。
> - 喜欢手工、画画。
> - 人少时较主动。
> - 人多时会害羞。

案例

低需求的内向型孩子（生理需求）

闵彩 4 岁了，她不喜欢出去玩，不会缠着妈妈或哥哥姐姐陪自己玩，而喜欢一个人在家看电视或画画。她每次都会画相同的画或玩同一个玩具。一旦她开始玩橡皮泥或填色游戏，她能安静地坐一小时。她饿了以后才会哭闹，会打开冰箱门看看，或者走到妈妈旁边，告诉妈妈自己想吃东西。

闵彩属于内向型，且活动性弱，具体表现为少言好静。她对生理需求最敏感，对其他需求则较迟钝，如对饥饿反应最强烈。

一般需求的内向型孩子（安全需求）

敏智5岁了，她不喜欢和哥哥一起出去玩，而喜欢在房间里和玩偶玩。她一会儿抱着玩偶自言自语，一会儿拿出彩纸或橡皮泥做手工，玩得很开心。这个时候，敏智很讨厌弟弟妹妹摸自己的玩偶，也不希望哥哥来捣乱，因此她更喜欢在房间里玩。在她无法独自玩耍时，她也会和弟弟妹妹一起玩。

敏智属于内向型的孩子，不喜欢出去玩，喜欢在房间独自安静地玩耍。对敏智来说，最重要的需求是安全舒适的玩耍空间，但由于她的活动性一般，所以她偶尔也会和弟弟妹妹一起玩。如果敏智的活动性再强一些，可能她会在弟弟妹妹或哥哥打扰时，仍然自顾自地玩游戏。

高需求的外向型孩子（爱和归属需求）

闵亨刚24个月大，很喜欢玩耍，不过他还没有特别喜欢的游戏。哥哥玩积木时，他会在旁边摸摸积木，试图模仿哥哥，看到哥哥不开心后，他会马上跑到姐姐那里，然后拿起彩色铅笔，说自己也要试着涂色。

闵亨属于外向型，且活动性强，因此，他不会独处，什么都想体验和模仿。这会调动他的积极性，同时，他有爱和归属需求，具体表现为他在情绪和行为上倾向和他人在一起。

高需求的外向型孩子（尊重需求）

敏秀今年7岁，他只要一回家就闷闷不乐，说自己想去游乐场玩，即使他偶尔在家玩一会儿，也绝不会安静坐着，喜欢爬到沙发上跑来跳去，并一刻不停地和妈妈讲话，让妈妈看他有多厉害。

敏秀的活动性强，活动方向为外向型，他会通过行动来展示这种能量。同时，他也有自尊需求，希望妈妈一直认可自己。

注意力

需要注意的是，气质要素中的注意力不是指孩子能对自己喜欢且偏爱的东西给予多少关注，而是他们能对自己不喜欢、不偏爱的东西给予多少关注。孩子专注于自己喜欢的玩具或电视节目时展示的是他们的持续性，而不是注意力。假设一个孩子对画画不感兴趣，当他需要完成一幅较复杂的画时，他能投入到何种程度，能否坚持到底，这体现的才是他的注意力，也可以称之为注意力持续性。

在婴幼儿时期，孩子的发育程度与模仿能力息息相关。例如，孩子关注和模仿妈妈手指动作和面部表情的程度不同，其发育程度也会有所差别。有的孩子注意力较强，当妈妈拿出新玩具，摇晃使它发出声音时，虽然他不感兴趣，但仍会盯着玩具看，并试图触碰它。有的孩子注意力较弱，即使妈妈拿出新玩具给他看，他只会简单地看两眼，然后马上转移注意力。

有的孩子的注意力在幼儿期较强，如上课时，即使他对课堂内容不感兴趣，他也会认真听老师讲课，仔细阅读课本。当他做习题册或拼拼图、搭积木时，他会一直坚持到任务完成。与此相反，注意力较弱的孩子很难对自己不感兴趣的东西保持专注，且经常放弃较难的任务，没有耐心做完一个游戏，他们更喜欢把东西拿出来摸一摸、看一看，玩游戏时常常止步于探索尝试阶段。

如果孩子活动性较强但注意力较弱，那么，在需要保持专注、静坐的场合中，他经常会不耐烦地扭头或离开，很难坚持下去，如集体谈话时、上课听讲时，或父母给他读他不喜欢的书籍或教训他时。活动性和注意力都较弱的孩子，虽然可以安静地坐着，但他们会走神、发呆，难以集中注意力，且总会转移视线或坐着胡思乱想。

> 气质表现
>
> **注意力较强的孩子**
> - 敢于直视对方。
> - 会认真听对方说话并记住。
> - 会学习他人的行为和语言并进行模仿。
> - 即使是他们不喜欢的活动或任务，他们也能坚持到底。
> - 有始有终。
> - 无论他们对活动或任务是否感兴趣，他们都能长时间保持专注。

案例

注意力很弱的孩子

闵彩喜欢安静，但偶尔需要她快速行动时，她很难在听到妈妈的话后立即做出反应。在父母帮着洗漱、哄睡的过程中，闵彩都比较乖，但当他人在她做事时叫她的名字，她仿佛听不到，只会埋头做自己的事情。如果他人走近她身边跟她说话，她也能立刻回答并整理好自己手上的事情。不过，闵彩的父母仍然有些担心，因为他们教她玩新玩具时，她并不专注，需要多次提醒，她才会抬头，然后跟着照做。

闵彩只做自己喜欢的事情，她的规则性强，但注意力很弱，很难观察并模仿她在生活中看到的行为。

注意力较弱的孩子

敏秀喜欢搭积木，能一直坐着投入其中。但他一写作业就会抱怨，一天连两页习题都做不了。他在学习上无法集中注意力，做练习题时会花很长时间。此外，敏秀也会积极参加自己感兴趣的主题活动，但在进行他不感兴趣的活动时，他会和朋友聊天，说一些与活动无关且不着边际的话。父母让敏秀在游戏完之后整理玩具，他不太"听话"，即使父母叫他的名字，也很难让他立刻停下手中的游戏，他常说自己没听到。

在日常生活中，敏秀在点名和指示方面的注意力比较弱。在社会生活中，他很难持续关注自己不感兴趣的东西。

注意力一般的孩子

敏智对自己不喜欢的活动完全没兴趣。在和朋友一起玩玩偶时，假如朋友突然去搭积木了，她会一个人继续玩玩偶，因为她对积木不感兴趣。玩不熟悉的游戏，她也无法集中注意力。在家里，虽然敏智能完成妈妈吩咐的简单任务，但在社会生活中，专注地观察和倾听对她来说十分困难。例如，在幼儿园的讨论环节中，敏智常常忘记老师的问题，因此被老师点名时，她会全身僵硬、不知所措。敏智性格内向，有一定的安全需求，因此在和同龄人玩耍时，她很难表现得充满活力，人多时，她的专注力会下降。

注意力较强的孩子

闵亨是个"学人精",在旁边看到哥哥姐姐玩游戏时会马上跟着学。例如,当他看到哥哥搭的积木后,他会马上跟着做一样的。无聊的时候,他会四处乱走,但只要他听到有人要教他东西或讲有趣的故事,或看到有人在玩游戏,他会马上跑过去粘住对方,然后认真听、仔细学。他能立刻记住妈妈说的话并照做,即使不是他喜欢的活动,只要他开始做就会集中注意力,直到结束为止。

只要明确告诉闵亨规则,讲清指令,他就会专注地学习。闵亨的活动性和注意力都比较强,因此他喜欢学习和了解新事物。

规则性

规则性是指孩子在生理上以及在社会生活中对规则的遵守程度。

生理规则也被称作生理节奏,它会在孩子出生后到一周岁内逐渐显现出来。有的孩子有自己的生理节奏,因此,即使父母未付出太多精力,他们也能在较固定的时间里喝奶、吃饭、睡觉、起床,并一直遵循这种节奏。

拥有规则性的孩子一般也比较顺从。一周岁之后,孩子开始蹒跚学步,他们会乖乖地抓着父母的手;在父母喂他们辅食时,即使父母把他们放在凳子上,他们也能乖乖地坐好吃饭;父母给他们讲完故事并提醒他们"今天就讲到这里啦,该睡觉了",他们也不会撒娇耍赖,而是乖乖地去睡觉。

面对这样的孩子,父母会很欣慰,其实这也归功于孩子的气质特征。也就是说，孩子听父母的话，与其说是因为父母的教育方式得当，不如说是因为孩子的规则性较强。

有的孩子规则性较强，有自己的生理节奏，父母在养育他们时会较为轻松。四五岁以后，这类孩子进入幼儿园面对新规则时，他们能轻松地接受和适应。

有的孩子规则性较弱，讨厌所有规则，无论在家里、玩游戏时，还是在集体生活中，他们都觉得遵守规则令自己非常不舒服。在日常生活中，他们经常感到烦躁，即使面对简单的小事，如整理玩具、洗手、吃饭等，他们也会焦躁不安。通常，这类孩子在进入幼儿园等教育机构后会面临越来越多的困难。

3～7岁是他律性道德发展的时期，在父母和老师的教导下，孩子会将道德内化于心。在这一时期，面对自己喜欢且信任的父母和老师所说的规则，孩子会无条件地学习并适应，然后将其转化为自己的规则。也就是说，3～7岁是依靠他人建立自身道德基础的时期。

俗话说的"3岁看大，7岁看老"便源于此。从3岁开始，孩子逐渐形成道德基础，他们的人格、社交、自我调节等开始发展。因此，这个时期的教育尤为重要。如果孩子没有接受良好的教育，没有打好道德基础，那么，他们到学龄期就很难理解一些基本礼仪，并难以接受和照做。8岁之后，孩子的主观意识会发展到一定程度，进入自律性道德发展阶段。在这一时期，孩子会按照自己的标准参与集体生活。

在韩国，几乎所有的幼儿园都会开设"保育课程"，当孩子5岁以后，教他们学习简单的社交和沟通方式，因为维护集体秩序需要他律性道德。这时班级中的师生比例急剧缩小，一个班的孩子增至20多名，他们需要在大集体中一起生活。为了保障安全，顺利开展教育工作，规则就会相应增多。孩子每天聚在教室里，听老师讲解一天的活动安排和时间规划，包括玩游戏也要遵循的规则。随着规则的增加，规则性较弱的孩子会觉得困难，因此他们在 5 岁时，可能会抵触上幼儿园。很多孩子很难控制自己的情绪和行为，主要也是因为他们的规则性较弱所致。因此，在孩子处于幼儿期时，父母应当关注他们的规则性。如果发现孩子的规则性较弱，父母应当提高关注度，努力帮助孩子克服困难。

需要注意的是，规矩和规则是有区别的。规矩可以根据具体情况灵活调整，而规则是绝对不会变的原则，有明确的限制，是一定要遵守的。

再以前文提到过的 7 岁小男孩为例，他一进入咨询室就跑来跑去，对他来说，"不要爬上沙发乱跳，可以坐在沙发上休息"属于规则，而"在沙发上坐着很累，不如和妈妈玩一会儿，调整一下自己"则是规矩。

父母如果无法明确地区分规则和规矩，会让孩子感到混乱。尤其是当孩子的规则性较差，而父母又将这两个概念混为一谈，孩子就无法理解哪些是一定要遵守的规则，他们会觉得一切要求都是父母为了更好地管教自己，随心所欲地制定的。

因此，父母首先要明确自己的标准，明白规则和规矩的不同。父母既要观察孩子的需求，又要保持开放的心态和灵活性，根据具体情况调整规矩。相反，规则一旦制定，就要让孩子贯彻执行，不能朝令夕改。有时，孩子受周围人或情绪的影响，偶尔会违反规则，此时，父母不应视而不见，装作无事发生，否则会让孩子会感到更加困惑。

📄 **气质表现**

规则性较强的孩子

- ✓ 生活节奏比较固定，如起床、睡觉、吃饭的时间等。
- ✓ 告诉他们不能做某事，他们可以马上接受。
- ✓ 能马上回答父母的问题并立刻行动。
- ✓ 能自觉遵守和维持规则。
- ✓ 认为制定的规则应该遵守。
- ✓ 游戏结束后能立刻整理玩具。

案例

规则性很弱的孩子

敏秀一进家门就脱掉鞋子去拿玩具。父母经常教导他要先洗手，但无论他们是哄劝还是训斥，敏秀都无动于衷，仍然先直奔玩具。敏秀活泼好动，吃饭时也不好好坐着，一直动来动去，所以总是挨骂。即便他的父母制作好时间表，作用也不大，他仍旧会上学迟到。到了晚上，父母让他洗漱睡觉时，总要花很长的时间才能说服他。

敏秀活动性强，但缺乏规则性，所以他在行动时总是不遵守规则。要想让敏秀这样的孩子遵守规则，父母就需要思考一下：孩子有没有把规则当作必须遵守的要求，自己有没有始终如一地据此教育孩子。

规则性较弱的孩子

闵亨喜欢来回乱跑，即使妈妈已经把饭摆上桌了，他也不愿意坐下来吃饭。妈妈只有给他讲有趣的故事，把饭做成卡通形状时，他才会笑着坐好。在幼儿园里，闵亨喜欢与同学一起玩耍，但当大家坐下围成圆圈等待时，他会站起来转悠。只有当老师要求他坐下时，他才会重新参与活动。

当社交需求得到满足时，闵亨的规则性会加强。因此，如果父母能给予婴儿期的孩子足够的关心，满足他们爱和归属的需求，教他们遵守规则并称赞他们，那么孩子的规则性就会逐渐加强。

规则性一般的孩子

除了玩耍时，大部分情况下，敏智都会听妈妈的话。玩耍时，为了多玩一会儿，她会假装没听到妈妈的话；当她说自己会把玩具收拾好时，仍然哼哼唧唧地想继续玩，有时甚至会号啕大哭。

敏智的规则性一般，她可能分不清什么时候需要马上整理玩具，什么时候需要向妈妈表达自己的需求并进行协商。因此，父母和孩子都应该清楚地认识到，在不同的情况下，整理玩具也是有规则的。

规则性较强的孩子

闵彩很乖巧，无论去哪里，她都会紧紧牵着妈妈的手。在路上，当妈妈和朋友的妈妈聊天时，她会在旁边静静地等候；在医院的候诊室里，如果妈妈为她讲故事，她会坐在旁边认真听。对她来说，早上起床、去幼儿园也毫不费劲。

闵彩能很快适应大多数规则，此时，她的妈妈应该注意的是她的需要。妈妈应该问问她："当妈妈在街上和人聊天时，你在等待的过程中想做什么？"在医院里，不要直接给她讲故事，先问问她想做什么。规则性强的孩子会无条件地顺从，所以父母更应该关心他们的需求，认真和孩子商量，仔细制定规则。

持续性

持续性是指孩子坚持做自己喜欢且想做的事时的延续性，如只想玩自己喜欢的玩偶，只想反复地读自己喜欢的书，或只想吃自己喜欢的食物。因此，具有持续性的孩子会给人一种沉迷于某事或专注于某事的感觉。

持续性也会表现在情绪方面。被父母责骂或与同龄人产生矛盾时，情绪持续性强的孩子会把委屈一直憋在心里。在婴儿期，当持续性强的孩子哭着要求父母抱时，如果得不到父母的拥抱，他会一直哭。没有零食时，即使父母再三解释，他也会一直撒泼耍赖，直到他得到自己想要的零食为止。玩的时候，他会一直重复玩同样的游戏，比如总玩同一个故事情节的过家家。

在幼儿期，持续性强的男孩可能会痴迷恐龙，能把各种恐龙的名字倒背如流，去超市也只看恐龙玩具，对其他玩具毫无兴趣。持续性强的女孩则喜欢公主，即使公主故事书已被翻烂了，她仍然会让妈妈反复给她讲公主的故事，并天天缠着别人玩扮公主的游戏。

持续性和注意力都强的孩子，能长时间地同时关注自己的好恶，在学业上会展示出卓越的能力。因此，如果孩子有很强的规则性、注意力集中且持续性强，那么他就更容易取得优异的成绩；注意力弱但持续性强的孩子，则会表现出只做自己喜欢的事情的强烈倾向，给人留下固执的印象；持续性弱但规则性强的孩子，通常都很听父母的话，性格温顺。

> 📄 气质表现
>
> **持续性较强的孩子**
> - 对自己想做的事，会坚持到底。
> - 不断地做自己喜欢的事。
> - 会一直提出要求，直到获得自己想要的东西为止。
> - 对好奇的事物，会一直问明白为止。
> - 会把一些事藏在心里很久。
> - 一旦开始哭会哭很久。

案例

持续性极弱的孩子

敏智喜欢玩过家家，玩腻了会换其他游戏。如果妈妈陪她一起玩过家家，她可以玩半小时；如果只有她一个人玩，敏智最多玩5分钟，5分钟后，她会马上改变主意，拿出别的东西来玩。父母要求敏智别再玩游戏时，即使她哼哼唧唧地抱怨，也只是不高兴一会儿，不会固执地坚持玩游戏。当她在超市缠着妈妈买零食时，只要妈妈转移她的注意力，她很快就能安静下来，因为她对需求的持续性不强。

持续性较弱的孩子

闵亨对各种各样的事情都很感兴趣,但他不喜欢重复做同一件事。和别人一起玩时,反复玩同一个游戏他也玩得很开心,但他自己一个人玩时,绝对不会重复玩。闵亨的活动性强,有爱和归属需求,对和别人一起做事有强烈的需求,但他的持续性较弱。对闵亨来说,比起以自己期望的方式玩耍,和别人一起玩更重要。假如他的持续性强的话,他一定会要求别人以他喜欢的方式玩游戏。

持续性较强的孩子

闵彩能长时间地做一件事。画画时,她会把素描本画得满满当当;吃零食时,她只吃自己喜欢的饼干;电视里播放她喜欢的动画片时,她会完全沉浸其中,却对其他动画片完全不感兴趣。

闵彩的活动性较弱而规则性较强,她喜欢反复做自己喜欢的事情,也具有较强的持续性。

持续性极强的孩子

敏秀在玩自己喜欢的陀螺时,能玩好几小时。即使是不断重复玩同样的游戏,他也非常开心。当和朋友一起玩陀螺时,他甚至可以玩一整天。敏秀搭积木时也非常投入,会坚持到搭好为止。当他跟父母要东西时,他会一直缠着父母,直到父母答应他的要求。

对自己想要的东西,敏秀会明确地表示出自己的喜爱以及想要得到它的强烈渴望,这表明,他在需求上也具有很强的持续性。

反应强度

反应强度需要与后文的刺激敏感性结合起来考虑，它反映的是人对身体刺激、环境刺激和情绪刺激的反应程度。

刺激敏感性较强但反应强度较低的孩子，会用非语言形式应对不适，如忍耐、皱眉、回避等。刺激敏感性较强、反应强度较高的孩子，则会通过积极的行动和强烈的情绪表达自己的不适。

例如，假设孩子在用积木搭房子、建楼梯时，一块积木没插好，搭起来的房子倒了。此时，刺激敏感性弱的孩子会重新搭房子，不会受到积木倒塌的环境刺激和挫败的情绪刺激的影响，他不会动摇自己搭建房子的决心。与此相反，刺激敏感性强的孩子则会深深地感受到压力与挫败。

如果刺激敏感性相同，面对倒塌的积木房子，反应强度较低的孩子虽然可能会嘟嘟囔囔地说"哎呀，真是的！"，但他会抑制自己的负面情绪，然后重新尝试；反应强度较高的孩子则可能会生气地扔掉积木，暴躁地说："以后再也不搭了。"面对同样的刺激，反应强度较高的孩子会表现出更强烈的情绪性行为。

因此，如果一个孩子刺激敏感性较强且反应强度很高，那么他对生活中微小的刺激都会产生强烈的情绪反应。如果他的规则性也很薄弱，那么父母在培养他洗澡、吃饭、睡觉等日常生活习惯时，他也会强烈地表露出消极不满的情绪。

而刺激敏感性较强但反应强度较低的孩子会抑制自己。由于被压抑的消极情绪层层堆积，这样的孩子有时会在微不足道的小事上暴发情绪。因此，父母要认识到孩子刺激敏感性的强弱与反应强度的高低及情绪行为表现，而不是单纯地认为"孩子如果无法调节好自己的情绪，就会出大事"。父母理解了孩子的气质特性后，就可以采用有效的方法帮助孩子了。

📄 气质表现

反应强度较高的孩子
- 会表现出强烈的情绪。
- 在压力下容易兴奋。
- 会对很小的刺激做出强烈的情绪反应。
- 有时会突然表现出兴奋状态。
- 与朋友一起玩时,无论是开心还是生气,都会表现出强烈的情绪反应。

案例

反应强度极低的孩子

闵彩的大多数行为缓慢而安静,因为她的刺激敏感性很弱,且反应强度很低。在闵彩所有的气质特征中,除了"会一直想做自己想做的事情"的持续性特征较为明显,其他气质特征都处于一般水平或较低水平。在社会生活中,虽然她的适应性和规则性都较强,但由于她的注意力不集中,对刺激的反应很迟钝,所以她的发育基础薄弱。

对刺激的感知和反应能促进发育,因此,如果孩子对生理刺激、情绪刺激和环境刺激的敏感性很弱,且反应强度很低,那么,父母需要仔细观察孩子的发育是否存在问题。

反应强度较低的孩子

敏智是个内向型适应性差的孩子，且刺激敏感性较强，但反应强度较低。也就是说，敏智能感受到自己的情绪敏感性，但表达不出来。这种气质叫作抑制性气质。这样的孩子会抑制情绪，如果要求他们开心地笑出声，反而会让他们感到不适。当难以适应幼儿园的生活时，他们也很难向老师或父母积极地表达自己的感受并寻求帮助。这样的孩子只有在入睡前，情绪完全放松后，才会主动与父母沟通。

反应强度一般的孩子

闵亨的刺激敏感性和反应强度都处于一般水平，但他对社会环境很敏感。当和许多人聚在一起时，他的需求和情绪会表现得更加强烈；和朋友一起玩时，他会兴奋地尖叫；如果朋友抢走了他的积木，他会哭着跺脚并把自己的积木要回来。不过，他的反应强度一般，因此他外显的情绪表现不会演变成无法控制的极度兴奋状态。

反应强度较高的孩子

敏秀是个外向型活动性强的孩子，刺激敏感性较强，反应强度较高，容易感到不适。他的这种不适表现强烈，有时会让父母感到崩溃。他的要求也很高，一旦要求没有得到满足，他会马上发脾气。长大一些后，虽然他不会再躺在地板上要赖了，但无论到哪里，只要他遇到不顺心的情况或与朋友发生小矛盾，他就会大发脾气，甚至会摔东西。相反，内向型活动性强、刺激敏感性较强且反应强度较高的孩子，更倾向通过坐下来静一静、拍拍腿、攥攥衣服等自我指向行为来表达自己的不适。

刺激敏感性

刺激敏感性是指人对生理刺激、环境刺激和情绪刺激的敏感程度。在婴儿期，生理敏感性强的孩子的视觉、听觉、嗅觉、触觉和味觉都很敏锐。

例如，视觉敏感性强的孩子在耀眼的光线下会感到刺眼，在阳光下会感到不适，难以睁开眼睛。但他们可以凭借视觉发现事物的细微差别，给他们一个玩具后，他们看着看着会将注意力转移到其他事物上。当给他们提供新的食物时，如果他们在视觉上就感到厌恶，他们就会拒绝接受。注意力较弱但视觉敏感性较强的孩子，在周围有很多玩具的情况下，会很难集中注意力。

听觉敏感性强的孩子在睡觉时会被很小的关门声吵醒，他们在嘈杂的场所会因听觉敏感而感到不适，甚至哭泣。在聊天或玩耍时，如果他们听到其他声音，就会紧张地问"是什么声音"，也能很容易记住自己在玩耍时听到的别人说的话、电视里的广告词或歌曲。听觉敏感性强的孩子在学习新知识时，听父母或老师讲解比阅读材料更有效、更有趣。

嗅觉敏感性强的孩子对气味很敏感，气味稍微不好闻就会觉得恶心。他们会拒绝吃不太好闻的零食，不愿待在气味难闻的场所。这样的孩子还有个特别之处，即他们会通过母乳味分辨出哪个是妈妈。3个月大时，他们就能分辨出妈妈与他人气味的不同，并拒绝他人的拥抱。

触觉敏感性强的孩子往往对衣服的商标十分敏感，对衣服和被子的材质好恶分明。他们会抱着柔软的地毯、被子或布偶蹭来蹭去，喜欢触摸妈妈，总是摸妈妈的乳房。不过，他们也会对妈妈、朋友或他人的触碰感到不适，因此在幼儿期，他们可能会频繁地与朋友发生摩擦。当他们在教室或其他狭小的场所闹腾玩耍时，如果有人碰到他们的肩膀，他们会推开别人；朋友经过或奔跑时稍微碰到他们的胳膊，他们就会感觉自己像被打了一下一样。

味觉敏感性强的孩子在刚开始吃辅食时，即使只多了一种新食材，他们也会很快吐出来。即使父母把蔬菜和肉磨碎，他们也能敏锐地尝出味道。所以，味觉敏感性强的孩子很挑食。

生理敏感性较弱的孩子比较迟钝，玩耍时摔倒或撞到墙壁，他们一般也不会哭，且不会表露出来，而是继续愉快地玩耍。即使有人在旁边大喊大叫，他们也能睡得很好，或继续做自己的事情。因此，在婴幼儿期，对于生理敏感性较弱的孩子来说，即使被父母呼唤或触碰，他们也不会立即做出反应。

环境敏感性是指人在社会环境中的敏感程度。环境敏感性强的孩子在陌生场所或与他人相处的环境中，能敏锐地观察整体环境、他人的行为，会察言观色，善于看他人眼色行事。

在这种情况下，注意力尤为重要。如果孩子的注意力与环境敏感性都比较强，他们可以厘清外部环境的各种线索，了解事情发展的脉络。如果孩子的注意力较弱且对环境很敏感，由于他们无法捕捉到明确的线索，因此很多时候只能茫然地看他人的反应。

假设洗碗槽里堆着很多碗，注意力和环境敏感性都强的孩子会通过这些线索得出如下结论：妈妈说累是因为她要收拾的东西很多。注意力较弱、环境敏感性较强的孩子则注意不到这些线索，当他们看到妈妈忙来忙去时，只会问妈妈为什么要那样，或者只是茫然地感到不适，继而偷偷观察妈妈的眼色。

情绪敏感性是指在某种情况下，孩子感受情绪的敏锐程度。在上文刚提到的例子中，情绪敏感性强的孩子通过环境的氛围和妈妈的面部表情就能察觉到妈妈心情的好坏，他们会经常问："妈妈，你生气了吗？"情绪敏感性强的孩子在面对陌生人时，根据感觉和情绪氛围的不同，他们的认生程度也有很大差异。当陌生人突然靠近时或其说话声粗犷、生硬时，孩子会表现出强烈的反感，拒绝陌生人靠近。当他们走进一个场所后，觉得那里的气氛沉闷或令他们感到害怕时，他们绝对不会再向前走。

在家庭生活中，对情绪敏感性强的孩子来说，当妈妈平和地和他们说话时，即使语气带有一点平静或冷漠，他们也会觉得妈妈对自己不够亲切，不够好。因此，对这样的孩子来说，父母的语气、话语中蕴含的感情以及说话时的面部表情，都十分重要。

气质表现

刺激敏感性较强的孩子
- 感觉敏锐。
- 睡觉时很容易醒，爱哭闹。
- 妈妈的语气稍有不同，他们立即就会觉察到。
- 对情绪氛围反应敏感。
- 和朋友发生矛盾或难以融洽地玩耍时，会很苦恼。

案例

刺激敏感性较弱的孩子

从婴儿期开始，闵彩就很安静。即使妈妈晚些给她喂奶或纸尿裤因吸收了尿液变厚不舒服时，她也不会哭闹。闵彩属于内向型，她的活动性和刺激敏感性都比较弱，是一个极其温顺安静的孩子，即使摔倒了，只是轻轻拍一拍就能站起来，有伤心事也不怎么表现出来，跟妈妈倾诉一番马上就好。哥哥姐姐不陪她玩时，虽然她常常觉得难过，但只要妈妈抱一下她，她马上就没事了。从这些表现来看，闵彩对感觉和刺激比较迟钝。

刺激敏感性一般的孩子

闵亨对环境刺激十分敏感，所以，他能敏锐地感受气氛的好坏，能清晰地知道如何行动。他还会通过观察妈妈或哥哥姐姐的脸色行事。当察觉自己不能再做想做的事时，他会提前撒娇磨人。闵亨不仅环境敏感性较强，对社会状况也比较敏感，具有较强的适应性。他能敏锐地捕捉周围动态并采取行动。

刺激敏感性较强的孩子

自小，敏智如果遇到不顺心的事，她总会说"身体不舒服""衣服磨得慌"的话，以此表达自己的不适。她的适应性较差，当需要适应新环境时，她的敏感性会变得更强。敏智的情绪敏感性与环境敏感性都比较强，细微的变化都会让她十分紧张。

敏智属于内向型的孩子，她的活动性和刺激敏感性都比较强，容易感受到环境变化带来的压力。她想在安全舒适的环境中表达自己的需求，因此她的安全需求很高。

刺激敏感性极强的孩子

无论去哪里，敏秀都能玩得很开心。但即使如此，他仍然经常和朋友发生矛盾，因为他对朋友的身体碰触或说话语气十分敏感。比如在玩老鹰抓小鸡游戏时，他的妈妈只是皱着眉头走近他或朋友不小心踩到他的脚，他都会生气地大喊大叫。12个月大时，敏秀还不能好好睡觉，一直哭很久，稍微不舒服就会翻来覆去，所以，妈妈在哄他睡觉时很辛苦。敏秀对生理刺激、环境刺激、情绪刺激的敏感性都很强。通常，具有敏感性气质的孩子对所有的接触都很敏感，如眼神接触、情绪接触、身体接触等。

接近性

有些孩子对新事物特别感兴趣，一旦产生好奇心，他们会立即行动。他们总想尝试做点事情。这种对新事物或陌生事物的好奇心和想要接近它们的倾向性，就是接近性。活动性与接近性都比较强的孩子，什么都想亲自摸一摸、试一试。内向型活动性与接近性较强的孩子对新事物和新知识充满好奇，如果他们同时又具有较强的持续性，就会专注在令他们好奇的事物上或者独自进行活动，比如画画、做科学实验、制作手工品等。

然而，如果孩子的接近性较弱，那么他们对新事物会缺乏兴趣，不愿关注。

适应性和接近性都很差的孩子，对教育机构或陌生的体验活动的戒备心很强，他们几乎不会主动应对挑战。

接近性较强的婴儿对看见的事物充满好奇，想要触摸它。接近性和活动性都比较弱的孩子则不想早早地学会走路，因为只要他们有一辆自己喜欢的迷你小汽车就心满意足了，所以他们不太愿意动起来。

此外，接近性和活动性都比较弱的孩子可能会对陌生环境感到紧张和恐惧，他们想要被妈妈抱在怀里，且对新玩具或陌生人都不感兴趣。他们可能会盯着妈妈的脸和包里的零食，而不会好奇地环顾四周。

缺乏接近性和注意力的孩子，很难独自掌握玩具的玩法，学新知识也很慢。上学后，可能过了很久，他们仍然不知道同班同学的名字，也不知道同学在玩什么游戏。

与接近性相对的概念是回避。不接触新事物的孩子往往会因为新事物的存在而感到不自在进而回避它们。因此在婴幼儿期，接近性较弱的孩子会回避学习和熟悉新事物，显得发育迟缓或停滞。

📄 气质表现

接近性较强的孩子
- ✓ 好奇心强。
- ✓ 喜欢一切新鲜事物。
- ✓ 对新事物充满好奇，会积极探索。
- ✓ 见到不认识的人也会上前搭话。
- ✓ 喜欢见各种各样的朋友，玩各种各样的游戏。

案例

接近性较弱的孩子

闵彩对新事物几乎不感兴趣，她比较顺从，具有适应性，能很快适应幼儿园的学习生活。但除了她自己喜欢的事，当老师和同学做其他事情时，她的注意力会很弱，对新知识的学习和刺激的反应迟钝，比较令人担忧。

闵彩学说话较晚。语言发育取决于人想要说话的活动能量水平和注意力，即需要看说话人的嘴型，听说话人的声音。在这两方面，闵彩都很弱，缺乏对新事物的兴趣，对环境刺激的反应也非常弱，所以她会有发育迟缓的可能。

接近性一般的孩子

敏智性格内向，面对新环境总是很紧张。她对新事物不感兴趣，不想自己探索或尝试。但如果有人引导她或为她营造一个舒适的环境，她也会有兴趣尝试。去动物体验展时，她不会先去摸小动物，直到看到哥哥摸它们后，她才会小心翼翼地摸一下。

敏智的适应性差，接近性一般。虽然她很难适应新变化，但如果安全需求得到满足，她也能像普通孩子一样接近他人，进行新的尝试。

接近性较强的孩子

闵亨的接近性较强，喜欢新鲜事物。他的注意力十分集中，很快就能学会老师教的知识，他喜欢学习新知识，尝试新事物。

在任何情况下，他都会说"我来"。

闵亨的接近性、活动性和注意力都比较强，如果妈妈给他买了新的玩具，他会好奇，还会探索各种玩法。在游乐场看到朋友玩游戏时，他会先走过去和朋友打招呼，问朋友是否可以和他一起玩然后参与其中。

接近性极强的孩子

敏秀非常喜欢新鲜事物，喜欢玩新玩具，见新朋友，去新地方。无论去哪里，他都会主动接近那里的同龄人并和他们搭话。面对敏秀的热情搭话，有些小朋友会感到不知所措，也有些小朋友很快就能和他成为朋友，并一起愉快地玩耍。敏秀去博物馆或艺术展时，总想尽快逛完，想一下子把所有东西都摸一摸。

敏秀属于外向型活动性强的孩子，且具有很强的适应性和接近性。在新的社会环境中，他会展现出无所畏惧的一面，敢于尝试挑战任何事物。

适应性

适应性是指社会环境的灵活适应程度。适应性较强的孩子对新事物缺乏警惕心与紧张感，容易被频繁的变化同化。在婴儿期，适应性较强的孩子不太认生。到了幼儿期，他们能很快和朋友打成一片。在刚入幼儿园时，他们会开心地跑到有玩乐设施的场所，并结识新朋友。到朋友家时，他们很快就能与朋友融洽地玩耍，而且即使与陌生的朋友在一起，适应性较强的孩子也能像与好朋友一样，嘻嘻哈哈地玩闹起来。因此，他们总能获得他人的积极评价，人们经常夸赞他们性格随和。

如果孩子的规则性和适应性都很强，同时还具有较强的注意力和持续性的话，那么他们会表现得很顺从、学习认真且有能力。这样的孩子具备了社会所需的所有气质特征，所以成年人和同龄人都会认为他们更有能力。

相反，在情况不断发生变化的集体生活中，适应性较弱的孩子会感到焦虑。规则性较强、适应性较弱的孩子虽然能轻松遵守规则，但如果需要许多人一起玩耍或进行自由表达，又或突然要进行互动游戏时，他们也会感到焦虑。内向型活动性强的孩子更倾向于自己玩耍，他们会悄悄地避开集体活动。对于比较麻烦的活动，内向型活动性较弱的孩子可能根本不感兴趣，也不会去关注。在学校里，这样的孩子在有小组活动和自由活动时，总想悄悄躲起来，犹犹豫豫，不愿参与其中。

> 气质表现
>
> **适应性较强的孩子**
> ✓ 不管去哪儿都能适应。
> ✓ 几乎不认生。
> ✓ 第一次去幼儿园时能轻松适应。
> ✓ 能立刻与小朋友们玩成一片。
> ✓ 最喜欢与他人玩耍。

案例

适应性较弱的孩子

敏智在上幼儿园时特别难适应，入园后的大半年里，她每天早上都哭着说不想去。去体验展时，哥哥一个人去体验，敏智却总是黏在妈妈身边。当她和妈妈一起，觉得熟悉之后，她才决定自己尝试，但之后会马上回到妈妈身边。

敏智属于内向型活动性弱的孩子，缺乏持续性。因此，在幼儿园和体验展等社会环境中，由于她缺乏对新情况的适应能力和做某事的持续性，她会感到极度不适，很难进行自己主导的活动。

适应性一般的孩子

闵彩第一次去幼儿园时，很想让妈妈待在自己身边，她会一直拉着妈妈的手。但进入教室后，她立刻就融入进去了，玩得很开心。她喜欢安静地做自己想做的事，不会特别闹腾，适应起来也没有障碍，所以她在幼儿园表现很好。

闵彩的适应性一般，活动性较弱，但持续性较强。她在适应幼儿园这样的社会环境时，不会表现得很抢眼，而是安静地在角落里做自己想做的事情。

适应性较强的孩子

闵亨无论是在家还是在幼儿园，都很开心。和姐姐一起去幼儿园时，他跟着老师也能玩得很好，因此他总能得到大家的喜爱。闵亨的适应性较强，活动性和注意力也很强，所以，他更喜欢在幼儿园等集体中和朋友一起玩，做自己想做的事，他会觉得这比待在家里有意思。闵亨的持续性很弱，讨厌枯燥的重复。

闵亨的适应性和活动性都很强，在社会环境中，他会表现出较高的积极性，注意力也比较集中，喜欢参与到课堂中。

适应性极强的孩子

敏秀第一次上幼儿园时几乎没出问题，很快就能融入新环境，也非常喜欢和同学一起玩。妈妈带着他去参加聚会时，他会主动向他人问好，有时还会提问题，能轻松适应聚会。

敏秀属于外向型活动性较强的孩子，有尊重需求，且他的适应性很强。由于外向的活动性，他在社会环境中表现得比较积极。

情绪质量

情绪质量指的是人具备的基本的情绪感受，即人天生具有的外放或内敛的情绪倾向性。例如，孩子总是爽朗地笑、能保持舒畅的心情，还是总感到不适、十分挑剔？是无法明确地表现出喜恶，还是会通过表情或话语来表达情绪？通过这些表现，我们就能评价孩子的情绪质量。

情绪质量较好的孩子会通过表情和行为来表达自己的情绪和想法，所以父母能立刻了解孩子的想法和感受。反之，情绪质量较差的孩子不会将自己的想法、感觉和情绪表露出来，表情变化不明显，行动也不会受情绪的太大影响，所以，这样的孩子有时会表现得像个小大人，太早熟。

与朋友一起玩时，情绪质量较差的孩子常常会被误会。例如，朋友问他们：

"要和我一起玩吗？"即使他们对朋友的善意邀请很高兴，但流露出来的表情却没有特别的变化，他们会干巴巴地回答："可以。"这会让朋友感觉"他好像不想和我玩"或"他好像不太喜欢我"。

如果父母的情绪质量较差，那么，他们和孩子的情感关系就会出现问题，尤其再碰到情绪敏感性较强的孩子，无论父母再怎么爱孩子，孩子也会觉得父母不喜欢自己或父母不想和自己说话。由此，孩子的不安全感可能会上升。

如果孩子的情绪质量较差，父母的情绪敏感性较强，那么对孩子不明显的情绪反应，父母可能会感到不安，觉得孩子有所不满。因此，只有父母和孩子了解彼此情绪质量的差异，才能正确理解彼此的肢体语言和情绪表达。

气质表现

情绪质量较好的孩子
- 经常面带微笑。
- 不会突然出现情绪波动。
- 一整天都很开心。
- 出现消极情绪时，可以很快地进行自我调整。
- 和朋友一起玩时，会表现出享受、开心、满足的积极情绪。

案例

情绪质量较差的孩子

敏智在幼儿园不怎么闹脾气,过得很开心,但她的情绪质量实际上较差。具有抑制性气质的孩子在轻松的社会环境中也会开心地笑、开心地玩,但敏感性较强的抑制性气质的孩子则感到紧张,并出现情绪波动。

另外,在大部分社会环境中,抑制性气质的孩子往往不会表现出自身的敏感性或高需求,他们在回家后才会表达自己的需求,且经常对父母提很多要求,也经常抱怨、发脾气。

情绪质量一般的孩子

敏秀一整天都可以开开心心,充满活力,但他的情绪质量比较一般。由于他的刺激敏感性较强且反应强度较高,因此他经常对微小的刺激表现出负面情绪。

当敏秀感到不适时,他的情绪变化会立刻通过表情表现出来。从整体来看,敏秀的情绪质量并不稳定,情绪好坏变化过于频繁,情绪唤醒度起伏较大。

情绪质量一般的孩子

闵彩的情绪变化不大,基本上可以保持积极的情绪。但她的活动性、注意力与接近性都比较弱,她只参加一些简单的活动。她的活动性较弱,情绪变化较少。

因此,如果孩子情绪质量一般或较差,同时活动性和刺激敏感性也比较弱的话，他们的发育可能会比较迟缓，需要注意观察。

情绪质量较好的孩子

无论在哪里，闵亨都能灿烂地微笑。他的需求高，适应性与爱和归属需求都较强。他的情绪质量较好，能快速建立人际关系。闵亨开朗阳光，与任何人相处都能让对方感到舒适。

第二部分

判断气质类型，
了解孩子的先天气质

06 4种气质类型

根据9种气质要素,我们可以将人的气质组合出4种类型(见图6-1)。

图6-1 4种气质类型

如前所述，每个孩子都具有 9 种气质要素。这些气质要素之间存在着差异。根据气质要素中的主要气质特征，我们大致可以把气质分为顺应性气质、抑制性气质、持续性气质、敏感性气质 4 种类型。

对 3～7 岁的婴幼儿进行气质测试时，我们发现，顺应性气质的孩子最多，其次为抑制性气质的孩子和持续性气质的孩子，而敏感性气质的孩子最少。

一般情况下，人们会认为挑剔的孩子是敏感性气质，但仔细判断后会发现，他们实际上是抑制性气质，难以满足自身需求和情绪。遇到不顺心的事情时，孩子表现出的是持续性气质情绪调节困难。

孩子的气质类型不同，他们要赖的原因和相对应的解决方法也会有所不同。所以，准确判断孩子的气质类型非常重要。

顺应性气质的孩子的活动性和社会性都比较强。婴幼儿期是孩子认识自我及表达自我需求的时期，也是建立自律性的时期。活动性与社会性都较强的孩子在解决自身的心理需求时不存在困难，但社会性较弱的孩子经常注意力不集中，这可能预示他们发育迟缓。

在抑制性气质中，需求抑制性气质的孩子尤其多，他们会回避自发性需求。而情绪抑制性气质的孩子则倾向抑制并回避情绪表达，他们容易出现社交焦虑，需要父母的细致关心与呵护。

持续性气质的孩子中，绝大多数活动性都比较强，会一直坚持自己想要的东西。另外，即使缺乏社会需求，他们也要坚持自己的需求。在持续性气质类型中，要仔细观察社会性较弱的孩子，并尽早判断他们是否有孤独症倾向。如果持续性气质的孩子注意力较弱，他们也存在患孤独症或发育不均衡的风险。因为持续性气质的孩子需要持续地满足自身的需求，所以很少出现活动性弱的情况。

敏感性气质是一种刺激敏感性较强且反应强度较高的气质类型。在所有气质类型中，它出现的频率最低。在这种气质类型中，活动性较强的孩子最多，因为婴幼儿期是自我意识和自律性的形成时期，也是需求活动最活跃的时期。但进入青春期后，很多敏感性气质的孩子的活动性会减弱。

接下来，我们对上述 4 种气质类型进行详细的探讨。

顺应性气质

在 9 种气质要素中，顺应性气质的孩子的特点是规则性和适应性都比较强，但刺激敏感性较弱，反应强度较低。如果用圆表示气质类型，那么顺应性气质呈现上下宽、左右窄的形状。在规则性和适应性中，规则性会更强一些（见图 6-2）。

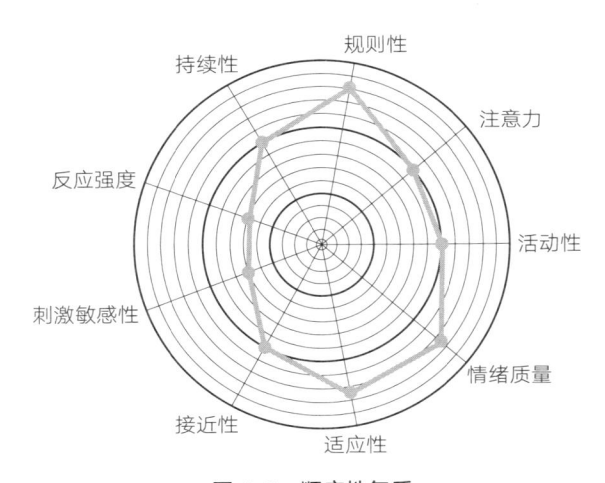

图 6-2　顺应性气质

顺应性气质的特征

如果孩子有非常强的规则性，能遵守规则，保持生活规律，且具有较强的适应性，能灵活地适应社会环境和社会规则，那么他的气质就是顺应性气质。

顺应性气质的孩子的需求水平比较适当，他们对需求的持续性不高，大多数情况下，他们可以适当地表达和控制自身需求。当自身需求与社会状况背道而驰或难以被他人接受时，顺应性气质的孩子会推迟自身需求，或将注意力转向其他方面。

顺应性气质的优点

顺应性气质的孩子可以快速适应需要学习和掌握新事物的社会环境，且接受能力强。无论是在日常生活中接受父母的指导，还是在幼儿园进行学习，顺应性气质的孩子善于适应规则，能对需要学习的东西保持专注，且善于进行社会性的模仿和学习。因此，顺应性气质的孩子很容易就能接受父母的价值观，并将其内化于心，能深刻地理解理想标准，虚心接受教导。

此外，顺应性气质的孩子善良、单纯，在日常生活中或某种社会情境下，他们都能凭借自身的顺应性灵活调整自身状态以适应环境，通常不会违背与父母的约定或规则。

需要注意的顺应性气质

活动性、刺激敏感性和反应强度是促进孩子成长的3种主要气质特征。如果顺应性气质的孩子的活动性和刺激敏感性都很弱，反应强度很低，那么他们有可能迟钝。

3 岁是判断孩子是适应良好还是迟钝的关键时期。在这一时期，孩子会产生"我"的自我认知，明确地表示好恶。通过这一发展过程，初期自我得以发展。但如果这个过程是被动的，孩子对刺激没有反应，那么在需要发展自我意识的阶段，促进发育核心的感觉发育和认知发育将会十分缓慢。3 岁的孩子希望用身体自由地探索世界，因此，如果他们不愿尝试走路，就应该引起父母注意。

5 岁是主导性发展的重要时期。如果孩子在这一时期不主动说"我要做"或"我想做"，也不耍赖，只是被动地接受"就那样做吧"，父母这时需要检查孩子在发育阶段所必需的自主性和主导性是否发育完全。

顺应性气质的孩子遇到迟钝的父母

如果孩子是顺应性气质，但父母比较迟钝，那该怎么办呢？顺应性气质的孩子在婴幼儿期不会大哭大闹，会好好吃饭、睡觉，也能好好待着，因此，父母不会过多关注孩子正在做什么。

加之父母比较迟钝，孩子不会用"哼哼"声或哭声传达积极的信号，所以父母很难发现并理解孩子的行为暗示，几乎给不到孩子相应的刺激，也不会对孩子的行为做出反应。这样一来，无论是通过自身还是外部环境，孩子几乎体验不到刺激，而发育是从对刺激作出反应开始的，因此刺激不充分，会导致孩子发育滞后。

我曾接待过一个 6 岁的小男孩，他不怎么说话，在幼儿园也玩不好。他的父母个子都比较高，他也比同龄人高一头。但他没有孩子的朝气，看起来呆呆的。在幼儿园的时候，他几乎整天躺着或坐着不动，几乎从不参加幼儿园的活动。

后来我了解到，他在出生 15 个月后才开始学步，16 个月才能独自走路，而在正常情况下，孩子在出生后 12 ～ 15 个月就开始学走路了。15 个月后才开始学走路的孩子属于发育不良的高危人群。因此，我们需要仔细判断他学步晚是身体发育问题所致还是环境问题所致。

孩子的妈妈曾试着让他在12个月大时牵着她的手走路，但他似乎没有走路的意愿，腿也用不上力。后来，妈妈觉得与其强迫他，不如等他想走路时再教他。15个月后，他的腿可以用上力，开始尝试走路，并在一个月内学会了。他的妈妈因此一直认为他的发育没问题。

出生15个月后是孩子尝试探索世界的时期，只要他们的生理功能没有问题，就可以学步。所以，轻松学会走路是理所应当的事。但学步较晚或跳过爬行期直接学步的孩子，在尝试走路的过程中，由于他们缺乏肌肉锻炼，很容易摔倒。这样的孩子缺乏平衡感，很难学会骑自行车，因为骑自行车需要手脚及视知觉的协调。此外，他们运动能力的发育也会受到一定的影响。

有些顺应性气质的孩子在婴幼儿期不会号啕大哭，不会积极表达自我，他们会独自待着或看电视，与他人几乎没有情感交流，总是被忽视。这样一来，他们对外部刺激的反应和行为会变得非常迟钝。仔细观察疑似发育迟缓孩子的表现会发现，他们往往过度敏感或过度迟钝。所以，如果顺应性气质的孩子过于安静，父母应该仔细留意他在婴儿期与"反应"相关的表现。

- 出生6~8个月后，不认生。
- 出生12个月后开始学步。
- 不怎么哭，很少咿咿呀呀地发声。
- 即使哄逗、拥抱他，他也没表情反应。
- 对感觉刺激反应迟钝。
- 对玩具没兴趣。

如果孩子有上述行为表现，说明他对促进发育的刺激反应迟钝，除了规则性和适应性，他所有的气质特征都比较弱，尤其是刺激敏感性与反应强度。不过，在诊断发育情况的过程中，如果孩子有以下行为，需要考虑是不是抚养环境导致孩子气质状态发生变化。

- 出生6～8个月后，孩子想一直待在妈妈的怀抱中。
- 妈妈放下他时，他会露出哽咽的神情，有轻微的认生感。
- 12个月大时正常学步，与父母一起玩或被拥抱时会表现出积极情绪。

如果孩子存在以上行为特征，同时孩子的父母反应迟钝，那么通常来说是孩子的抚养环境出了问题。孩子虽是顺应性气质，但由于缺乏积极的教育和环境刺激，导致他发育迟缓，无法对刺激做出反应。

这里所说的环境既包括家庭，也包括教育机构。因此，父母需要对孩子的发育进行积极干预，同时，幼儿园也需要进行积极的发育刺激，否则，活动性与适应性都比较弱的顺应性气质的孩子，可能只会独自安静地玩耍。这样的孩子很容易被忽视，难以获得发育刺激。

对于由于缺乏或忽视环境刺激导致发育迟缓的孩子，可以通过治疗和教育干预，给他们提供积极的环境，刺激和促进其社会性与情绪性的发育。通常在6个月内，孩子的行为和情绪反应就能得到明显改善。

抑制性气质

"抑制"一词的意思通常是控制情绪、需求和冲动行为，但在心理学中，它被解释为"高度有良知的自我作用"。当冲动的情绪出现，人要做出冲动的行为时，道德会进行自我调节控制。所以在很多情况下，抑制在孩子的发育过程中起着积极作用。抑制性气质的人几乎不会做出危险行为或反社会行为，因为他们会有意识地避开这些行为，控制自己的冲动。抑制性气质又分为需求抑制性气质和情绪抑制性气质。

在某些情况下，需求抑制性气质的孩子想要做自己想做的事情，但他们不会有意识地表达这种需求，而是回避它、抑制它。所以，需求抑制性气质的孩子的活动性较强，但适应性较弱（见图6-3）。

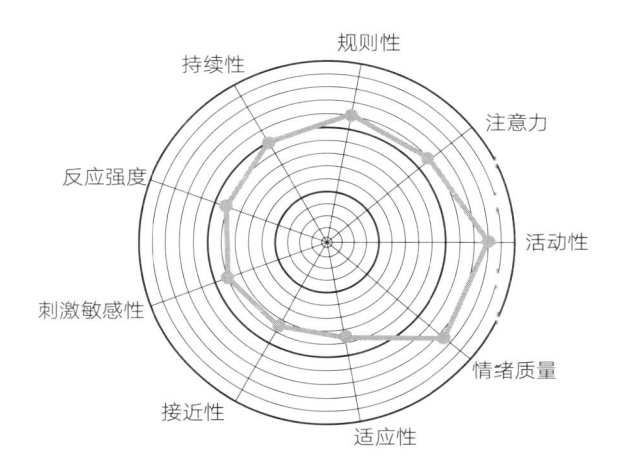

图 6-3　需求抑制性气质

情绪抑制性气质的孩子内心敏感，他们想自由地表达自己的情绪，但不会表现出来，而是选择隐藏或回避情绪。所以，这样的孩子刺激敏感性较强，但反应强度较弱（见图6-4）。

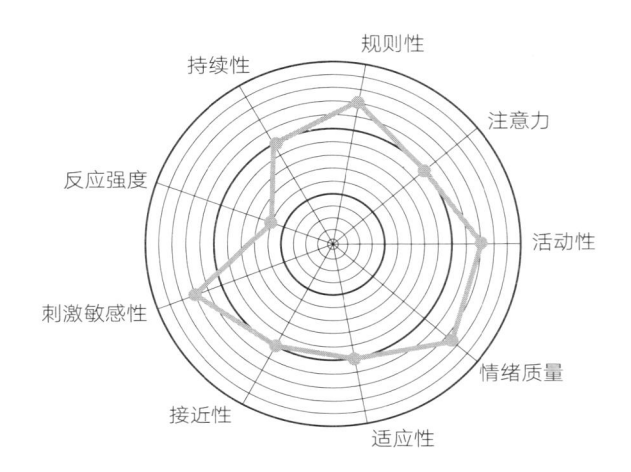

图 6-4 情绪抑制性气质

通过观察活动性和适应性、刺激敏感性和反应强度之间的差异，我们可以判断孩子是否属于抑制性气质。

抑制性气质的优点

我们常认为抑制性气质的孩子胆小、缺乏勇气和胆量，原因在于我们先入为主地认为孩子做事积极主动才是好的。抑制性气质的孩子在接近某样东西时会十分谨慎，打个比方来说，比如需要过河时，他们会确保石桥安全后才会放心过河。因此，他们不会因为轻易接近某事物或盲目尝试而犯错。当朋友玩新玩具时，他们会充分观察并探索该如何玩，自己能做什么，朋友在玩的过程中有哪些失误，等等。也就是说，抑制性气质的孩子非常重视成功。

抑制与压制的区别

抑制和压制是完全不同的。如果说"抑制"是指孩子在意识到自己的情绪和行为后有意识地回避，那么"压制"就是指孩子因父母或环境压力而强压自己的情绪或需求。压制有用力打压之意，也可以解释为"在意识到之前进行阻断"。

当孩子意识到自己的冲动行为之前，压制会无意识地自动发挥作用。孩子会压抑自己的行为和情绪，原因在于经验告诉他们，当意识到或流露出冲动的情绪和表现出冲动的行为时，自己或他人会感到不悦。例如，当孩子因搭好的积木损坏而号啕大哭时，父母会训斥他。有了这样的经历后，下次再遇到类似的事情想哭时，孩子就会抑制想哭的念头。

压制最大的问题在于，如果它一直持续下去，会导致孩子误读自己的情绪。以刚才的例子来讲，孩子伤心的原因是他搭的积木损坏了，但当他的情绪被压制后，他就不记得自己伤心的原因了，反而会表现出完全相反的情绪，以后他费尽心力制作的东西再次损坏时，他会全部推翻，并继续开心地玩耍。

需要注意的抑制性气质

抑制性气质的孩子的刺激敏感性较强，但反应强度却比较弱，所以，他们虽然能意识到自己的想法和情绪，但更倾向于抑制自己内心的需求，隐藏压力或掩饰矛盾。

抑制性气质的孩子不愿说出他们的感受和想法，而是把注意力转移到其他事情上，试图逃避。而压制自己情绪的孩子，当他们面对自己的混乱想法和情绪时会想要忘记，不想思考。所以，如果被问到当时的情况，他们很难回忆起来。如果让他们讲出来，他们会前言不搭后语，不自觉地编造故事。

需求抑制性气质的特征

当孩子的活动性较强，但适应性较弱，妨碍了需求的发展，这就会导致需求抑制性气质的产生。活动性和适应性之间的差距越大，抑制性就越强。

需求较高的孩子在面对挑战时会过度紧张或担忧。例如，当朋友踢足球时，如果他们也想帅气地踢球、进球，但他们对球场情况的适应性很弱，因此会抑制想把球踢好的需求，并选择旁观。想要进球或想比朋友踢得更好的心情越强烈，他们对比赛结果越看重，而越是看重比赛结果，他们踢球的欲望就越容易被抑制，最终他们只会看着朋友踢球。

很多情况下，当父母看到需求抑制性气质的孩子时，既感到孩子可怜，又觉得郁闷，于是会催促孩子。但需要记住的是，并不是孩子自己想这么做，相反，他们在有意识地寻找安全表达自己真实需求的方法，以及能安全发挥自身能力的舒适状态。所以，父母和老师要做的是给孩子营造安全、快乐的环境，让他们意识到自己可以表达需求，而不需要对错误和挫折充满负担。

不过，如果抑制性气质的孩子的活动性较强，但父母的抚养态度过于包容，那么孩子会在家中"称王"，随心所欲地尝试自己想做的事。

情绪抑制性气质的特征

情绪抑制性气质的特征主要表现在刺激敏感性和反应强度方面。这样的孩子对生理刺激、环境刺激、情绪刺激比较敏感，但敏感程度不会表现出来，反而会加以抑制。因此，环境变化和情绪波动会让他们的敏感性增强，但外显的反应强度较弱，这会导致他们无法将自己的感受完全表达出来。

情绪抑制性气质的孩子很少流露出自己的不适，如果不仔细观察，很难察觉到他们的情绪变化。他们在日常生活中不会轻易表达自己的不适和情绪，而当不适与情绪层层累积并受到某种刺激时，他们会突然暴发。孩子平时很遵守规则，能按要求把事情做好，这让父母和老师都误以为他们过得很好。而当他们情绪突然暴发时，会很慌张。

例如，妈妈在家陪两个孩子一起玩，老二在玩积木游戏，老大也坐在一起玩，妈妈以为他们都喜欢玩积木，也就跟着一起玩。但当妈妈收拾好积木说要吃饭时，老大却突然哭了起来。到底怎么回事儿呢？

老大反复地搭积木，搭着搭着积木倒塌了，然后他又重新搭，妈妈会认为对老大来说，积木游戏是有趣的。但事实上，情绪抑制性很强的老大并不太喜欢玩积木，积木一直倒塌，会他感到不适，所以他一直在重新尝试。当妈妈说"不要再玩了"时，这句话相当于一个导火索，触发了老大内心隐忍的不适，于是他就伤心地哭了起来。

在幼儿园里，虽然老大看起来一整天都过得很好，但事实上他心里可能压抑着不适，如被朋友拒绝而产生的失望，或朋友不在意自己做的东西而产生的遗憾，又或穿鞋子慢导致去游乐场晚了而产生的沮丧。他想在妈妈旁边好好地玩积木，但是做不好，一直努力隐忍心里的不快。他也知道自己的想法，但与表达自己的想法相比，他更倾向于转移注意力，装作若无其事，悄悄地隐藏自己的情绪。

此时，父母和老师不要责备孩子"忍耐是愚蠢的"。孩子只是希望实现内心与环境的和谐。不是他们不能表达自己，而是他们不想让自己和他人的处境变得尴尬，否则他们将会承受更大的压力。

有时，外向型情绪抑制性气质的孩子会被误认为行事散漫。事实上，他们并不是因为注意力不集中才散漫的，而是在抑制不适刺激时用力过猛，从而表现出无法安定下来的散漫状态。

持续性气质

持续性气质的孩子会意志坚定地做自己想做的事,且十分投入,因此持续性最强(见图6-5)。

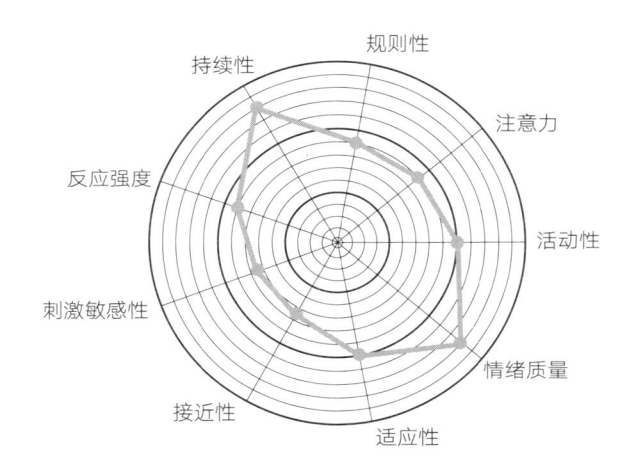

图 6-5　持续性气质

持续性气质的特征

持续性气质的特征主要表现为反映自身需求水平的活动性较强,将想要做的事情持续下去的特征最明显。持续性气质的孩子坚持自身需求的倾向十分明显,好恶分明,会将自己的主张坚持到底,比较固执。这样的孩子并不会因为他人的情绪或环境而变得敏感,当他们不能做自己想做的事时,才会感到不适或流露出消极情绪。当他们想做的事情被否定时,他们往往会表现出强烈的消极情绪。

持续性气质的优点

持续性气质的优点是好恶分明。这样的孩子更倾向于持续专注自己喜欢的事物，能长期保持自己的主观情感。他们能坚持不懈，抱有执着的信念，并希望将问题彻底解决。

当人专注于某件事并持续下去时，会获得相关经验，而经验的积累会促进人的能力的提高。对自我的客观评价是自尊心的组成部分之一，通过挖掘自身兴趣来提升能力的孩子，对自我的客观评价较高，因为他们能在独自体验的过程中收获很高的成就感，拥有坚不可摧的自尊心。

需要注意的持续性气质

持续性气质的孩子，由于气质要素的不同，他们的行为也会明显不同。

活动性、接近性和持续性都较强：这样的孩子更倾向于专注于书本或探索知识。

接近性和注意力较弱但持续性较强：如果孩子对自己不感兴趣的事情的接近性和注意力较弱，但持续性较强，那么我们能明确地区分他们的好恶。这样的孩子只专注自己有限的兴趣，患孤独症的风险较高。

适应性和刺激敏感性较弱但持续性较强：这样的孩子只会坚持自己的想法，不善于观察周围环境，难以调整自己的状态。另外，他们不愿听取他人意见，缺乏同理心，有强烈的以自我为中心的倾向。相应地，这种孩子常常会因为别人不听他们的想法而感到沮丧。

刺激敏感性和持续性都较强：这样的孩子会持续保持伤心或难过的状态，直到对方理解自己为止。他们会一直表现出"我现在生气了"的样子。他们说话的特殊语气、瞪眼的神情以及耍的小脾气等，都是他们要求妈妈理解自己的信号。不过，对于具有理性思维的父母来说，这样的孩子可能会让他们感到十分疲惫。

7岁的敏秀十分喜欢恐龙，他喜欢反复观看有关恐龙的电视节目和书籍，掌握了相当多恐龙的特性，能把恐龙的名称倒背如流，每天只玩恐龙玩具，对其他游戏毫无兴趣。玩的时候，敏秀不会与他人交谈，而是独自摸索，他会嘟囔恐龙的名称和信息。他可以一直沉浸在恐龙的世界里，如果父母不和他提尝试其他新鲜事物，他会反复地看同一本有关恐龙的书，玩同样的恐龙玩具，讲同样的恐龙故事。

陈明从4岁开始就迷上了恐龙，整天阅读有关恐龙的书，还学会了认字。他对恐龙生活的时代和地球变暖十分好奇，总向父母提问，并要求父母为他读书。当了解到恐龙的时代划分、自然现象变化与生态系统这三者的密切联系后，他总想与父母或别人进行讨论和交流。

虽然敏秀和陈明都痴迷恐龙，但两人的思维拓展能力和社会性有明显的不同。

英才还是孤独症

持续性气质需要父母或老师仔细观察孩子的发育过程才能发现。持续性气质是英才的特质之一，但同时也是孤独症谱系障碍的特征之一。所以，我们应仔细区分孩子是英才式的持续性气质还是孤独症式的持续性气质。

因为自我需求和主体意志强烈，持续性气质表现出的专注和持久的倾向会促进人的自我发育。英才的特点是自己决定、控制并自主解决问题的能力非常强。在这种自主性的支配下，他们有能力在认知层面拓展重点关注的部分。也就是说，他们会利用高智商进行认知拓展。

相反，孤独症儿童的持续性只表现在有限的兴趣上，如特定的玩具、移动、灯光、重复动作等，他们只是简单地重复，不会把思考或游戏方式拓展到更高水平。如果父母怀疑孩子是因偏向性或气质特征不均衡而表现出发育障碍，建议在孩子 3 岁前咨询专家的意见。无智力缺陷的持续性气质的孩子，即使他们有与孤独症类似的行为特征，如果父母能在孩子 18～36 个月的学步期调整孩子的成长环境，并给予其适当的认知刺激和情绪刺激，就能很好地把孩子带回正常的成长之路。

敏感性气质

敏感性气质的刺激敏感性和反应强度都比较突出。父母和老师最难应付的就是敏感性气质的孩子。这样的孩子对刺激的敏感度很高，会强烈地表达自己的情绪。他们不会轻易妥协，因此，父母和老师要想安抚他们的反抗和不适情绪，需要智慧与耐心（见图 6-6）。

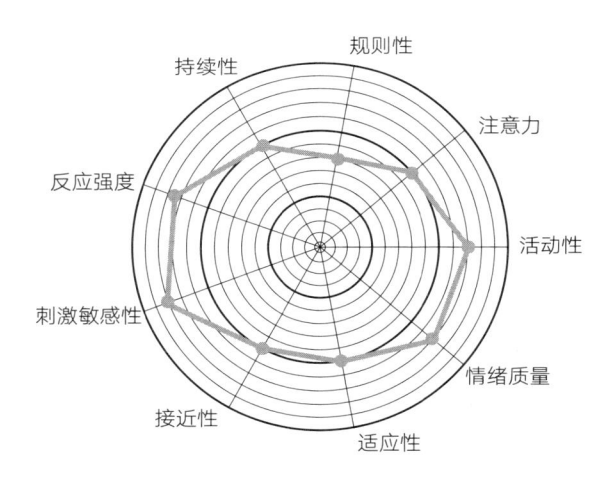

图 6-6 敏感性气质

敏感性气质的特征

敏感性气质的特征是刺激敏感性和反应强度都很强，衡量自身需求水平的活动性较强，但与顺从相关的规则性和适应性则较弱。

敏感性气质的孩子在缺乏需求时，其敏感性会增强；主观需求水平上升，需求得不到满足时，他们很容易变得敏感，会强烈地表达自己的情绪。

对敏感性气质的孩子来说，很重要的一点是，当他们缺少生理需求、安全需求、爱和归属需求、自尊需求中的某一种时，是否有人能察觉并帮助他们调节不适。因此，在抚养敏感性气质的孩子时，父母需要合理把握孩子需求的核心，同时也要调节孩子的情绪需求。

敏感性气质的优点

敏感性气质的孩子对自己的感觉、环境和情绪有敏锐的察觉能力。他们在观察和了解自身情绪后，会通过沟通解决自己与父母的问题，而且能清楚地认识并表达自己的感觉和情感。孩子越敏感，越能坦诚面对自己的需求和感受，他们越容易在经验中理解自我。自我认知和情绪认知对自我发展会产生积极影响。因此，我们有必要把较强的刺激敏感性和反应强度看作积极特性，而不是消极特性。

刺激敏感性、反应强度和活动性、持续性都较强：敏感性气质的孩子表现需求水平的活动性和不断主张自身需求的持续性如果都很强的话，他们的反应强度也会表现得更加强烈。如果孩子的主要气质特征是较强的持续性、活动性、刺激敏感性和反应强度，那么，我们有必要客观仔细地观察他们，因为刺激敏感性和持续性都较强与英才式或孤独症式的持续性气质特征相关。

英才式和孤独症式的持续性气质都伴随着"过度投入"，这样的孩子有一个共同的特点：过度兴奋。当他们不能如愿获得自己想要的东西时，很容易变得敏感，会立即激动起来。所以，有人说英才和孤独症之间只有一墙之隔。

在我遇到的高智商孩子中，因过度敏感而经常换幼儿园的孩子不在少数。这类孩子在幼儿园组织大型集体活动时会因自己与同龄人的矛盾而主动退出，如果他们本身不喜欢这种大型活动会出现自我感觉不适，也会退出。

刺激敏感性和反应强度较强但适应性较弱：敏感性气质的孩子的适应性下降的话，他们会因为周围的声音刺激、需求未被满足、做自己不想做的事情等产生不适感。他们会反感这些刺激并进行反抗，继而产生焦虑，并表现出攻击性行为。

高度焦虑的人会本能地表现出攻击性的反应以保护自我。这是大脑为了生存而开启的一种防御性机制，扔玩具、打人、尖叫的原因就源于此。现实的情况是，在幼儿园里，这种行为可能会伤害同伴，由于老师需要同时负责很多孩子，因此，攻击性强的孩子可能会被退园。

我们需要观察敏感性气质的孩子在哪种情况下会因较强的刺激敏感性而感到焦虑。事实上，很多有分离焦虑的孩子并不仅仅有分离焦虑，他们适应性弱、刺激敏感性强，且患有社会焦虑。

因此，如果孩子情绪敏感且焦躁，就需要仔细观察他们具有哪种较强的刺激敏感性特征，孩子是否会因此而倍感不安。

有分离焦虑的孩子
- 无关环境，只要看不见妈妈，他们就会感到不安和焦虑。
- 妈妈不在时，他们会担心出事。

- 会做噩梦，如妈妈消失或发生不好事情的梦。

有社会焦虑的孩子
- 如果看不见妈妈，他们会感到焦虑，但如果有其他喜欢的人在，会镇定下来。
- 和熟悉的人在一起时，他们不会找妈妈；但如果去陌生的地方，他们不会让妈妈和自己分开。
- 有好玩的玩具时，他们偶尔也会和妈妈分开玩。
- 需要做讨厌的事或待在不喜欢的地方时，他们会特别不安。
- 即使他们哭得很厉害，随着时间推移适应以后，也会像什么都没发生一样好好地玩。

情绪性

如果说刺激敏感性是指对感觉、环境和情绪的反应，那么情绪性就是指这些反应的多少。根据情绪性的不同，我们接受外部刺激时，反应强度和情绪镇定程度也会有所不同。

我们可以将情绪性比作弹簧：弹簧的厚度和长度不同，它随外部刺激的摆动和停止摆动的时间也会不同。每个人都有这种弹簧，有的人的弹簧很厚重，有的人的弹簧很轻薄；有的人的弹簧很长，有的人的弹簧很短。

气质小百科

> **小知识**
>
> **你的孩子有怎样的"弹簧"**
> - 厚重的"弹簧":对微小的情绪刺激反应迟钝。
> - 轻薄的"弹簧":对微小的情绪刺激感受强烈。
> - 短"弹簧":能立刻转变情绪。
> - 长"弹簧":需要花费很长的时间来稳定情绪。

拥有厚重短"弹簧"的情绪性的孩子,在面对微小的情感事件时,他们会有些迟钝,有足够的力量坦然接受或忽视。但如果孩子不努力区分情绪,让厚重的"弹簧"变灵活,那么他们会变得过于单纯且对他人的情绪毫不在意。

拥有轻薄长"弹簧"的情绪性的孩子有共情能力,且能认识到自己多样的情绪。但是,他们需要努力培养让轻薄的"弹簧"变厚的心灵力量,让长"弹簧"变短,否则他们会经常因情绪波动而失控,或因自身情绪压力而陷入混乱。

07 细分的 16 种气质类型

根据孩子具有的核心气质要素，气质被分为 4 种类型。为了更细致地判断孩子的气质，根据衡量人类动机水平的两大指标，即活动性和社会性，本书将这 4 种气质类型再细分为 16 种（见图 7-1）。

顺应性气质
- 活动性强的顺应性气质
- 活动性弱的顺应性气质
- 社会性强的顺应性气质
- 社会性弱的顺应性气质

抑制性气质
- 活动性强的抑制性气质
- 活动性弱的抑制性气质
- 社会性强的抑制性气质
- 社会性弱的抑制性气质

持续性气质
- 活动性强的持续性气质
- 活动性弱的持续性气质
- 社会性强的持续性气质
- 社会性弱的持续性气质

敏感性气质
- 活动性强的敏感性气质
- 活动性弱的敏感性气质
- 社会性强的敏感性气质
- 社会性弱的敏感性气质

图 7-1　16 种细分类型

为了帮助父母理解动机，我们将圆形气质图分成个人层面与社会层面、敏感性层面与主导性层面进行解释（见图 7-2 和图 7-3）。个人层面决定孩子的个人气质特征，社会层面决定孩子在社会环境中的行为特点，敏感性层面决定孩子对环境及情绪刺激的反应特点，主导性层面决定孩子适应环境和表达需求的方式。

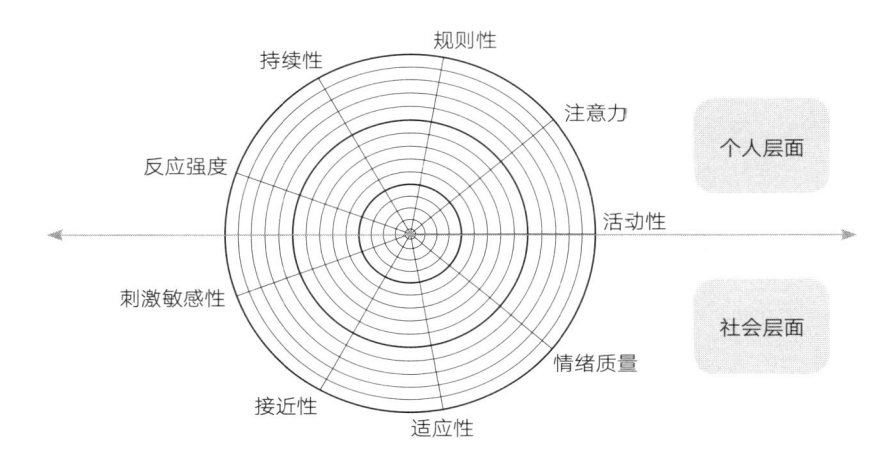

图 7-2　气质图的个人层面与社会层面

个人层面
- 活动性：活动程度、活动方向、需求。
- 注意力：个人关注某件事的持续时间。
- 规则性：个人生理节奏。
- 持续性：个人偏好的需求以及情绪持续的时间。
- 反应强度：个人的外显表现性。

社会层面
- 情绪质量：情绪的基本倾向。
- 适应性：应对社会情况的灵活性。

- 接近性：对外部世界的好奇心和敢于尝试的倾向性。
- 刺激敏感性：在社会环境及关系中的敏感程度。

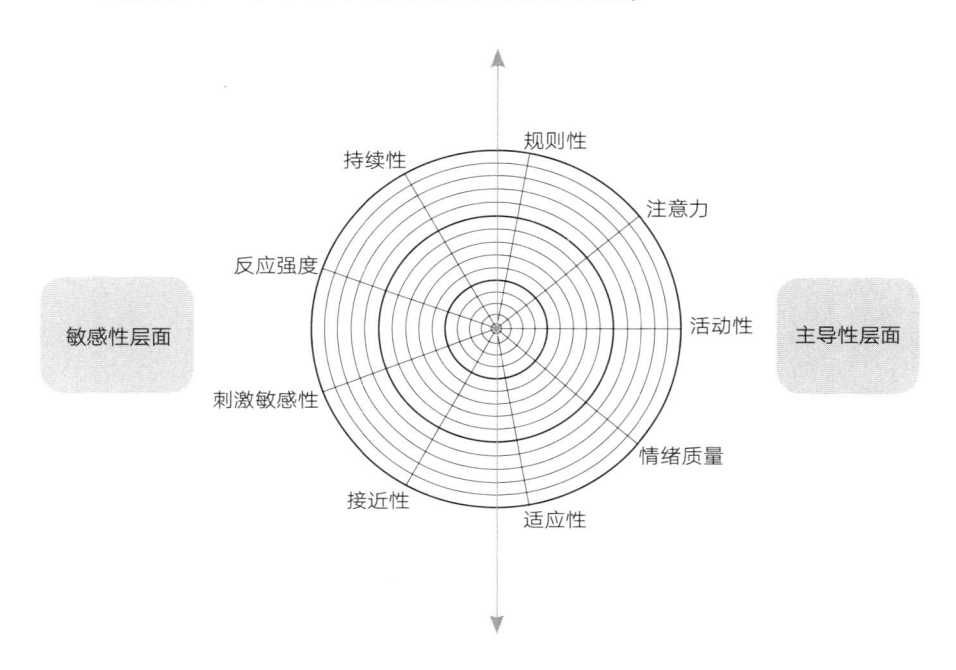

图 7-3　气质图的敏感性层面与主导性层面

敏感性层面
- 持续性：想要维持偏爱刺激的程度，对不喜欢的刺激的拒绝程度。
- 反应强度：对不适刺激的反应程度。
- 刺激敏感性：对生理、环境、情绪刺激以及不适的内外刺激的敏感程度。
- 接近性：对好奇事物的接近以及对不适刺激的回避。

主导性层面

- 规则性：自觉遵守规则，将规则内化于心的顺应性。
- 注意力：内外刺激下仍能保持注意力的持续时间。
- 活动性：亲自尝试、体验的需求程度。
- 情绪质量：天生具有的情绪倾向性，协调各类气质特征的基础。
- 适应性：对陌生环境的灵活适应能力。

顺应性气质的细分类型

顺应性气质的细分类型的气质图以规则性和适应性两轴为基准，在气质图上表现为自上而下的较长的形状。

活动性强的顺应性气质图呈现向右侧倾斜的形状，如图 7-4 所示。

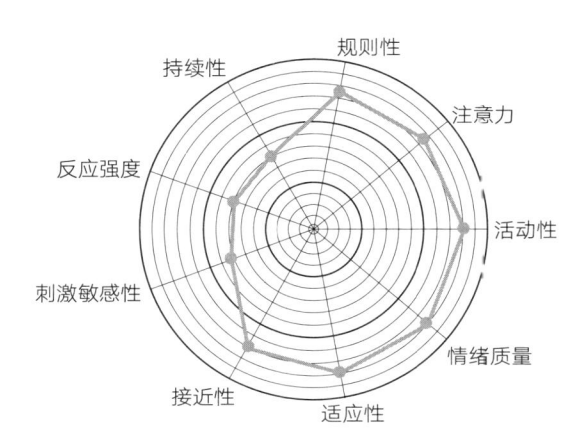

图 7-4　活动性强的顺应性气质

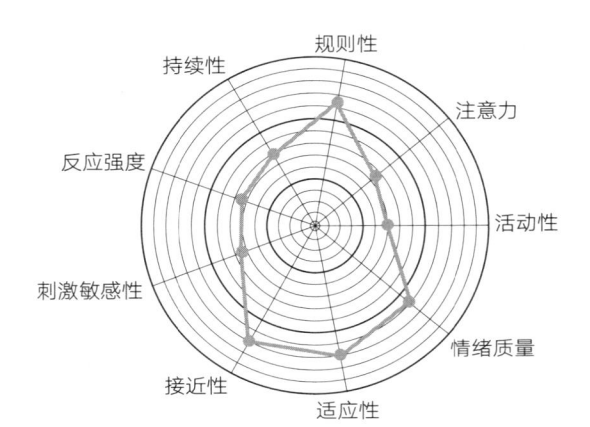

活动性弱的顺应性气质图呈现右侧较窄的形状，如图 7-5 所示。

图 7-5　活动性弱的顺应性气质

在社会性强的顺应性气质图中，适应性与接近性都很强，呈现下部较宽的形状，如图 7-6 所示。

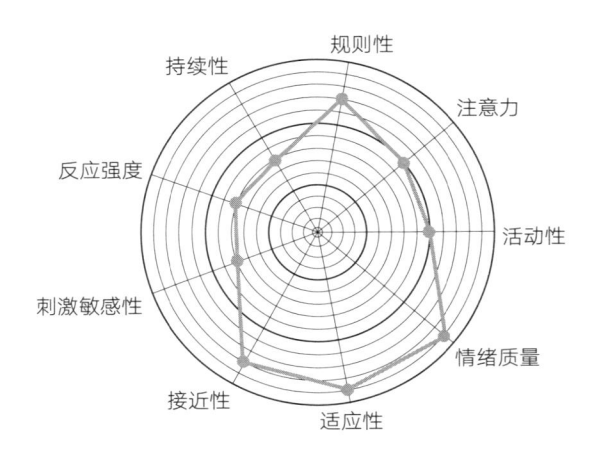

图 7-6　社会性强的顺应性气质

在社会性弱的顺应性气质图中，适应性为平均水平，接近性则低于平均水平，呈现下方较短、较圆的形状，如图 7-7 所示。

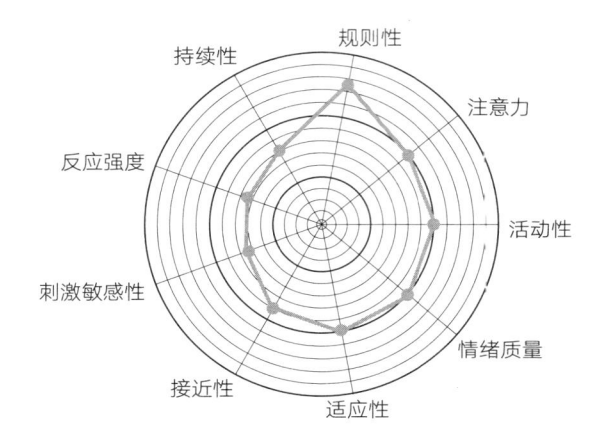

图 7-7 社会性弱的顺应性气质

抑制性气质的细分类型

抑制性气质的细分类型的气质图呈现不同的不均衡形状，需要仔细判断。

在活动性强的抑制性气质图中，个人层面的活动性、规则性和注意力都较强，社会层面的适应性和接近性较弱，呈现向右侧倾斜的形状，如图 7-8 所示。

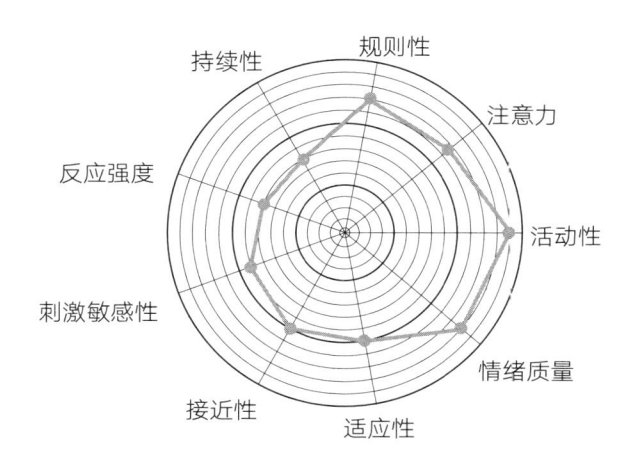

图 7-8 活动性强的抑制性气质

在活动性弱的抑制性气质图中，规则性较强，但活动性极弱，反应强度较低，呈中间收窄的形状，如图 7-9 所示。

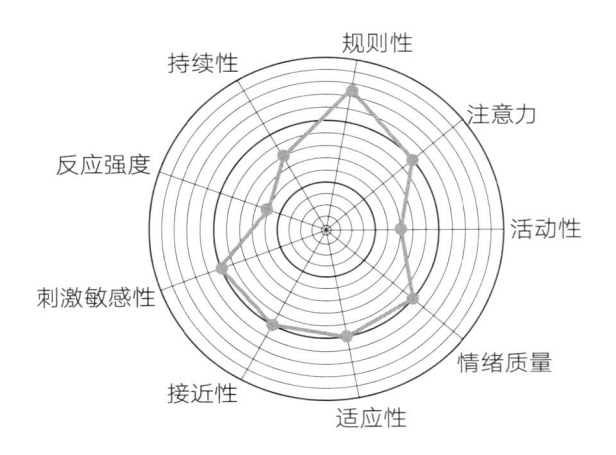

图 7-9　活动性弱的抑制性气质

在社会性强的抑制性气质图中，在社会层面的适应性较强，接近性为中上水平。在敏感性方面，刺激敏感性较强，但反应强度较低，如图 7-10 所示。

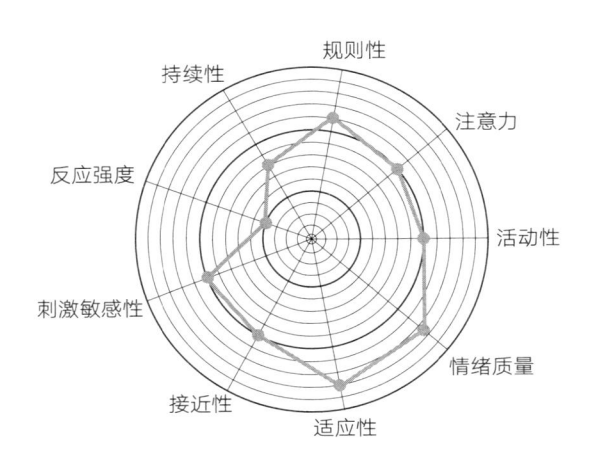

图 7-10　社会性强的抑制性气质

在社会性弱的抑制性气质图中，在社会层面的适应性与接近性都比较弱。在敏感性方面，刺激敏感性较强，但反应强度较低，如图 7-11 所示。

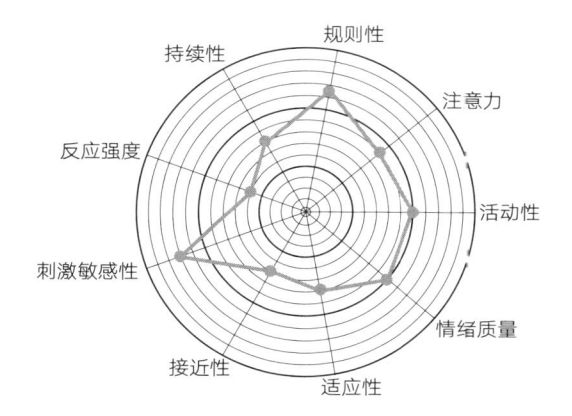

图 7-11 社会性弱的抑制性气质

持续性气质的细分类型

从总体上看，持续性气质的细分类型的气质图的持续性均较强，呈现向左上方倾斜的形状。

在活动性强的持续性气质图中，活动性较强，呈右侧较宽、向左上方倾斜的形状，如图 7-12 所示。

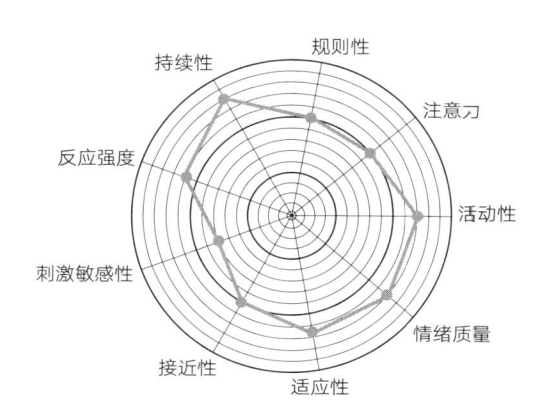

图 7-12 活动性强的持续性气质

在活动性弱的持续性气质图呈现竖直细长的形状，由于活动性在一般水平以下，所以右侧较窄，如图 7-13 所示。

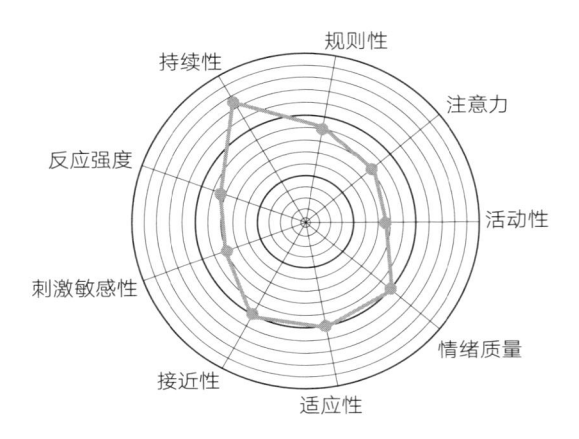

图 7-13　活动性弱的持续性气质

在社会性强的持续性气质图中，社会层面的接近性和适应性都较强，呈上下尖角形状，如图 7-14 所示。

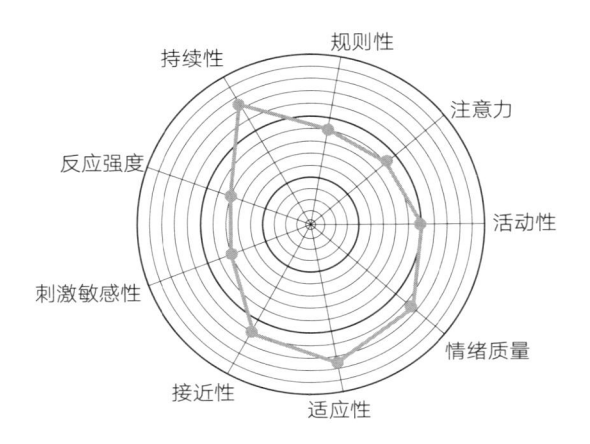

图 7-14　社会性强的持续性气质

社会性弱的持续性气质图下部短小，除持续性之外，其他所有气质特征都比较弱，如图 7-15 所示。

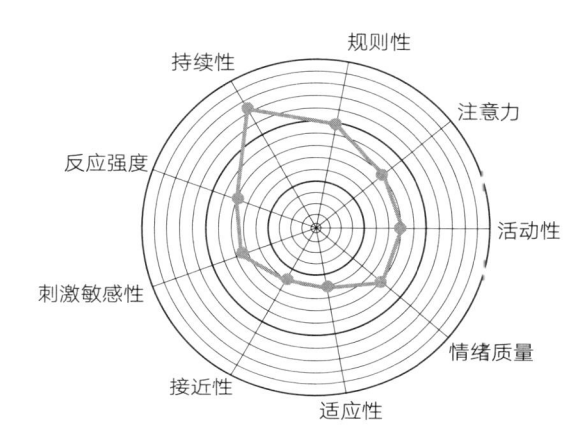

图 7-15　社会性弱的持续性气质

敏感性气质的细分类型

敏感性气质的细分类型的气质图的刺激敏感性和反应强度都比较高，呈向左侧倾斜的形状。

活动性强的敏感性气质图水平特征鲜明，活动性、刺激敏感性都强，反应强度高，如图 7-16 所示。

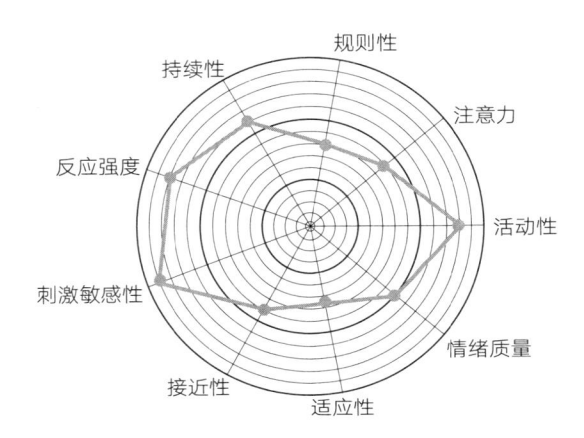

图 7-16　活动性强的敏感性气质

活动性弱的敏感性气质图呈现水平向左倾斜的形状，活动性极弱，社会层面的接近性和适应性也比较弱，如图 7-17 所示。

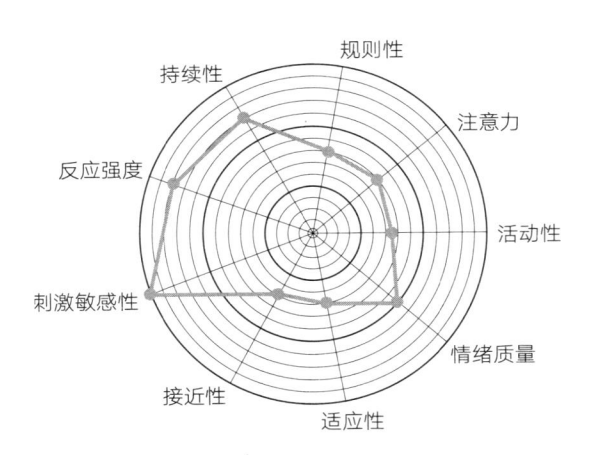

图 7-17　活动性弱的敏感性气质

社会性强的敏感性气质图下部较宽，水平向左倾斜，社会层面的适应性和接近性都较强，如图 7-18 所示。

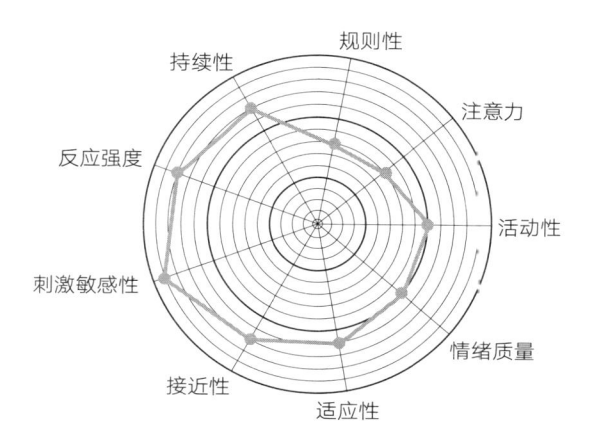

图 7-18 社会性强的敏感性气质

社会性弱的敏感性气质图整体呈下部较短的形状,社会层面的适应性和接近性都非常弱,如图 7-17 所示。

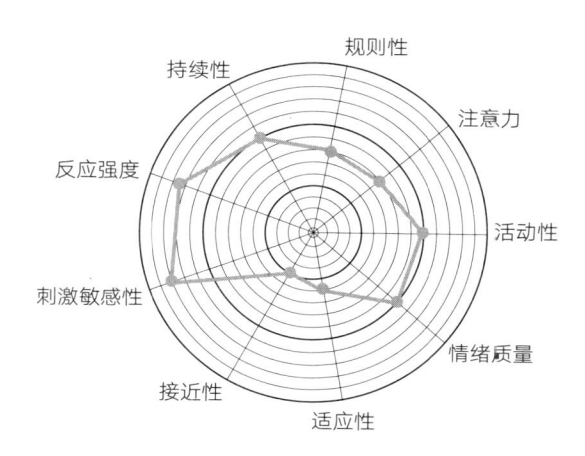

图 7-19 社会性弱的敏感性气质

08 幼儿期出现的 4 个层次需求

如果说气质是孩子天生具有的特性，那么需求就是表现孩子自我的方式。在气质的基础上增添需求，就会展现出孩子独特的面貌，即个性。

了解了孩子的气质，我们接下来就可以更深入地了解孩子的需求。通过需求，我们可以理解孩子隐藏的内心，不再只停留在浅层，而是了解孩子的真正面貌。

接下来，我们将根据马斯洛的需求层次理论，详细说明孩子在婴幼儿期出现的生理需求、安全需求、爱和归属需求以及尊重需求。

生理需求

生理需求是人类最基本的需求，比如饿了想吃东西、累了想休息、困了想睡觉、腹胀时想排便等。

出生后的 6 个月，是生理需求发展的主要时期。所以，婴儿饿了喂他们吃奶，他们困了让他们睡在妈妈的怀抱里，他们小便后及时帮他们换尿布，这些行为会让他们对抚养人产生安全感。稳定地满足婴儿的生理需求，他们就会信任抚养人，并形成依恋。

生理需求得到满足后，孩子开始探索这个世界，想要满足高一层次的需求，即安全需求。在发育阶段，对于 18 ～ 36 个月的处于学步期的孩子，如果他们拥有正常的依恋关系，就会产生安全感，并积极探索世界。

我曾遇到过这样一个孩子：出生 6 个月了，由于父母的忽视，他仍然没有养成规律作息的生活习惯。即使学步期已过，他的焦点仍在生理需求上。

还有一个孩子，他的父母都有精神障碍。我第一次见到他时，他已经 6 岁了，但仍不能按时吃饭，也不会向父母要零食。他会时不时地打开冰箱门，但不知道最想吃什么，也不知道要吃多少，他只是手抓到多少就吃多少。当妈妈训斥他时，他拿着食物就跑，吃坏肚子就呕吐。

事实上，在出生后的 6 个月里，他经常吃不到母乳或奶粉，肚子极饿，却被晾在一边，无人照顾。只有在父母精神状况好转时，他才能吃上奶或食物。

如果孩子在婴儿期没有按时吃奶，生理需求未得到充分满足，他们对依恋对象的不信任感会转变成焦虑，继而想通过吃东西来缓解焦虑。刚才提到的这个孩子由于没有得到正确的喂养，结果导致他的生理需求十分突出。

过度关爱型养育导致生理需求缺乏

其实，当需求过度时，孩子也会出现类似生理需求缺乏的状态。

无论何时，只要孩子一哭，妈妈就不停地给他们喂奶，实际上，孩子此时的哭闹与想吃东西的需求无关。如果让孩子想吃就能吃到奶，他们渐渐地会在疲倦时用吃奶的行为和饱腹感来安抚自己。所以，当孩子的生理需求转向安全需求时，他们可能仍然会专注在吃奶上。这种因需求过度而想吃食物的状态十分常见，但与生理需求缺乏导致的焦虑不同。

曾有一个4岁的小男孩和他的妈妈一起来到咨询中心。在陌生的环境下，这个男孩环顾了一下四周，当他看到玩具后，就开始拽妈妈的手，想让妈妈和他一起去看玩具，想要去摸玩具。但是，妈妈要和咨询师交谈，即使被他拽着走到了玩具旁边，妈妈并没有关注孩子的需求。小男孩自己拿不到玩具，只能拽着妈妈不放。

小男孩用行动向妈妈表达自己想要探索新事物的需求，但一直不能得到回应，于是他开始哭闹，要求妈妈抱他，最后还掀起妈妈的上衣，想要吃奶。

这时，妈妈说"孩子好像困了"，但事实上他并不困。他想探索世界，却不能如愿，所以就想回到妈妈的怀抱中。也许妈妈一直都没有意识到他的想法。他的需求得不到满足，探索世界的过程受阻，才转而想要吃奶。这时，妈妈并没有安抚他的内心，而是直接给他喂奶。长此以往，这个小男孩会不再想探索新事物，只想找妈妈吃奶，因为吃奶比探索更容易。相应地，妈妈也能通过喂奶达到安抚孩子的目的。

在生活中，很多长大一些的婴儿会通过触摸妈妈的乳房或吮吸母乳等方式满足自己的生理需求。如果妈妈较为迟钝，既无法满足孩子的需求，又理解不了孩子的处境或想法，那么，孩子最终会通过感官满足快速解决问题。

如果妈妈过度关爱孩子，也会发生同样的情况。有些孩子想要暂时从妈妈那里获得安慰，如果给予他们过多的关爱和安慰，只会让他们一直停止不前。在过度关爱的养育方式下长大的孩子有强烈的生理需求。

当然，并非只要身处这样的养育环境，孩子就有强烈的生理需求。但在孩子的气质特征中，刺激敏感性较强的孩子往往更专注生理需求。另外，活动性较强的孩子也会寻找感官刺激，因为他们不喜欢静静地待着，会对无刺激状态感到焦虑。

例如，刺激敏感性较强的孩子在焦虑时，会通过吮吸手指镇静下来，这是一种自我安慰。而活动性较强的孩子在没有刺激的情况下会感到焦虑不安，他们会通过吮吸手指获得刺激。因此，在观察孩子的需求时，同时也要观察他们的气质特征，这样才能更准确地了解他们的行为原因。

父母应在孩子婴儿期关注他们的生理需求。15个月大的孩子一般都已经学会独自走路了，他们的安全需求会增加，开始探索世界。但是，如果孩子已经超过3岁，却仍然经常表现以下行为，就应该引起注意了，因为目前其他需求可能无法得到满足，所以他们只能表现出最基本的生理需求行为。

- 持续找东西吃。
- 总想吃很多。
- 即使没有什么特别想吃的东西，也会打开冰箱寻找食物。
- 一直要求他人拥抱或抚摸。

在这种情况下，父母需要观察孩子真正缺乏的需求是什么。如果上述行为表现是一种本能性的倾向，当孩子进入幼儿园后，在集体环境中，他们的安全需求、爱和归属需求会受挫，回到家后，他们想从父母那里寻求"补偿"。如果这种情况反复出现或出现次数过多，父母就应该观察孩子是否过度沉溺于生理需求。父母需要区分孩子出现这种情况是因为抚养方式过于迟钝或关爱过度所致，还是因为孩子的社会适应能力不足所致。

如果父母的抚养方式出了问题，那就需要进行纠正。如果是因为孩子在幼儿园的集体环境中缺乏安全感，迫使他们将注意力集中在生理需求上，那就需要老师密切关注，让孩子与老师建立稳定的依恋关系。

如果孩子找到了真正缺乏的需求，却没有办法得到满足，他们就只能专注满足生理需求，这时就需要父母或老师对其进行纠正和指导了。因为当其他需求受挫时，孩子不知道如何满足自己的需求，只能重复地使用不正确的方法。另外，父母也需要进行反省：自己是不是只满足了他们的生理需求，没有意识到其他需求？

安全需求

对孩子来说，安全需求是社交能力发展的重要基础。妈妈能给予孩子安全感，因此，找妈妈是每个婴儿的本能需求。12个月大时，婴儿的安全需求开始增加。他们开始蹒跚学步，对社会充满好奇。妈妈照顾孩子，孩子会对妈妈产生稳定的依恋，获得信任感后，孩子开始观察并探索世界。刚开始，孩子会在妈妈的怀抱里悄悄地观察别人。外出时，他们会寻找家以外的感觉。由于孩子坚信妈妈会守护自己，他们开始尝试一些小挑战，慢慢地探索世界。

这一时期，只有当安全需求得到充分满足后，孩子才会真正开始尝试社会挑战、自我约束以及与他人建立关系。因此，孩子出现与社会性相关的问题时，可能与安全需求未被满足有很大的关系。

认生是依恋的信号

在孩子的气质测试和发育测试中，早期的评估都会了解孩子的认生时间和反应程度。认生是一种依恋的信号，通过与妈妈建立稳定的关系，孩子会产生信赖感；认生也是了解孩子对陌生社会状况的反应的重要线索。

婴儿在发育过程中，正常情况下，认生出现在出生后的 4～8 个月。认生早的孩子在 4 个月时就开始有反应，而大部分孩子在 6 个月左右才开始认生。需要注意的是，即使妈妈没有意识到，认生也会存在。孩子开始认生与他们的客体永久性[①]发展相关。10～12 个月大的孩子开始把外在的物体视为独立存在的实体，在这一时期，他们的认生程度会有所减轻。

理解了客体永久性之后，孩子会知道，即使他们看不见妈妈，妈妈依然存在。这意味着他们开始把自己与他人区别开，把自己看作是一个个体，把妈妈看作是另一个个体。因此，出生后 4～8 个月的孩子是否认生，10 个月以及以上的孩子的认生程度是否逐渐降低，是判断孩子是否拥有稳定的依恋关系和认知发育健康与否的信号。

孩子不是在一瞬间就明白客体永久性的。出生后 4～8 个月是正常认生期，但有的孩子一点也不认生。有的孩子虽然会认生，却不会哭，而是露出不舒服或僵硬的表情。而有的孩子则会吓得躲起来哭。这些孩子的不同反应可以用不同的气质特征来解释。

出生后的 10～24 个月是习得客体永久性的时期，要根据孩子的气质特征分析他们的反应。同时，除了孩子，我们也要关注父母的性格特征、抚养方式一致性以及与依恋相关的社会行为。

---

① 客体永久性简单来说就是，当一个物体或一个人离开视线后，婴儿能意识到该物体或人持续存在。——编者注

在出生后的 24~36 个月里，孩子通常已经完全明白了客体永久性。所以，在这一时期出现的认生现象，多是由适应性较弱的气质特征引起的，而与依恋无关。有意思的是，这一时期，孩子认生的现象大多出现在入园或弟弟妹妹出生时，他们的安全需求增强，在需要适应社会环境的情况下，安全需求成为他们的核心需求。例如，弟弟妹妹的出生会让他感到自己的家庭地位受到了威胁，为了保证自己的家庭地位，他们总会找妈妈寻求安慰。

认生和气质特征的关系，可参见表 8-1。

表 8-1 认生和气质特征的关系

认生时期	气质特征	行为表现
4~5 个月	·刺激敏感性较强	大多数孩子在早期开始认生
6~24 个月	·规则性较强 ·接近性和适应性较强	不大认生，会抑制自己的焦虑 不大认生
	·刺激敏感性较强 ·刺激敏感性较强且反应强度较高	只要觉得妈妈不在，就会不安，开始哭泣 觉得妈妈不在时，会以强烈的情绪表达自己的不安
24~36 个月	·规则性较强 ·接近性和适应性较强	刚刚入园，立刻就能适应 几乎没有适应期，一去幼儿园就能愉快地玩耍
	·刺激敏感性较强	会花很长时间适应幼儿园的生活，无法从老师身上获得情绪安全感；很长时间里，不想入园
	·刺激敏感性较强且反应强度较高	刚上幼儿园时，会强烈地拒绝。当必须去幼儿园时，可能一直无法适应
36 个月以后	·刺激敏感性较强且反应强度较高	如果孩子依旧特别认生，需要引起注意，这是缺乏安全感的信号，需要寻求专家建议与育儿指导；弄清楚孩子认生是因为气质还是依恋，又或二者皆有

社会适应

在幼儿园，孩子需要集体活动。孩子第一次踏入这样的社会环境时会感到非常焦虑，这是由期望获得安全需求的本能引起的，因为他们离开了安全的家，进入了完全陌生的环境。所以，在早期适应阶段，孩子很难与妈妈分开，无法适应幼儿园的生活，需要寻求专业的建议。

在这种情况下，我们需要区分孩子的焦虑是来自与依恋对象的分离，还是来自陌生的社会环境。很多孩子难以适应是因为他们对社会环境产生了强烈的不安全感，而不是因为分离焦虑。因此，在刚入园的适应期，父母要积极与老师沟通，了解孩子的反应。分离焦虑和社会焦虑都是由于缺乏安全感引起的，所以，父母和老师需要共同探讨，以便让孩子适应陌生环境。

焦虑的原因不同，孩子的需求也有所不同，相应地父母和老师扮演的角色和应对方法也会不同。例如，分离焦虑以依恋为基础，在满足孩子的安全需求时，应以亲子关系为核心；在社会环境中，当孩子的安全需求难以获得满足时，父母和老师应成为他们心灵的安全基地，为他们创造轻松快乐的社会环境，鼓励他们探索新事物及建立新的亲密关系。

爱和归属需求

概括地来讲，爱和归属需求就是"想要获得爱""想要感到自己是值得被爱的人""想要感到自己是必要的存在"。

心理学家海因茨·科胡特（Heinz Kohut）对人的主体即自我进行了深入的研究，他认为"所有人都想有价值地生活在世界上"。也就是说，人类希望自身的存在能被接受并得到尊重。

对幼儿来说，爱和归属需求首先表现为依恋困难。有些孩子不会表现出稳定的依恋模式，而是产生了回避、抵抗、混乱的不稳定的依恋模式。他们对父母的信任、对"安全基地"的认识都不稳定。

"安全基地"能帮助孩子自由地探索世界，对"安全基地"存在需求的孩子会追求安全感，他们会沉浸在父母，尤其是妈妈的关爱中。在气质上表现出情绪敏感性的孩子，如果他们的妈妈患有抑郁症、情绪质量较差或反应迟钝，那么他们会感到自己与妈妈无法建立情感联系，所以他们对妈妈的关爱和归属感有更强烈的需求。

如果有弟弟或妹妹出生，安全需求仍是他们的核心需求。如果妈妈依旧能平静地与孩子相处，或者他们的生活模式与弟弟或妹妹出生前没有不同，他们就不会太焦虑。

对爱和归属需求是核心需求的孩子来说，陪伴是最重要的。如果妈妈总是一脸疲惫，和他们在一起的时间很少，那么他们就会感到焦虑，认为妈妈在拒绝自己。要想满足孩子的爱和归属需求，父母需要经常陪伴他们，如果妈妈总是抱着弟弟或妹妹，那么就算妈妈陪他们玩，也无法彻底满足他们的爱和归属需求。

妈妈与孩子约好在规定的时间陪他们玩游戏，对有安全需求的孩子来说，这样的约定能满足孩子的需求。但对有爱和归属需求的孩子来说，他们更希望妈妈在陪自己时，能把弟弟或妹妹交给爸爸照顾，希望妈妈全身心地和自己玩耍，与自己进行充分的眼神交流与身体接触。

对情绪敏感的孩子来说，假装亲近是行不通的。孩子的敏感是本能的，他们渴望的是真心。爱和归属需求是孩子活得像自己的力量源泉，是他们表达自我的声音，是他们想生活下去的理由，父母应尽最大努力去满足他们的需求。

当孩子进入幼儿园等教育机构时，爱和归属需求会延伸到与社会性相关的领域。在幼儿期，3～4岁的孩子的注意力都集中在关爱自己的老师身上。如果老师能高兴地迎接他们、想见他们、疼爱他们，他们的爱和归属需求就能得到满足。在这个阶段，孩子更喜欢将大人作为依恋对象，从大人而不是朋友那里获得爱和归属需求的满足。在和同龄人一起玩时，孩子也会各自带自己的玩具玩耍，对朋友的归属需求并不明显。

5～7岁时，孩子的爱和归属需求会从老师转向朋友。他们希望朋友们等着自己、关爱自己、想自己、哄自己开心。此时，孩子的归属需求更加强烈，因为他们想要建立一种与他人之间的联系。

小女孩可能会说："你要是和我穿一样的粉红色裙子，今天我们就能成为最亲密的朋友。"小男孩可能会说："我今天穿的是恐龙麦卡德T恤，我的朋友也知道麦卡德，他是我今天最好的朋友。"另外，如果一个孩子问："谁想和我做这个游戏？"另一个孩子回答："我可以。"那么两个人玩同一个游戏后会成为好朋友。

不过，5岁以后，孩子的归属需求会变得越来越复杂。由于孩子们的语言能力、认知能力、社交技巧、同理心之间出现明显差异，因此他们的归属意识、小团体意识会变得更加明显。此时，那些很难融入集体，无法融洽地与朋友一起玩耍的孩子会显得很另类。

5岁的孩子还无法理解一个游戏可以由多个人一起玩。例如，两个孩子一起玩过家家游戏，一个扮演妈妈，一个扮演孩子，如果另一个孩子也想加入进来，扮演妈妈的孩子可能会不知所措，他很难想到只要让两个人扮演孩子或另一个扮演爸爸的角色就可以了。有时，认知发育较快的孩子可以"解决"这种问题，但对一般的孩子来说，通常要到6岁左右，他们才能独立解决这类问题。

当同龄人之间的关系变得复杂时，社会性强且刺激敏感性也较强的孩子，常常会因为朋友的语气稍微生硬或细微的表情变化而感到失落沮丧。

虽然适应性较弱的孩子会和朋友待在一起，但他们不喜欢需要自己主导或灵活反应的游戏。因为在玩这类游戏时，他们的反应很消极，在同龄人中，他们的地位会比较低。适应性很弱但归属需求很强的孩子，在朋友那里无法获得足够的爱和归属需求，回到家后，他们会执着地向妈妈索取。

接近性较弱的孩子在看到朋友玩游戏时，他们很难主动去接近对方。他们会在周围转来转去，或者只是盯着朋友看，犹犹豫豫，不敢靠近。朋友邀请他们一起玩时，他们也很难欣然接受，因此他们很少和朋友一起愉快地玩耍。接近性弱但爱和归属需求较强的孩子在家里时，如果妈妈不和他们一起玩，他们也会很伤心。在幼儿园里，他们的表现也不太稳定，十分依赖老师，想要获得老师的关注。

所以，当孩子回到家后不断要求父母和自己一起玩、想要和父母待在一起时，或当他们紧跟在老师身后、总想和老师一起玩耍时，不能单纯地认为他们在耍赖，应该考虑他们内心的需求和气质。

通常，和父母一起玩可以促进孩子的社会性充分地发展。孩子会自然而然地模仿周围人的行为，比如像父母和老师一样的成年人或同龄人，从而让自身的社会性得到发展。因此，即使孩子的社会技能发育目前尚不成熟且缺乏同理心，只要他们与父母或老师相处以积累经验，那么他们的社会技能和同理心便可以顺利发展。

尊重需求

尊重需求是一种想要获得他人和社会尊重的"认可需求"。孩子的尊重需求表现在他们想展示自己的能力，把事情做得好，同时也想获得认可及关注。

5 岁以后，孩子产生性别意识，自我认知变得清晰，随之，他们的尊重需求会变得更加明显。在这一时期，为了获得关注，他们可能会站在桌子上跳舞、炫耀他们画的画或向他人展示他们搭好的积木。如果他们的尊重需求得不到满足，他们与朋友一起画画时，如果对方画得更好，他们会嫉妒；与朋友一起跑步时，如果朋友跑得更快，他们会气哭。因为他们没能展现自己优秀的样子，自尊心受挫，所以十分伤心。

活动性和适应性都较强且尊重需求和社交需求都较高的孩子，在朋友关系中，会特别渴望成为领导者，想让所有人都听他们的话。当朋友取笑他们、无视他们或否定他们的能力时，他们会与朋友产生矛盾。而尊重需求高、内向型活动性较强但适应性较弱的孩子，可能会一个人静静地把积木拼好，或者做一些东西吸引朋友或老师的注意。拿着积木作品在朋友身边走来走去，或把写好的信送给朋友，这些行为都是他们表达尊重需求的一种尝试。

自尊心的三大支柱

通常情况下，只要不是发育迟缓，5 岁左右的孩子都会产生客观的自我认识。也就是说，孩子在 5 岁左右开始产生自尊心。如果得到父母的信任和关爱，通过积极的自我认识、客观的自我评价与社会认可，孩子的自尊心得以成长。因此，我们把这三点称为自尊心的"三大支柱"。

当父母以"你是一个值得被爱的孩子"的心态，饱含信任与关爱育儿时，孩子会认识到自己的存在是有价值的，这就是积极的自我认识。他们也会通过客观经历认识自己的能力，即客观的自我评价。最后，通过朋友、老师以及他人的肯定获得社会认可。

尊重需求较强的孩子想要获得真正的认可通常会依赖社会环境。例如，他们通过观察能意识到自己的绘画水平和同龄人存在差距。即使父母出于关爱和鼓励不断地称赞他们"画得真好，你是最棒的""真聪明"，但他们不会因此而开心。父母的这种盲目的赞美并不能增长孩子的自尊心。

比起盲目且含糊的称赞，有针对性的鼓励与支持对孩子更有帮助。例如，"你上次还画不好眼睛，现在画出了具有自己风格的漂亮眼睛，真优秀""你现在竟然能顺利地拼出汽车积木了，比上次拼得更好"，这些具体反馈更能帮助孩子建立自尊心，让他们准确地意识到自己能力的提升，并认可自己的能力。

因此，如果孩子缺乏尊重需求，父母需要明确他们的自尊心缺失了"三大支柱"中的哪一个，并找出是哪种气质要素阻碍了他们满足尊重需求。如果是因为注意力较弱而缺乏客观的自我评价，那么父母就应该教孩子掌握并记住做事的核心要点。如果孩子因为接近性较弱而不敢尝试自己不擅长的事情，父母就要让孩子在新的体验中寻找存在感，引导他们体验新事物，从而使他们获得成就感。如果孩子对自我的认识很消极，父母就需要认真反省自己在向孩子表达关爱时是否缺乏真诚，是不是一直用玩笑的方式捉弄孩子。

气质测试

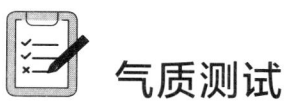

判断孩子的气质类型

气质测试可以帮助父母彻底了解孩子的气质特征，找到最佳育儿方式。有些父母可能会在测试中发现自己根本不了解孩子。因此，父母在为孩子做气质测试时，应该先客观、仔细地观察孩子，然后再做出评价。

需要强调的是，气质无好坏之分，父母也不要仅凭自己的好恶衡量孩子的能力。如果没有对孩子进行准确的气质测试，就无法做出正确的判断，也就无法完善孩子的气质。因此，为了获得准确的气质测试结果，父母要先调整好自己的心态。

作为评价者，父母在给孩子做气质测试前，需要记住以下几点，熟知后再开始。

- 摒弃你喜欢或期待的气质。
- 牢记气质没有好坏之分。
- 客观地评价孩子的行为和特征。
- 抛开"因为是孩子，所以才会那样"的"宽容"想法。
- 抛开"我小时候也这样……"的"安逸"想法。
- 孩子在教育前和教育后的行为可能会有差异。教育后，如果孩子的行为能自觉维持1年以上，那么要以教育后的面貌为标准评价孩子。如果孩子在教育后仍然表现得和教育前一样，那么要以教育前的面貌为标准评价孩子。

SCTA 孩子气质检测表

评测机构：WithYou 治疗教育研究所

计分规则

根据下表中对孩子行为的描述，选出合适的强度打"√"。强度判断标准为：完全不符合，1 分；不太符合，2 分；一般符合，3 分；比较符合，4 分；非常符合，5 分。

行为描述	强度				
1. 动作多，活动量大	1	2	3	4	5
2. 喜欢突然移动或跳跃	1	2	3	4	5
3. 看到新东西立刻想摸，想亲自尝试	1	2	3	4	5
4. 喜欢自己动手	1	2	3	4	5
5. 要学会、做好想做的事	1	2	3	4	5
6. 羡慕他人擅长做某些事	1	2	3	4	5
7. 即使叫他的名字，他也不会立刻回应	1	2	3	4	5
8. 总是忘记父母的指示	1	2	3	4	5
9. 不怎么参与自己不喜欢的活动	1	2	3	4	5
10. 想一下子做好几件事	1	2	3	4	5
11. 做一件事时，注意力很快会转移到其他事情上	1	2	3	4	5
12. 看到他人的行为，不太会模仿	1	2	3	4	5
13. 作息时间不规律	1	2	3	4	5

行为描述	强度				
14. 如果日程单调，会不耐烦或喊累	1	2	3	4	5
15. 游戏结束后，也不会马上收拾玩具	1	2	3	4	5
16. 对孩子说"不可以"时，他不会轻易接受或放弃	1	2	3	4	5
17. 无法预测他的行为或要求	1	2	3	4	5
18. 在外面活动时，很难让他排队	1	2	3	4	5
19. 他反复看喜欢的书或一直拿着喜欢的玩具	1	2	3	4	5
20. 碰到好奇的东西，他会一直提问，直到疑惑消除	1	2	3	4	5
21. 如果有他想要的东西，他会反复提要求，直到得到它	1	2	3	4	5
22. 做事过程中，即使遇到困难，他也不会放弃	1	2	3	4	5
23. 会花很长时间消气	1	2	3	4	5
24. 会将记忆或感情藏在心里很久	1	2	3	4	5
25. 在日常生活中，无论开心还是难过，都容易激动	1	2	3	4	5
26. 不如意时，会强烈地表现出消极情绪	1	2	3	4	5
27. 被吓到或慌张时，不会哭，而会发脾气	1	2	3	4	5
28. 如果不听他说话，他会立刻生气	1	2	3	4	5
29. 某件事做不好时，很容易烦躁	1	2	3	4	5
30. 不能做想做的事时，他会强烈地反抗	1	2	3	4	5
31. 感觉都很敏锐	1	2	3	4	5
32. 睡着后容易醒来，无法进入深度睡眠	1	2	3	4	5
33. 在有很多陌生人的环境中，会感到不舒服	1	2	3	4	5

行为描述	强度				
34. 看到朋友行为粗鲁时，会感到不适	1	2	3	4	5
35. 妈妈语气稍有变化就会观察妈妈的眼色	1	2	3	4	5
36. 能立刻察觉到细微的感情变化并做出反应	1	2	3	4	5
37. 尝试新事物的动机比较弱	1	2	3	4	5
38. 看到新玩具，会先观察一段时间再伸手触摸	1	2	3	4	5
39. 讨厌新环境、新状况	1	2	3	4	5
40. 需要花很长时间才能和陌生人熟络起来	1	2	3	4	5
41. 即使周围有感兴趣的东西，也不会亲自尝试	1	2	3	4	5
42. 见到新的同龄人会有些冷漠，一句话也不说	1	2	3	4	5
43. 不怎么喜欢出去玩	1	2	3	4	5
44. 害怕在陌生的场所玩耍	1	2	3	4	5
45. 比起和他人待在一起，更喜欢自己一个人待着	1	2	3	4	5
46. 即使周围有同龄人，还是更想和父母一起玩	1	2	3	4	5
47. 一开始很难适应在幼儿园或学校的生活	1	2	3	4	5
48. 对交新朋友毫无兴趣，或害怕交新朋友	1	2	3	4	5
49. 一天中的负面情绪较多	1	2	3	4	5
50. 不会把心情表露出来	1	2	3	4	5
51. 经常哼哼唧唧地耍赖	1	2	3	4	5
52. 即使见到喜欢的人，也不会露出开心的表情	1	2	3	4	5
53. 不会大声笑，也不会大声哭	1	2	3	4	5
54. 即使感受到压力，也不会表现出来	1	2	3	4	5

气质要素的得分合计

气质测试表中行为描述的计分情况及反映的相应气质要素如下。

行为描述	气质要素	计分方法	合计得分
1～6 题	活动性		
7～12 题	注意力	需要反向计分[①]	
13～18 题	规则性	需要反向计分	
19～24 题	持续性		
25～30 题	反应强度		
31～36 题	刺激敏感性		
37～42 题	接近性	需要反向计分	
43～48 题	适应性	需要反向计分	
49～54 题	情绪质量	需要反向计分	

---

① 反向计分是指将 5 分计算为 1 分、4 分计算为 2 分、2 分计算为 4 分、1 分计算为 5 分。

绘制气质图

将每种气质要素的合计分数点在下图上，然后将所有的点连起来。

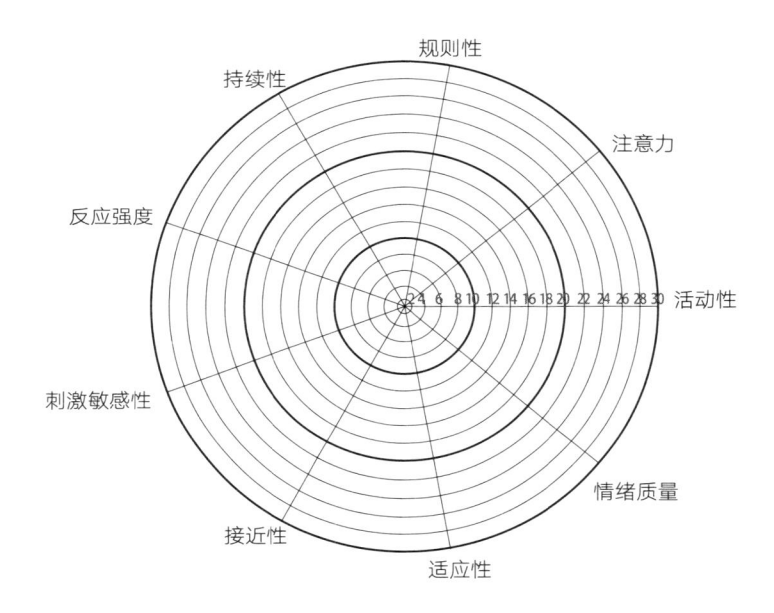

（气质图：规则性、注意力、活动性、情绪质量、适应性、接近性、刺激敏感性、反应强度、持续性；刻度 2 4 6 8 10 12 14 16 18 20 22 24 26 28 30）

气质图直径的大小

- 气质图直径的大小代表孩子的基本活动性水平。
- 气质图直径小说明孩子的活动性水平低。
- 气质图直径大说明孩子的活动性水平高。

气质图的形状

- 气质图的形状代表孩子的气质特性。
- 气质图的形状越偏圆，则气质特性越稳定、越协调。
- 气质图上有棱角的部分是需要父母帮助孩子改善的气质弱点。

气质图的位置
- 气质图的位置代表孩子的核心气质。
- 气质图的位置反映了孩子的气质优点所在。
- 可以根据气质图的位置来衡量孩子属于 4 种气质类型中的哪一种。

解析气质图时的注意事项

当各气质要素的分数较为相似时，要根据高分数要素聚集的维度来判断气质类型。由于 4 岁以下的孩子接触社会的机会比较少，接受社会规则的教导也很少，因此，对他们进行气质测试时，父母有时会低估他们的规则性。如果气质测试结果显示，孩子气质要素中注意力低于中等水平，且社会层面的要素都低于中等水平，那么，建议父母请专家评估孩子的发育程度和心理状况。

如果孩子在活动性、适应性和接近性方面都获得较高的分数，那么孩子可能更接近社会性强的气质，因为他的社会层面的气质特征都很强。

如果孩子的持续性和活动性较强，同时刺激敏感性较强、反应强度也较高，且反应强度的分数比刺激敏感性高，那么孩子可能更倾向于持续性气质，而不是敏感性气质。

如果孩子整体气质分数都比较相似，绘制的气质图偏圆形，且刺激敏感性较强、反应强度稍低，那么孩子可能更接近抑制性气质，而不是顺应性气质。

如果孩子接近性弱，那么即使他的社会层面的适应性强，他也有可能是社会性弱的气质类型。

判断气质类型

把孩子的气质测试结果和 16 种气质类型图进行对比,可以判断孩子的气质类型。

父母在判断孩子的气质类型时要严谨。气质测试结果会受到人的心情或环境的影响,所以要想提高结果的可信度,最好间隔一周以上进行多次测试。当然,最准确的方式是去咨询中心进行测试。在韩国,一般的气质测试咨询师需要花 30 分钟观察孩子,再用 30 分钟与父母和孩子进行面谈。判断出孩子的气质类型后,咨询师会根据测试结果与孩子的父母面谈。面谈时,咨询师会详细地了解孩子的发育史和抚养史,通过了解父母气质的遗传性和父母的抚养方式来区分遗传和环境对孩子的影响。为此咨询师还会对父母进行 MBTI 性格测试和养育方式测试,这有利于综合评估孩子的气质类型,提高测试结果的准确性。

如果孩子注意力弱但刺激敏感性强,在日常生活和受教育方面也存在困难,就需要进行更深度的气质测试。要想知道这种情况是孩子天生的气质特征使然,还是因为受到了父母养育方式的消极影响,就需要对父母和孩子进行综合测试。

16 种气质类型图

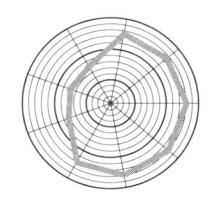

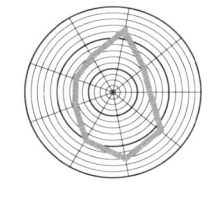

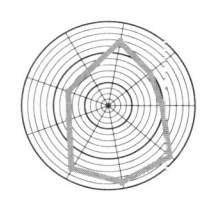

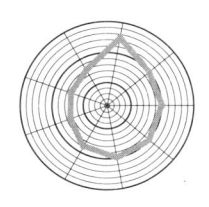

活动性强的顺应性气质　　活动性弱的顺应性气质　　社会性强的顺应性气质　　社会性弱的顺应性气质

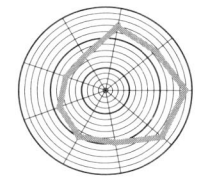

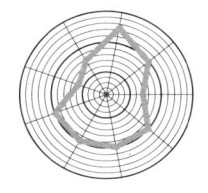

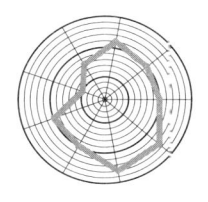

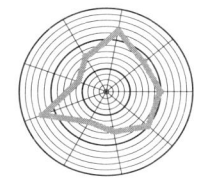

活动性强的抑制性气质　　活动性弱的抑制性气质　　社会性强的抑制性气质　　社会性弱的抑制性气质

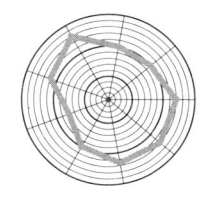

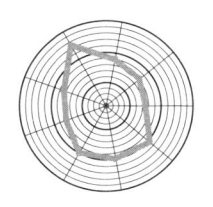

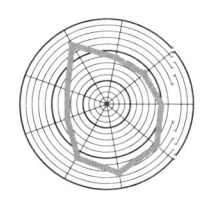

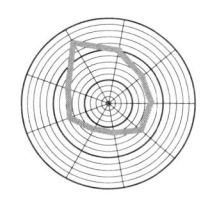

活动性强的持续性气质　　活动性弱的持续性气质　　社会性强的持续性气质　　社会性弱的持续性气质

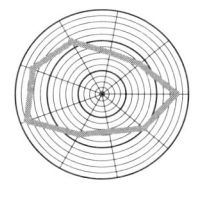

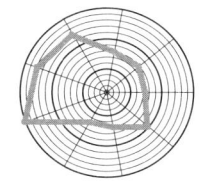

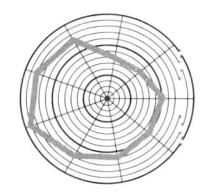

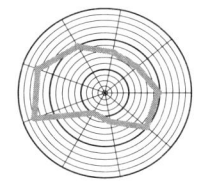

活动性强的敏感性气质　　活动性弱的敏感性气质　　社会性强的敏感性气质　　社会性弱的敏感性气质

需要注意的气质类型图

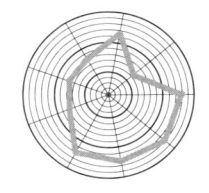

注意力有问题的
活动性强的顺应性气质

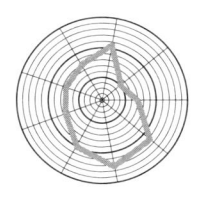

注意力有问题的
活动性弱的顺应性气质

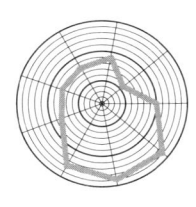

注意力有问题的
社会性强的顺应性气质

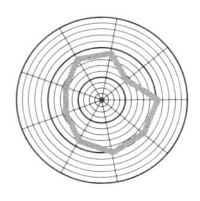

注意力有问题的
社会性弱的顺应性气质

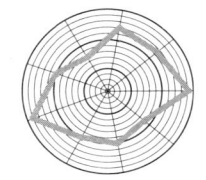

情绪过度敏感的
活动性强的抑制性气质

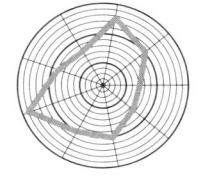

情绪过度敏感的
活动性弱的抑制性气质

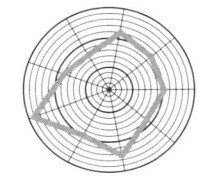

情绪过度敏感的
社会性强的抑制性气质

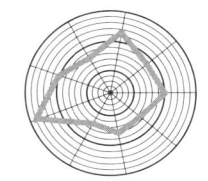

情绪过度敏感的
社会性弱的抑制性气质

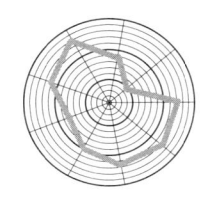

注意力有问题的
活动性强的持续性气质

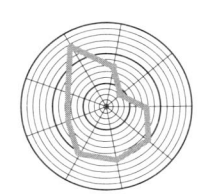

注意力有问题的
活动性弱的持续性气质

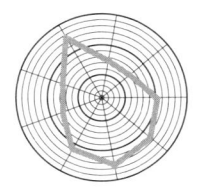

注意力有问题的
社会性强的持续性气质

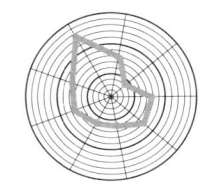

注意力有问题的
社会性弱的持续性气质

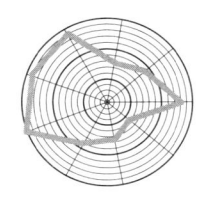

情绪过度敏感的
活动性强的敏感性气质

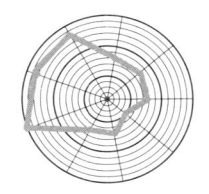

情绪过度敏感的
活动性弱的敏感性气质

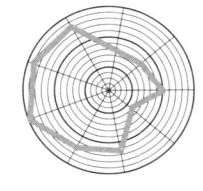

情绪过度敏感的
社会性强的敏感性气质

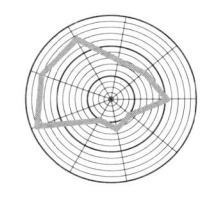

情绪过度敏感的
社会性弱的敏感性气质

第三部分

16 种气质类型的针对性育儿指导

09 活动性强的顺应性气质
认真地做自己想做的事

> 跆拳道、钢琴、美术,都学的话不会很累吗?

> 我什么都可以!

> 还是都学吧.

父母:"你不管做什么事都很认真,但就是不知道你真正喜欢什么。"

孩子:"这有什么问题?我只是想面面俱到而已。"

活动性强的顺应性气质的孩子具有较强的规则性和适应性，能轻松适应社会环境。他们的活动性较强，总有很多想要做的事。规则性是他们的优势气质要素之一，因此他们在社会环境中不会感受到太大的压力。如果这类孩子的注意力和持续性也都很强，他们就能持续地关注自身学习情况，也会坚持不懈地做自己想做的事情。因此，他们通常都发育良好、学习优秀（见图9-1）。

◆ 较强的气质要素
活动性、规则性、适应性

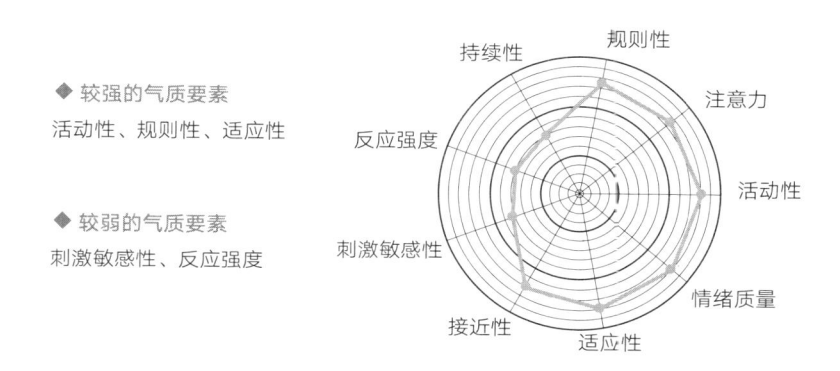

◆ 较弱的气质要素
刺激敏感性、反应强度

图 9-1　活动性强的顺应性气质的孩子

一般情况下，如果孩子的气质要素主要以规则性、适应性、活动性、注意力、持续性为核心，那么孩子就具有才能气质，是所有父母都希望孩子拥有的气质。但正如所有的气质类型都有缺点一样，活动性强的顺应性气质的孩子自然也有缺点。

这类孩子想做的事情很多，喜欢的事情也很多。他们可以在做事的过程中体会到快乐和成就感。但在这个过程中，他们对自己真正的主观情绪——积极情绪、消极情绪和感觉的关注较少。因此，尽管他们做所有事情时都很认真，但他们很难分辨自己内心真正的想法。

事实上，他们并不会因主观情绪而感受到太大的压力，且与专注主观情绪相比，他们更多的是通过做事情来释放压力。这种气质类型的孩子到了小学高年级以后，可能会擅长做很多事，但他们并没有明确的梦想，只是希望自己擅长做些事情。

活动性强的顺应性气质的孩子喜欢得到他人的肯定和认可，但不擅长挑战，不太善于根据自己的主观感受随心所欲地生活。因此，父母在满足他们的高需求、肯定他们的认真态度的同时，也要鼓励他们积极地表达自己的内心感受。

案例

允智是个7岁的小女孩。她在婴儿期十分温顺，无论是吃东西还是玩耍，都十分乖巧，学走路也很顺利，因此她的父母在养育她时没有遇到太大的困难。允智3岁上幼儿园时，在最开始的一周适应期里，她虽然会望着挥手离开的妈妈，露出不想与妈妈分开的表情，但只要进了教室，她就能像什么事都没发生一样玩得很开心。幼儿园的老师也一致称赞她适应得快，没有她不会做的事。

允智5岁时，父母开始请老师教她认字，也许由于注意力集中的缘故，允智很轻松就能学会认字。从6岁开始，允智想学的东西变得多起来，她开始学习美术、钢琴、跆拳道，无论学什么，老师都夸她做得很好，她也很喜欢学。总之，允智是一个什么事都能轻松完成、非常惹人喜爱的乖孩子。

只要稍加观察就能发现，无论学什么，允智都很喜欢且能做得很好，但她没有真正喜欢的东西，她只是单纯地学而已。后来上美术辅导班时，允智会按时痛快地去上辅导班，不会耍赖不去。但与带着期待开心地上课的孩子相比，允智好像只是在完成任务，虽然她有时也会因为自己画得好而开心，但这种情况很少。

允智在学习上很用心，妈妈担心她回家后会很疲惫，所以总是认真地准备晚餐。妈妈问她："想吃什么？烤牛肉、意大利面、刀削面,还是炒饭?"允智总是回答:"我都想吃,做什么吃的都可以。"有时她甚至干脆不回答。

妈妈觉得允智太过辛苦,想让她只上一个辅导班,允智却说:"我觉得都挺好的,不知道放弃哪一个,全都报不行吗?"妈妈很好奇允智是真的觉得都挺好,还是累了也不会表达。允智每次都说没事,这让妈妈更加在意,甚至担心"允智会不会是在勉强自己做不喜欢的事情"。听到老师对允智的称赞,妈妈很欣慰,但同时也怀疑允智是不是真能做得很好。

周末没有特别的户外活动时,允智会在家里呆呆地看电视或躺着,妈妈看到她的样子,觉得她可能是太累了。但允智只是说没事,即使妈妈一直问她,她也这么说,这让妈妈很苦恼。

> 气质表现

活动性强的顺应性气质的孩子
- 只有在做事情时,才会更自在。
- 会遵守日常秩序,喜欢在有秩序的前提下积极地、不断地做事情。
- 喜欢学习和挑战新事物,但会优先考虑环境和秩序,所以他们有时不想打破常规去挑战。
- 核心需求不同,不断做事情的理由也有所不同。

根据需求进行育儿

生理需求:"吃了饭才有力气""衣服或床铺要舒适才好"

在顺应性气质的孩子中,生理需求强烈的孩子往往会对食物情有独钟。与敏感性气质的孩子不同,顺应性气质的孩子喜欢吃热腾腾的饭菜,不会挑剔地要求妈妈给他们做各种不同的食物。简单吃顿饭就能让他们的心情变好,做想做的事情时,他们会更加开心,也会高高兴兴地去上辅导班。仔细观察会发现,他们经常用食物来表达自己对充满关爱的养育的渴望。

活动性强的顺应性气质的孩子对自身情绪上的困难和压力反应迟钝。虽然他们有能力独自解决问题、适应环境,但这并不代表他们没有困难和压力。面对情绪困境,这种气质类型的孩子不会渴求父母的关爱与照料,而是希望吃一顿热腾腾的饭菜、穿舒适的衣服、整理好自己的床铺或把自己的房间收拾整洁。因此,父母能感受到孩子的独立自主性。

☑ 育儿指南

让孩子舒适地吃饭、睡觉

孩子在期待热腾腾的饭菜、舒适的衣服和床铺时,其实是在期待能获得关心与支持。所以,父母最好满足孩子的这类需求,让他们愉快地度过吃饭、睡觉的时间。

活动性强的顺应性气质的孩子在吃饭时会保持安静,并不是因为他们心情沮丧,而是因为吃饭是他们获取能量的一种方式。如果父母不断地问孩子在幼儿园里玩了什么,饭菜好不好吃,并要求他们回答,那么他们不但无法获取能量,反而会消耗能量。

如果孩子需要舒适的衣服或空间,父母应按照孩子的要求好好准备。经过孩子身边时,轻轻地拍一拍孩子,一句"今天辛苦了,好好休息吧"

能让他们意识到自己应该休息、应该让身体放松了。活动性强的顺应性气质的孩子在无法清楚地认识到自身需求的情况下提出要求时，妈妈的关爱会温暖他们的内心，让他们清晰地意识到自己的想法与需求。

形成这样的认识后，孩子才会用更加明确的要求来表达自身需求。比如，他们不再说："请给我盛饭。"而是说："妈妈，我想吃好吃的，然后再休息。"如此一来，孩子能认识到自身需求并开始表达需求，父母与孩子之间的沟通也会变得更加顺畅。

☑ 育儿指南

日常生活中，要给予孩子温暖的照料

活动性强的顺应性气质的孩子能自主地做任何事情，他们不会特别依赖父母，也不会露出疲惫的表情。所以，如果对他们说"觉得累了就告诉我"，或者在他们没有提出要求时，即使父母为他们做了些什么，他们也不会感到开心。

这种气质类型的孩子有强烈的主动意识，再小的事也想自己去做。父母照顾孩子时，不要絮絮叨叨，而是摸一摸他们的头，说他们容易理解的话，或者和他们一起躺在床上，温柔地拍一拍、抱一抱他们，会让他们感到更舒适，因为他们喜欢温柔的触碰。

"允智应该累了，休息吧。"
"看来允智累了，正在看电视休息呢。"
"允智啊，需要什么就告诉我。"
"看来允智穿这件衣服很舒服。"
"呀，允智躺在床上很惬意呢，非常舒服吧！"

安全需求:"如果能预测就好了"

如果顺应性气质的孩子有安全需求,那么对他们来说,安全感就是必需的。他们在自我调整以应对突如其来的变化时会感到焦虑,只有提前预测情况,才能将这种焦虑最小化。所以,当父母突然说要一起去超市购物或出去玩时,孩子虽不会表现得特别不耐烦,但也不会开心地跟着出门。

对这类孩子来说,每天的生活都按既定计划推进才能让他们有安全感。如果父母不与孩子商量,不喜欢按计划行事,只追求自由随性的生活,那么孩子的安全需求会得不到满足,他们会感到焦虑。

☑ 育儿指南

满足孩子的安全需求

父母最好与孩子计划好一起做事的时间,并始终如一地遵守。即使时间很短暂或做的事情很简单也没关系,但最好保持一贯性,让这段时间成为一种家庭文化。

例如,每星期五晚餐后的8点到8点30分是孩子和妈妈一起玩的"特别时间",星期六晚饭后是孩子和爸爸一起去买零食的"特别时间"。

答应孩子的事一定要做到

对这些孩子来讲,安全需求非常重要。如果父母总是违背约定,孩子就会渐渐失去对父母的期待,不再听父母的话,也不再遵守约定。所以,在外面时,他们会干净利落地做自己该做的事,但回到家后,他们不会再要求父母陪自己玩,而是习惯自己一个人做事情。因此,对看重安全需求的孩子来说,即使是简单的口头承诺,父母也一定要遵守。

爱和归属需求："谢谢你关心我"

有爱和归属需求的孩子通常会希望自己在幼儿园、辅导班等集体中通过勤奋、出色的表现获得关注和认可。对他们来讲，最幸福的事情是在集体中被认可为有能力的人。当一个具有顺应性气质的孩子产生爱和归属需求时，他会听老师的话，和其他孩子好好相处，还会得到大家的关注，被认为是一个有能力的人。如果在家庭生活中，父母对孩子不太关心，总是把孩子出色的表现当作理所当然，那么孩子为了满足自己的爱和归属需求，即使他们很累也会去辅导班学习，以此获得老师的认可。因此，对于有爱和归属需求的孩子，父母需要关心他们做过的事情，并常常称赞他们。

尊重需求："我想做得更好，那样我会很开心"

有爱和归属需求的孩子希望得到他人的关注与认可，有尊重需求的孩子则期望自我认可。尊重需求较强的孩子想成为无所不能的人。他们想证明自己的能力，得到证明后，他们会感到高兴。所以，这类孩子追求的是自己对自身能力的肯定。例如：如果他们喜欢绘画，就会不断挑战更高难度的绘画技巧；如果他们喜欢积木，会沉醉于创造自己的积木作品。他们也会向父母展示，但这并不意味着他们想要得到认可，他们只是在享受自己的成果，想要与父母分享喜悦。因此，对这类孩子来说，与称赞他们"你做得真好"相比，称赞他们"看来你对自己的作品十分满意"会让他们更高兴。

10 活动性弱的顺应性气质
安安静静、做事不慌不忙

你也一起去玩吧！

不用了.

父母："他们都很友好，你为什么不和他们一起玩呢？"
孩子："我自己玩也没关系的。"

活动性弱的顺应性气质的孩子经常给人很温顺的感觉。在婴儿期，他们几乎不怎么哭闹，不会咯咯笑，不会让人陪他们玩，也不会有太多动作，总是出奇地安静，这种气质类型的孩子常被称为"沉默的孩子"。到了幼儿期，这样的孩子会遵守规则，在适应环境方面也没问题，但他们比较缺乏对新事物自发的好奇心和积极性（见图10-1）。

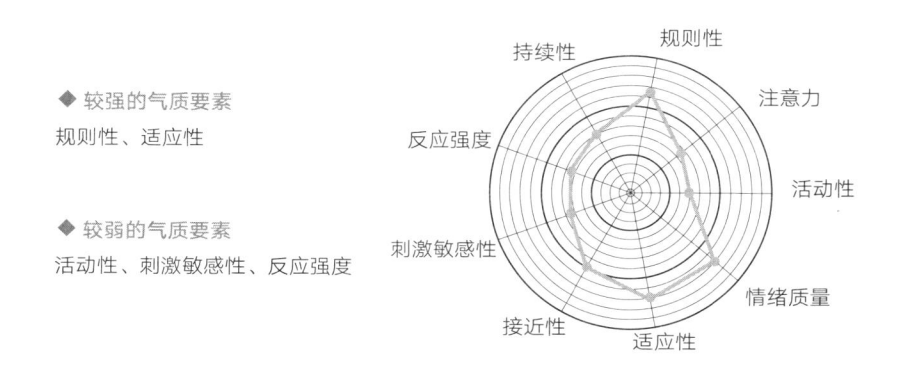

◆ 较强的气质要素
规则性、适应性

◆ 较弱的气质要素
活动性、刺激敏感性、反应强度

图10-1 活动性弱的顺应性气质的孩子

对于这种气质类型的孩子，给他们玩具，他们会拿着玩，但仅此而已，他们不会要求别人陪他们一起玩，也不会索要其他玩具。所以尽管他们的适应性较强，能灵活适应新环境，但他们的接近性很弱，很少带着好奇心去探索新事物。环境带给他们新刺激时，他们也会感兴趣，但不会自己去寻找新刺激。他们总是拿着玩具玩相似的游戏，但不会玩给娃娃化妆这类复杂的游戏。

在幼儿园里，这样的孩子总是反复玩一些熟悉的游戏。当没有轮到他们或他们没办法玩时，他们不会感到沮丧，而是离开去做其他事情。在玩不熟悉的游戏时，他们也只是自己探索，不会积极地和朋友聊天互动。当老师或朋友邀请他们一起玩时，他们也会微笑着看对方一眼，然后开始跟着对方玩游戏，模仿对方并和对方互动，但这种状态不会持续太久。

这种气质类型的孩子如果注意力较强，他们在看朋友玩时，能学到新东西并模仿对方。如果他们的注意力一般或低于一般水平，他们观察周围和想要模仿学习的动机会比较弱，只会重复简单的游戏，一个人安静地玩耍，觉得无聊时，会看书或躺着休息。

案例

振秀6岁了，他在幼儿园被称为"书生"，因为他性情沉静。振秀的发育并没有问题，按时学会了走路，3岁左右就能很流利地说话了。他不怎么跑跳，不爱走路，也不会说个不停，他好像只做必要的事、说必要的话。人们觉得振秀有点沉默寡言。

振秀是典型的活动性弱的顺应性气质的孩子。在幼儿园自由活动时，他没有特定的对象和目的，不会执意与某些朋友一起玩或一定要玩自己喜欢的玩具。他不是不愿与朋友相处，也不是不能和朋友一起玩耍，只是反应比较迟缓。

活动性与速度相关，活动性弱意味着动机弱。人的动机就像是"动力"。活动性的需求越少，速度就越慢。例如，饿了的孩子有吃东西的需求，给他们想吃的东西时，他们会吃得很快。但没有吃东西需求的孩子，即使给他们好吃的，他们也只会慢慢吃，不会说好吃。

看到振秀在游乐场和朋友们玩时，妈妈常常感到疑惑。虽然振秀在和朋友们玩滑梯和追逐游戏，但他不会大声地笑，也不会爽朗地说"快来抓我"。他不会提议玩某个游戏，但他会笑着参与。振秀妈妈很迷惑：他在玩耍时到底是开心的，还是在勉强自己？当妈妈问振秀时，他也只是说一句"挺有趣的"。虽然他也说想玩，但如果问他为什么想玩或怎么有趣，他会默不作声。

经常有父母到咨询中心说："我的孩子不敢表达自己的主张，总是畏首畏尾。"有的甚至说："我的孩子好像有些呆傻。"或者说：

"我的孩子好像有什么不足。"

孩子的这种面貌其实只是气质表现而已。父母认为孩子不像自己一样活跃,似乎会有问题,但事实上,只要孩子没有发育迟缓,就不是问题。活动性弱的顺应性气质的孩子对自己的需求、感受和情绪都很迟钝。需求能让人的内心变得活跃,但他们的需求一直徘徊在不高不低的状态。父母看到这种情况确实会郁闷,但孩子只是有些迟钝而已,并不是没有需求。因此,只要孩子找到自己的核心需求,他们就能发现动机,让自己迅速行动起来。

案例

6岁的敏智是个安静的孩子。她总是表现得很木讷,似乎任何想法都没有。对此,敏智的妈妈很是担心。幼儿园的老师说敏智在幼儿园的表现没有大问题,但有需要注意的地方。例如,在自由玩耍时,敏智不会主动和其他小女孩一起玩,显得不太合群。当小朋友们聚在一起讨论问题时,她常常会走神,如果不给她重新解释一遍问题,她就无法理解并回答。但如果再给她解释一遍,她就没问题了。

由于敏智是个乖巧又听话的孩子,因此她妈妈之前没怎么操心过。但最近看到敏智和朋友们一起玩的样子,妈妈不得不担心起来。如果敏智和朋友们一起在游乐园的火车上玩,朋友们玩了一会儿又跑到其他地方玩,敏智不会立即跟上去,直到妈妈说"朋友们去玩滑梯了,你也去吧",她才会跑着跟上去。

敏智每天都会在家里画画、串珠子,但她每次都不厌其烦地画相似的物体。即使妈妈向她提议"咱们画画别的吧",她也不感兴趣。虽然看到妈妈画的画时,她也会说很漂亮,但她自己没有尝试去画的想法。串珠子时也一样,敏智每次都会挑选几个特定的图案，拿着珠子照着图案制作。妈妈给她打开电视，调到少儿动画频道，她会乖乖地坐着看一段时间，但如果问她动画的哪些情节比较有趣，她却答不上来。

敏智15个月大时学会了走路，4岁时才能说出一句完整的话。她一直学不会自主大小便，4岁时才彻底停用纸尿裤。敏智的发育确实慢了些，但一直以来，妈妈认为敏智的发育过程还算顺利，没有太大的问题。直到敏智6岁时，妈妈才发现她好像无法融入朋友，朋友说话时敏智也不怎么插话。妈妈这才焦虑起来。

气质表现

活动性弱的顺应性气质的孩子
- 对主观想法和感觉比较迟钝。
- 在行为、说话和思考方面的速度比较慢。
- 没有明确的好恶，比较被动。
- 核心需求虽有所不同，但感到不舒服时，他们大多不会表现出来，而是安静地、无力地躺着，或面无表情地发呆。

根据需求进行育儿

生理需求:"想静静待着"

活动性弱的顺应性气质的孩子行动缓慢,动作单调。这并不是因为他们很文静,而是因为他们的活动量少。因此,如果这种气质类型的孩子有生理需求,放学后,他们更喜欢待在家里休息或在家玩耍,而不愿意出去。

前面案例中介绍的敏智就是一个活动性弱的顺应性气质的孩子,且有生理需求。敏智一进入游戏治疗室,也就把想玩的玩具都拿过来放到一处,一直待在那里玩玩具,玩得痛快了,会趴在那里。她不喜欢动来动去,想以最小的动作幅度玩自己喜欢的游戏。

如果孩子因为身体状态不太好,或者在完成或适应某事时耗尽能量后产生生理需求,应尽力满足他们的生理需求。活动性弱的顺应忾气质的孩子是典型的慢性子,他们的感官比较迟钝,即使能量没有消耗完,他们也会产生生理需求。所以,在游戏中,如果孩子精力不济,过度放松反而不是好事。

购物游戏是游戏治疗的一种。在玩购物游戏时,参与游戏的孩子有的开冰激凌店,有的开时装店,并邀请其他孩子一起吃冰激凌、一起买衣服、买鞋。这种游戏可以让孩子动起来,适合这类气质类型的孩子。

即使顺应性气质的孩子觉得厌烦,他们也会加入游戏中。"利用"孩子的顺应性气质,引导他们参与活动,转移他们的其他想法,让他们积累经验——这就是针对顺应性气质孩子的游戏式干预法。

10 活动性弱的顺应性气质

☑ 育儿指南

在孩子舒适休息时给予他们刺激

　　活动性弱的顺应性气质的孩子很少提要求，所以，如果放任他们不管，他们真的会什么都不做，只静静地待着。这种气质类型的孩子身体越疲倦，反应就越迟钝。因此，从幼儿园放学回家或参加了许多活动后，他们只想待在家里休息。这类孩子确实发育缓慢、学习迟钝，但如果给予他们新体验，他们也能不断地学到新知识。

　　因此，如果孩子属于活动性弱的顺应性气质，父母就应该用更加细致的方式地锻炼孩子。这种气质类型的孩子需求能量水平较低，如果给予他们过多的刺激，反而会让他们变得迟钝。例如，对一个没有英语学习动机且对英语毫无兴趣的孩子持续地说英语，并把他放进英语环境后，英语说话声就会像飘荡在空中一样，孩子对英语的反应反而更加迟钝。类似地，如果同学们在教室里玩得十分开心，嬉笑声不断，这类孩子不会去听具体的对话内容，而是把这些声音当作杂音忽略，专心做自己的事。所以，当喊他们的名字时，他们不会马上听进去，只有走到他们身旁，轻轻地拍一下他们，他们才会抬头看一眼。

　　对这种气质类型的孩子来说，一个合适的学习环境尤为重要。否则，他们只会昏昏欲睡。改善孩子气质缺点的关键在于，在合适的学习环境下，给予孩子舒适的刺激。

　　例如，阅读对孩子的认知、语言以及社会情绪发育等方面都有积极的影响，但是，对顺应性气质的孩子来说，他们没有阅读需求时，一味地让他们阅读，一直向他们提问，即使他们顺从了你的意愿，他们也绝不会感到快乐，其主动性自然也不会增强。对这种气质类型的孩子来说，更好的方式是，坐在床边安静地给他们读书，第二天再给他们读一遍，然后简单地讲解一下内容，让他们在舒适熟悉的环境中，通过反复与循序渐进的方式探索阅读的乐趣。借助细致的讲解和梳理，孩子开始理解曾经看不懂的图片与内容。在这种反复的、循序渐进的过程中，孩子会渐渐感到自己已经理解了这些内容，进而对阅读产生自信。

另外，活动性弱的顺应性气质的孩子思考问题的速度较慢，主动思考比较吃力，所以在提问前，一定要给他们举一两个例子，等他们充分理解后再提问。比如，父母可以先谈论自己对童话故事中某个角色的看法，然后再问孩子的想法。

安全需求："我希望能有自己的空间"

一般来讲，3 岁左右的小女孩大多会妨碍哥哥姐姐玩耍。振秀和敏智都有妹妹，他们多少都有点讨厌妹妹，但事实上，他们在家里并没有和妹妹产生任何矛盾。

我们对振秀和敏智分别进行了游戏治疗。在游戏中，一个玩偶代表他们自己，一个玩偶代表妈妈，还有一个玩偶代表妹妹。振秀把代表妹妹的玩偶带到代表妈妈的玩偶身边说"跟妈妈在一起吧"，然后拿着代表自己的玩偶玩了起来。我（扮演妈妈的角色）对振秀说："妈妈和妹妹在这里呢，振秀一个人玩可能会比较无聊。"振秀则回答："没有啊，我挺喜欢自己玩的。"当我再问他："和妹妹一起玩不好吗？"他回答："没有什么不好的，只是妹妹喜欢和妈妈在一起。"说完，振秀就自顾自地玩滑梯去了。

敏智则对代表妹妹的玩偶说"你在这里坐火车吧"，然后自己跑到一边玩起了蛋糕玩具。我（扮演妹妹的角色）对敏智说："我也想跟着姐姐一起玩。"敏智笑着说："你不是喜欢火车吗？来，蛋糕也给你吧。"一边说一边把蛋糕玩具放进了火车里。面对这样的情况，我继续说："谢谢姐姐，但我还是想和姐姐一起玩。"这时，敏智叹了口气："知道了。"随后，她走了过来，和妹妹玩了一会儿，之后冲我问："可以不要妹妹这个角色吗？"

对于振秀和敏智这两个孩子来说，妹妹的存在会妨碍他们玩耍。但由于他们是活动性弱的顺应性气质的孩子，对不适的反应较为迟钝，所以在和妹妹相处时，他们只是表现出不想跟妹妹一起玩的倾向。他们温顺乖巧，面对妨碍自己玩耍的妹妹，没有坚决地表示拒绝或讨厌，但他们确实感到了不适。因此，他们选择的应对方式是"逃避"。在家里玩的时候，他们会躲进自己的房间，以此来避开妹妹；实在躲不开时，虽然觉得无可奈何，但他们仍然会找一个折中的办法，比如和妹妹一起安静地看一会儿电视。

活动性弱的顺应性气质的孩子，即使能认识到自己因为妹妹而烦躁、神经过敏、不能自如地做自己的事，进而产生沮丧情绪，这个过程也要花上很长一段时间，因为他们大概需要时间去感受和思考被自己忽视的情绪。

对此，父母不要只是觉得孩子可怜，然后无奈地看着孩子一个人回房间。父母要对孩子说："妹妹总是摸你的积木，所以你不开心了吧。"或者说："你在玩玩偶，但妹妹总是走过来，还把摆放得整整齐齐的东西弄坏，所以你才觉得烦躁了，对吗？"也可以对孩子说："确实会这样啊。"这些回应会让孩子知道，他们会产生这种情绪也在情理之中。只有这样，孩子才能慢慢理解并表达自己的感受。

育儿指南

注意孩子行为中隐藏的情绪

活动性弱的顺应性气质的孩子感觉迟钝，需求较低，所以他们几乎不怎么主张自己的主观需求。但在行动中，他们的情绪和需求总会显露出来，父母需要识别他们隐藏在这些行为中的情绪，并用简洁的话语把它们表达出来。

这种气质类型的孩子语言接收能力较强，但表达能力较弱，经常无法清楚流畅地表达自己的感受。所以，父母应给孩子做出示范，准确地描述孩子的情绪。父母使用的语言要简洁，让孩子更好地熟悉并掌握这种表达方式。例如：

"敏智回房间了，是觉得外面太吵了吧。"
"从振秀的表情来看，他不想出门。"

爱和归属需求："我也想一起玩，但如果不能一起玩也没关系"

如果带孩子去咨询中心，父母一定要提前告诉孩子，在咨询中心等待时，他们可以做哪些事。

这种气质类型的孩子只要和他们说"在这等我一会儿"，他们就不会再打扰父母或老师，即使长达 30 分钟，他们也能等。在等待的过程中，他们不会做其他事情，通常只默默地坐着。父母最好事先把孩子在等待的时间里能做的事情全部告诉并教给他们。

☑ 育儿指南

把孩子可以进行的活动全部告诉他们

活动性弱的顺应性气质的孩子不知道自己该做什么，他们也不会提要求。父母要提前告诉他们能做的事，比如：

"在等待的时候，如果你感到口渴，就到这里来喝水。"
"这里有彩纸、黏土，还有画纸和彩笔，需要的话就说，这里的积木你也可以玩。"
"如果你等累了，觉得厌烦了，就叫妈妈。"

只有给孩子这样的提示，他们才会去搭积木或要彩纸。事实上，再温顺的孩子也不喜欢独自待着。另外，这种独处的时间也可能是孩子产生爱和归属需求的时间。所以，要努力让他们在独处的时间里多一些活力与欢乐。等待时间过长时，或孩子一直跟在父母后面逛超市时，父母最好能引导他们主动地提出要求。

"和妈妈在市场买东西时会觉得无聊吗？你是想把想要的东西告诉妈妈，让妈妈帮你去买，还是想自己亲自去买呢？"

父母要像这样努力唤醒孩子沉睡的内心。如果父母认为不必管孩子，不采取干预措施，只要孩子好好地跟在自己后面就行，那么孩子的自我需求将逐渐降低。一旦进入学龄期，孩子需要自主学习、自主解决问题的情况会增加，需要父母一一教导的东西也会增多，到那时，父母很容易感到力不从心。所以父母平时即使觉得麻烦，也要花时间关心孩子，这样，孩子才能渐渐改变迟钝的状况，获得独立解决问题的能力。

尊重需求："我也很擅长这个"

活动性弱的顺应性气质的孩子即使做得再好也不会炫耀，但如果人们对他们的表现赞不绝口，他们也可能会得意扬扬地说"我做得很好吧"，只不过这种表现不会持续很长时间。而如果人们持续地给予他们积极反馈，他们也会更加明显地表现出积极情绪，对自身情感的反应强度也会增加。

在陪伴孩子玩耍的过程中，父母要认可孩子，让他们认识到自己的能力与价值，这样他们会渐渐打开话匣子，把自己的想法告诉父母。他们会更加主动地表现自己，告诉父母自己正在做什么，并主动做自己有信心能做好的事情。

☑ 育儿指南

默默地守护在孩子身旁，持续地给予他们认可

活动性弱的顺应性气质的孩子希望自己的存在能获得认可，并希望自己的能力得到肯定，但他们不会特意地表现出来。即使父母称赞他们，给他们加油鼓劲，他们也不会表现得十分兴奋。有时，这会让父母误以为他们不喜欢被表扬，从而停止鼓励。

其实，这种气质类型的孩子就像砂锅一样，需要时间预热。父母只要从容地陪在孩子身边，和他们一起玩耍即可。与其立刻激动地夸赞孩子，不如温和地鼓励他们："哇，你很快就建造出了属于自己的房子，你真的很擅长创造啊。""你用黏土做的兔子很漂亮，很可爱。"父母在说这些话的同时，如果能在孩子身旁多陪伴一会儿，效果会更好。

对活动性弱的顺应性气质的孩子来说，持续、积极的温和反馈比强烈的反应更有帮助。温和反馈会激发孩子的尊重需求，促使他们主动探索新事物。

11 社会性强的顺应性气质
擅长营造气氛

（气泡）孩子和朋友们玩得太疯了，我很担心。

父母："孩子和朋友们相处融洽，这挺好的，就是对学习太不上心了。"

孩子："和朋友们在一起最开心了。"

社会性强的顺应性气质的孩子通常会觉得和朋友在一起时最幸福也最舒适，而朋友们也很喜欢他们。这种气质类型的孩子有很强的规则性，能很好地适应社会环境，他们的适应性也很突出，能灵活地处理人际关系，和朋友们相处融洽。此外，他们的接近性也很强，所以喜欢结交朋友，想和朋友们一起体验新事物，有时还会带朋友们一起玩。

如果这种气质类型的孩子的注意力和持续性也较强的话，那么，他们在关注朋友言行的同时，也会适当坚持自己的主张及表达自己的需求，所以他们有很强的领导力，能协调整体情况。相反，如果他们的注意力和持续性较弱，虽然他们和朋友一起玩时也很积极，但当他们独自学习时，很难长时间地保持专注（见图11-1）。

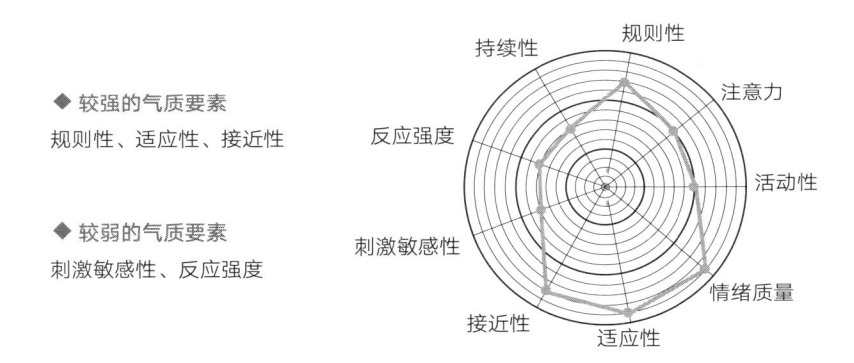

◆ 较强的气质要素
规则性、适应性、接近性

◆ 较弱的气质要素
刺激敏感性、反应强度

图11-1 社会性强的顺应性气质的孩子

案例

7岁的钟贤是个爱笑、爱玩的孩子。他第一次来咨询中心时，就微笑着和我打招呼，看起来很可爱。当他在游戏室第一次看到那么多新奇的玩具时，他笑着对我说："老师，我可以参观一下吗？"

　　社会性强的顺应性气质的孩子能把"社交微笑"灵活地融入他们的表情中，会仔细观察自己在社会环境中看到的事物，并郑重地征求他人许可及寻求帮助。因此，他们很少随便乱拿乱摸。他们会遵守规则，得到允许后才会有所行动，拿起自己喜欢的玩具玩耍。

　　钟贤去朋友家时，并不会硬把朋友的玩具拿出来看。他会弄清楚朋友妈妈制定的规则及朋友对玩玩具的要求，然后进行自我调节。在确定自己可以拿朋友的玩具出来玩后，他才会去玩。

　　让这种气质类型的孩子整理玩具，他们也会马上整理。如果需要整理的东西太多，他们会磨磨蹭蹭地以示反抗，但最终仍然会把玩具整理完。需要整理的东西非常乱时，他们偶尔会发脾气说累，但与其说他们在耍赖，不如说他们希望得到帮助。因此，如果妈妈说："我来整理积木，剩下的你自己整理吧。"他们可能会有些不满，但仍然会听妈妈的话。

　　钟贤以上的行为都不是大问题，他的妈妈之所以来咨询中心，是因为钟贤总是嘟嘟囔囔发牢骚。如果爸爸不陪他玩，他会失望地抱怨，在幼儿园时也是这样。和朋友玩耍时，朋友稍微让他不开心，他就会告诉老师。如果朋友对他的难过表示理解，他会立刻像什么事都没有发生一样，继续和朋友一起玩耍。他的妈妈担心他太容易受朋友的影响，从而内心脆弱。

　　这种气质类型的孩子的父母往往会有这样的感觉，即孩子总是要求父母陪他们一起玩，旁边必须有人在，他们才能安心玩耍。朋友稍微让他们失望了，他们就会马上露出伤心的表情；如果朋友继续邀请他们一起玩，他们又像什么事情都没有发生过一样，立刻高兴地玩起来。

　　这种气质类型的孩子的核心需求是爱和归属需求。和朋友在一起时，他们感到快乐，在集体中会玩得很自如，也会让朋友感到舒适。但当朋友不关心他们或疏远他们时，他们会马上感到很受伤。钟贤幼年时和姐姐朝夕相处，他的爱和归属需求可以得到满足。但姐姐自从上学后更多的是和自己的朋友在一起，不怎么和钟贤玩了，这让钟贤感受到了被拒绝的滋味。因此，周末和爸爸一起去游乐场玩或在家玩游戏成为钟贤满足其爱和归属需求的时间。

但在父母没有特地延长玩耍时间的情况下，如果和爸爸一起玩的计划被取消，钟贤可能会因为需求未被满足而心情沮丧。钟贤是顺应性气质的孩子，所以有人和他一起吃零食、看电视，他的心情确实会变好，但"想和他人一起玩"的需求仍未被满足。因此他会觉得空虚，没有尽兴的感觉会一直伴随着他。在遵守家庭规则和执行指示时，他可能会发牢骚或进行抵抗。钟贤需要的不只是姐姐，还有其他玩伴，他还需要爸爸的陪伴。不过，钟贤也需要学会独处和享受独处。难以独处是这种气质类型的孩子的一大缺点。

气质表现

社会性强的顺应性气质的孩子
- 和朋友玩时，不会和朋友产生太大的矛盾。
- 玩时，一定要有人陪着才会玩得开心。
- 喜欢和朋友分享。
- 主要需求是爱和归属需求。

根据需求进行育儿

生理需求:"回到家后会觉得空虚"

对社会性强的顺应性气质的孩子来说,生理需求并不是十分重要的需求。但如果他们是独生子女,就会表现出生理需求,以此来弥补没有兄弟姐妹陪自己玩耍的遗憾。因此,为了帮助这样的孩子满足生理需求,父母可以经常邀请邻居或朋友来家里做客,或在家里为孩子准备可以一起玩耍的空间。

☑ 育儿指南

创造一个让孩子不孤单的空间

社会性强的顺应气质的孩子会通过"与他人在一起"来获取能量,"与他人在一起"时也需要舒适的氛围。如果孩子是独生子女,当父母和孩子在一起坐着时,为了能互相看到彼此,可以摆放一张圆桌,大家围坐在圆桌旁;看电视时,不要在沙发上坐成"一"字,最好把客厅设计成能面对面看到对方的结构,营造出"在一起"的舒适感。

如果子女众多,孩子会因兄弟姐妹多而不适,这时,父母可以给孩子买个帐篷或在阳台上给他们留出单独的空间,并陪他们在这个空间里玩耍。

安全需求:"我很喜欢和朋友一起玩,但他好像太以自我为中心了"

这种气质类型的孩子即使有时会感到不适,仍然喜欢和朋友一起玩。而且,即使朋友很敏感或总是以自我为中心,他们也不会和朋友发生冲突,也不会动摇想和朋友玩的念头,他们只会稍微感到不适。所以,敏感的孩子也能和社会性强的顺应性气质的孩子玩得很开心。

但如果经常在一起玩的朋友只顾着自己或总是随心所欲地改变自己的言行，那么这种气质类型的孩子会渐渐变得难过并感到疲惫。一旦感到疲惫或烦躁时，他们往往会用模棱两可的话来表达情绪。他们对社会刺激和情绪刺激的反应并不敏感，面对这种不适，他们不会有太大的情绪反应。在表达不快时，他们可能只是说"有点……""××有时有些讨厌""××好像有点随心所欲"之类的话。

如果有能一起玩的其他朋友，他们就不会再找让他们不快的朋友；但如果没有，即使那个朋友以自我为中心，他们仍然愿意和对方一起玩。在这种情况下，父母可能会担心，有时还会生气，因为觉得孩子好像总是被朋友牵着鼻子走，毫无主见。这并不是因为孩子很消极或不擅长表达自己，而是因为他们对不适的敏感性比较弱，他们的核心需求是"在一起玩耍时不发生冲突"。

如果父母不愿看到孩子顺从别人的样子，很可能会不自觉地责备孩子。如果父母也是不喜欢和别人发生矛盾的气质，当他们看到自己的孩子被欺负了却什么都不说时，他们回到家后可能会对孩子发火。对此，父母应该先想一想自己的行为：当处于不适的状态时，自己是直接对别人说出来，还是会选择忽视？

即使朋友过于以自我为中心，这种气质类型的孩子也不会觉得十分疲惫或感到太大压力。对他们来说，重要的不是"玩什么"或"玩谁的游戏"，而是"和朋友一起玩"。所以，即使朋友要拿走他们的玩具，他们也会让步，因为他们只是想和朋友一起玩。在这种情况下，父母尽量不要指责孩子，但要告诉他们守护好自己的东西，并教他们如何表达自我。

☑ 育儿指南

把游戏的决定权交给孩子

　　社会性强的顺应性气质的孩子在家时，会为了和谐相处而让步。他们的爱和归属需求很强，如果父母愿意陪他们玩，他们会很感激。所以，父母一定要关心孩子的需求，询问他们想玩什么游戏，给他们自己做决定的机会，然后再和他们一起玩。通过这样的经历，他们就能表达自己的游戏需求，并体验到一起玩耍的乐趣。

爱和归属需求："我喜欢朋友"

社会性强的顺应性气质的孩子遇到朋友时会很开心，但因为他们的顺应性气质，他们不会和父母耍赖，也不会要求父母带他们去见朋友，但他们的内心依然期待能和朋友一起玩。和朋友玩完游戏分开时，虽然他们不会出现太大的困难，但回到家后，他们会表现出非常不舍的情绪，他们可能会说自己觉得某件事很有趣，又或说还想去见朋友。通常，这种气质类型的孩子会主动地接受现实，不会过分表露自己的遗憾。因此，即使孩子没有抱怨"现在只剩自己一个人待着"，父母也要理解他们的感受。

✓ 育儿指南

"我们一起玩什么游戏呢？晚饭后一起开心地玩半小时吧！"

父母和孩子约定好一起玩游戏的时间，并让他们自己选择想玩的游戏。关键不在于父母陪孩子玩什么游戏，而在于父母要热情投入地陪孩子玩。爱和归属需求较强的孩子能直观地感受到父母是被迫玩耍还是乐在其中。

如果父母和孩子一起玩时想的是"我陪孩子玩了"，那么即使孩子的爱和归属需求得到了一定程度的满足，他们依旧会感到空虚。另外，如果孩子觉得父母被迫和自己玩耍，他们会因为内疚而刻意迎合父母。

所以，父母必须真心地做好和孩子玩的准备。父母应唤醒自己的童心，如果在家，就放下手机，和孩子在没有干扰的空间里尽情玩耍。另外，与其以牺牲的姿态迎合孩子玩他们喜欢的游戏，不如和孩子一起玩彼此都喜欢的游戏。例如，如果爸爸不喜欢蹦蹦跳跳的肢体活动，但因为孩子喜欢便一味顺从，玩不了几分钟，爸爸就会感到疲惫。这时，比起大幅度的身体活动，适度活跃身心的游戏会更好。例如，与其和孩子玩"被子滑雪橇"，不如在被子里或被子周围藏东西让孩子寻找，或者把被子和坐垫摞得高高的，让孩子从上面跳下来，这样能够平衡爸爸和孩子的能量水平。

尊重需求："朋友们要是喜欢我就好了"

社会性强的顺应性气质的孩子有尊重需求，他们希望朋友记住并尊重他们。所以，他们希望朋友主动找他们玩，也希望朋友遇见他们时能与他们打招呼。与想和朋友在一起相比，他们更希望朋友把自己当作好朋友，或者当成想要和他们一起玩的朋友。

如果孩子的尊重需求很强，他们会成为"奉献的楷模"：和朋友一起玩时，如果朋友需要帮助，他们会主动站出来帮忙；如果朋友受伤了，他们会立刻扶朋友坐下。他们希望通过这种奉献和服务被朋友记住，被认可。

在家里，如果父母陪他们玩得很开心或告诉他们"因为有你，所以爸爸妈妈心情才好"，那么，他们会突然变得乖巧听话起来，可能会给爸爸揉揉肩膀或帮妈妈收拾餐具，主动要求成为得力的帮手。

☑ 育儿指南

"谢谢你给我……"

这种气质类型的孩子希望别人了解他们的价值，并不是希望别人称赞他的能力。尊重需求很强的孩子期望父母"为我的存在感到高兴"。因此，父母对孩子想要提供帮助的善意行为做出反馈时，说"做得好"不如说"谢谢"更有效果。

为了体现自己的价值，社会性强的顺应性气质的孩子会遵守规则、快速整理玩具、帮助朋友、帮忙跑腿。当他们有这些行为时，如果父母一直夸赞他们"做得好"，他们会想要通过满足别人对他们的期待获得认可。顺应性气质的孩子基本上有较强的规则性。他们会将"把将某事做得好"当作别人认可他们价值的方式，而不是想让别人称赞他们遵守规则。因此，父母最好多对他们说"谢谢"。如果父母对他们的行为表示感谢，他们会像得到全世界一样感到幸福，如：

"妈妈很感谢钟贤帮助了妈妈。"
"钟贤帮爸爸按摩了肩膀，有钟贤在，爸爸感觉很踏实。"

12 社会性弱的顺应性气质
享受独处

父母: "孩子在家玩得挺好的,但和朋友在一起时,他无法融入。"
孩子: "我只想自己一个人舒舒服服地待着。"

12 社会性弱的顺应性气质

与活动性弱的顺应性气质的孩子相比,社会性弱的顺应性气质的孩子在社会环境中的适应性更弱,且接近性也更弱。所以,他们不太喜欢和别人一起玩耍,他们更倾向逃避别人,而不是适应别人。不过,他们并没有抵抗性的气质,他们只是对与人玩耍感到不适,想独自玩耍而已。

但这并不意味着他们只是为了做自己喜欢的事才独自玩耍。实际上,他们只是对需要遵守的规则和需要适应的情况感到不适,想转换空间做其他的事。所以,孩子独自玩耍可能只是一种为了独处而采取的手段。他们不会说自己不想参与活动,也不会固执地拒绝,而是以不参与且不拒绝的状态安静地坐着。这种气质类型的孩子的活动性通常是一般水平或低于一般水平(见图12-1)。

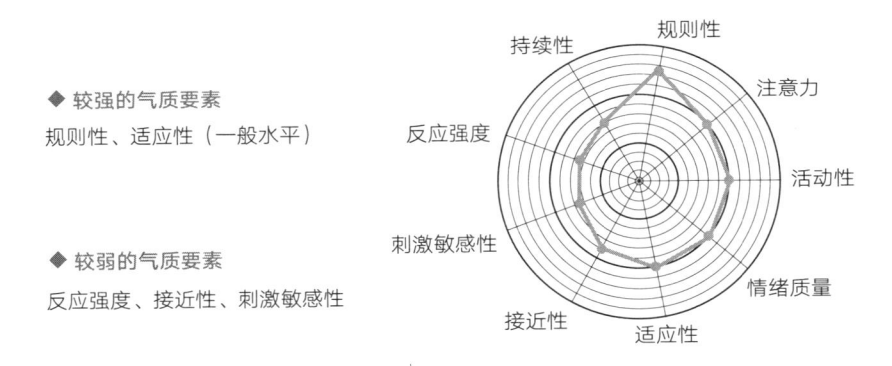

◆ 较强的气质要素
规则性、适应性(一般水平)

◆ 较弱的气质要素
反应强度、接近性、刺激敏感性

图12-1 社会性弱的顺应性气质的孩子

案例

4岁的东锡在教室里安静地待着,表情几乎没有任何变化。他能听懂老师和朋友说的话,但他自己却很少说话,除非有必要。当想做事情时,他会走到老师身旁,静静地看着老师,以此来表达自己想要试一试。对东锡来说,这样的行为其实是十分积极的,因为他很少自己主动做某件事。

东锡很少待在很多同龄人聚在一起活动的空间。到孩子们自由玩耍的游戏时间，东锡会待在老师身边。但这并不意味着他需要他人的拥抱或想让老师帮忙。不过，朋友们在玩游戏时总是跑进跑出，这让东锡感到十分不舒服，所以他才想待在老师身边。如果老师理解东锡的心情，问他："东锡想做什么？"，他会直接回答或用手指指出来。

对于社会性弱的顺应性气质的孩子，他们的需求通常为一般水平，但他们在适应环境方面存在困难，经常感到不适，因此不愿独自面对复杂的环境。

在家庭中，观察并掌握这类孩子的情况比较困难，因为家庭并不能让孩子表现社会能力。在家时，东锡可能表现得很温顺、爱笑、爱玩，所以，当老师说东锡无法融入朋友，总想黏在老师身边，且不会主动自己玩，这会让东锡的父母十分诧异。

父母需要记住的是，社会性弱的顺应性气质的孩子在社会环境中会表现出特有的行为模式，这种行为模式与父母在家庭中感受到、看到的情况有所不同。再加上顺应性气质的孩子不会积极地表达自己的不适，所以即使他们不合群，也不太会引起注意，因为不合群的特征并不明显。这种气质类型的孩子在家里很温顺，在幼儿园里也不会表现出强烈的不适，所以，要更加关注他们想表达的是什么，并予以认可。

气质表现

社会性弱的顺应性气质的孩子
- 在遵守秩序和规则方面没有问题，但在集体中，他们的行为会消极、缓慢或有依赖性。

- 在有陌生人或碰到陌生环境时，不会进行新的尝试，只会静静地待着。
- 在陌生的情况下，虽然他们会通过行动表达自己的不适，但不会抵抗，也不会大声哭泣。
- 大多都有非常强烈的安全需求。

根据需求进行育儿

生理需求："请给我牛奶"

东锡经常找牛奶喝。他的父母和老师曾经都认为那是因为饿了，但他们仔细观察后发现，每当和老师交谈结束，到了要和朋友一起玩耍的自由活动时间时，东锡稍微玩一会就会很累，接着就会找牛奶喝。在家里，尤其是吃饭时，如果妈妈对他说不要挑食，把做好的菜推到他面前，或建议他几种食物一起吃，他就会感到厌烦，转而去拿一盒牛奶，然后坐到沙发上，边喝牛奶边看电视。喝完牛奶后如果他的心情变好了，他会开始玩自己想玩的玩具。

东锡是个典型的温顺的孩子，但他的规则性一般，接近性很弱。如果新的刺激让他感到了压力，他会通过喝牛奶来缓解。正因为他是顺应性气质，所以他通过喝牛奶这种简单的方法就可以满足需求，他的不适情绪很快会消失，之后依旧能轻松地玩游戏。

☑ 育儿指南

当孩子找东西吃时，问问他是否有什么让他感到不适

社会性弱的顺应性气质的孩子一感到不适，就会找吃的。吃东西是他们暂时让自己平静下来或回避不适的手段。所以，即使他们不饿，也会找东西吃。这时，父母或老师应该站在孩子身旁，温柔地问一问："是不是这里的小朋友太多，所以你感到不适？你想做什么呢？"如此一来，孩子可能会说出自己想做的事情。理解他们的内心后，接下来要陪着他们或者和他们一起玩，让他们在不适中稍微坚持一下，渐渐地，他们的适应能力就能提高。因为孩子是顺应性的气质，所以只要给他们营造片刻的舒适，帮他们融入陌生的环境，他们就能坚持下来并能很快适应。

安全需求："有舒适的地方就好了"

这种气质类型的孩子的安全需求最强。他们基本上都很温顺，当他们在社会环境中感到不适时，如果能让他们待在一个整体构造比较舒适且可以观察周围环境的场所，他们就能获得安全感。

有时候，这种气质类型的孩子会从父母或老师那里得到很多关照。为了逃避不适，他们喜欢被父母抱着或待在老师身边，不想探索社会环境，因为他们在父母或老师身边会感觉很自在。

☑ 育儿指南

为孩子创造舒适的环境

当社会性弱的顺应性气质的孩子想让父母抱他们时，与其给他们舒适的怀抱，不如告诉他们"这里有舒适的环境"。这种气质类型的孩子有基本的顺应性，如果处在舒适的社会环境里，他们会乐于体验并很快适应新事物。因此，当他们靠向父母寻求拥抱时，父母要轻轻地拍一拍他们，鼓励他们放松。例如，和这种气质类型的孩子一起去儿童餐厅时，他们自己会玩得很开心，但很快可能会静静地走回来，坐在父母旁边。再叫他们自己去玩时，他们就不怎么积极了，很快就又回来了。在这种情况下，父母不要期待他们会在儿童餐厅里探索新游戏，只要稍微离他们喜欢的玩具近一些，在旁边守护他们即可。即使父母不陪孩子玩，只要父母接近他们，对他们来说，有玩具的儿童餐厅就不是陌生环境，而是一个安全的场所。安全经验累积起来以后，孩子在社会环境中自我停留和探索的能力就会提高。

爱和归属需求："我喜欢妈妈"

社会性弱的顺应性气质的孩子在熟悉的环境中会感到舒适，所以，他们喜欢和妈妈或老师待在一起，尤其是有安全需求的孩子，他们很喜欢妈妈的怀抱，而且，通常只有在妈妈给予的熟悉关怀中，他们才会感到舒适。这种气质类型的孩子接近性非常弱，如果平时妈妈经常陪他们玩，并给予他们积极反馈，那么，当他们想要玩与他人交流的社交游戏时，他们会去找妈妈。当他们需要适应新环境或需要接近陌生的事物时，又或想要玩耍却因尴尬而不知所措时，他们也会想找妈妈。

☑ 育儿指南

与孩子在新场所玩新玩具

顺应性气质的孩子即使社会性偏弱，其适应能力并没有太大问题。因此，父母或老师可以利用孩子的这一特点，引导他们自己尝试探索并适应新环境。所以，要和孩子一起接触让他们感到困难的陌生事物，并给予他们帮助。当孩子尝试自己做某事或和朋友在一起时，要给予他们积极的回应，并真心替他们高兴，比如：

"东锡和朋友们玩拼图了。哇！和朋友们一起玩一定很有意思吧。"

"东锡自己做出了冰激凌。哇！真的太厉害了！"

尊重需求："我只是想做这个"

社会性弱的顺应性气质的孩子有尊重需求时，可能不太能清楚地表达出来。他们虽然会说出自己想做的事，但与强烈地表达自己的主张相比，他们更多的是给人一种简单告知的感觉。因此，如果孩子说了什么，父母要认真倾听，尤其是那些容易被遗漏的孩子的需求，然后记下来，并告诉他们"现在我知道了，原来刚才你想做这个"，这样，他们就能在社会环境中更加积极地表达自己的需求。

☑ 育儿指南

认真听孩子讲故事，对他们尝试新挑战表示称赞

社会性弱的顺应性气质的孩子第一次看音乐剧时，可能会觉得陌生、紧张，所以他们不会开心大笑，也不会表现出明显的快乐。如果他们十分紧张，可能还会要求坐在妈妈的怀里观看。因为他们的气质偏温顺，所以不会要求离开，也不会哭闹。但如果孩子突然说不想看音乐剧，想做其他事了，父母要明白，这是他们对陌生事物的一种防御行为。对这种气质的孩子来说，"说不"已经是最大限度的抵抗了。但此时他们并不需要真的出去，因此，父母只要认真听他们说话，温柔地安抚他们，他们就能放松下来，继续观看演出了。

每次当孩子体验新事物时，父母若能尊重他们的不安并积极安抚他们，他们就能知道即使自己有不适感，不适感也会很快过去。久而久之，通过这样的经历，孩子会更加清楚地认识到自己的主观需求。

"东锡刚才说想玩气球，对吗？"
"嗯。"
"原来是想和妈妈一起玩气球啊。"
"是的，玩气球。"
"那我们回家后就玩气球吧。"

"东锡觉得音乐剧怎么样?"

"里面的坏人很可怕。"

"原来东锡是害怕坏人,你一直忍着看啊。"

"嗯。"

"有你认为不可怕的吗?"

"有,闪电侠不可怕。"

"原来如此,既有可怕的,也有不可怕的。东锡第一次看音乐剧,但还是很耐心地看完了。现在你是个连音乐剧都能看的孩子了。"

"嗯,很有意思。"

"很有趣,对吧?虽然有的情节比较可怕,但大部分还是有趣的。"

13 活动性强的抑制性气质
追求完美

父母:"孩子想要达到的目标太高,所以一出错就感到身心俱疲。"
孩子:"但想要做得出类拔萃,就必须经历千难万险,不是吗?"

活动性强的抑制性气质的孩子会做自己喜欢的事情，并期望获得很高的成就。他们能进行自我调节，且能较好地适应社会秩序，因此他们的规则性不错，同时具有顺应性的气质特点。不过，这种气质类型的孩子并非顺应性气质，而是抑制性气质，原因有以下两点。

第一，他们的适应性一般或比一般水平稍高，但比活动性弱。第二，他们的刺激敏感性一般或比一般水平稍高，但反应强度比刺激敏感性弱一些。因此，当他们的需求在社会环境中顺利得到满足时，他们就不会再表达出来。即使他们有自己想做的事情，也会遵守规则，不会擅自去做，或产生"如果被拒绝，就无计可施了"等消极情绪，从而抑制自己的需求。所以，虽然这种气质类型的孩子的需求很大，但他们却总不能如愿（见图13-1）。

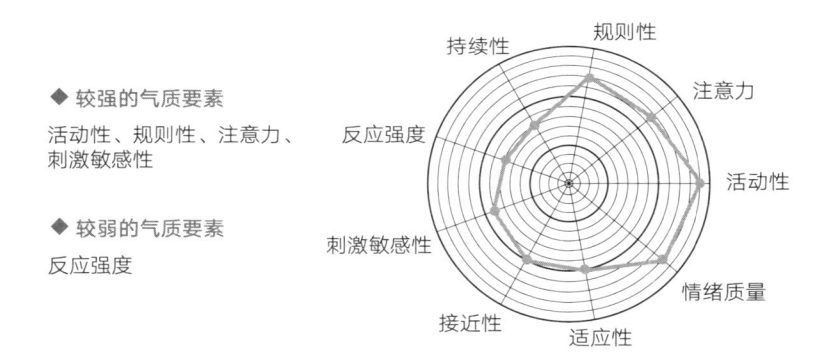

◆ 较强的气质要素
活动性、规则性、注意力、刺激敏感性

◆ 较弱的气质要素
反应强度

图 13-1　活动性强的抑制性气质的孩子

顺应性气质的孩子会用其他东西来满足自己的需求，而对抑制性气质的孩子来说，当他们内心产生需求却无法如愿时，他们不会轻易放弃，而往往会通过自娱自乐的方式来弥补。

这种气质类型的孩子还会沉迷某种收藏品，喜欢护着自己的东西，倾向于将一件事情做到完美。他们不会因为得不到便抑制自己的需求，而是会调整心态，在自己可控的范围内得到最大满足。

案例

7岁的英彩从小就追求完美,这让她的妈妈很担心。从表面上看,英彩学习很好,适应能力也很强,但对刚接触的事情会感到紧张,且会对自己不喜欢却必须做的事抱怨连连。所以,当她第一次进入陌生环境时,她就感到紧张或害怕,回家后往往又会觉得它还不错,很有意思。

英彩的这种紧张或害怕情绪不易被人察觉,因为她会很好地抑制这种情绪。例如,她在学钢琴时不可能每天都被称赞,如果她没有得到称赞,她会觉得自己弹得不好,即使妈妈不说,她也会回家反复练习。妈妈担心的是,虽然英彩勤加练习很令人欣慰,但她似乎并不快乐,反而看起来郁郁寡欢。

有时,英彩会因为弹钢琴弹得不如意而突然发火,但也只是使小性子,发泄之后会继续弹钢琴,妈妈为此担心不已。

父母不知道弹钢琴是否真的适合英彩,所以他们建议她学习别的东西,但她仍旧不愿放弃钢琴。可能是因为英彩力求完美,不善于变通,她经常说要继续弹钢琴或和其他才艺一起学。尤其是在和朋友一起玩或聊天的过程中,如果看到朋友在炫耀才艺或得到认可,英彩就会说自己也想做到。学英语时,当看到朋友一直在侃侃而谈,虽然英彩不想发言,但她也会因羡慕朋友而心生妒忌。

气质表现

活动性强的抑制性气质的孩子

- ✓ 在社会环境中"野心"很大,既能努力学习,也能适应环境。

- 很难表达自己的不适和需求。
- 在自己的愿望无法实现时，会在接受现实的同时，流露出轻微的负面情绪。
- 在社会环境中表现得很温顺，但在家庭中则有些敏感。

根据需求进行育儿

生理需求："我也有讨厌的食物"

活动性强的抑制性气质的孩子在社会环境中能控制自己的需求、行动及情绪，并表现出很强的适应性。但由于他们的刺激敏感性并不弱，因此，他们为了适应社会环境，往往会感到筋疲力尽。此外，他们对微小的刺激也很敏感。大多数情况下，他们的这种敏感性表现在感官上，比如厌恶某种食物、某类衣服的质感。父母可以把它想象成一个小信号，一旦出现，就意味着孩子遇到了困难。他们正在努力适应，这个过程令他们感到有些辛苦，他们只能以不成熟的方式表达出来。因此，当孩子表现出这样的行为时，父母需要读懂他们内心的想法，并为他们提供一个真正让他们感到舒服的环境，让他们可以安心休息。

☑ 育儿指南

周末尝试孩子喜欢的活动

活动性强的抑制性气质的孩子虽然不会表现出强烈的敏感性，但他们对口味或轻微的触碰很敏感。所以，他们不太会用语言来表达情绪，比如他们不会说"我有点累，请照顾一下我"，而是会抑制自己的情绪，以一种更轻松、更迅速的方式稳定情绪，比如摸一摸心爱的娃娃或被子等，因为触觉刺激会让他们压抑的情绪得到缓解。不过这种触碰通常只是一时的慰藉。随着年龄的增长，他们的情绪调节能力和解决问题能力可能会越来越下降。

因此，对这种有感官需求的孩子来说，父母最好在周末让他们选择自己喜欢的活动。例如，让他们听自己喜欢的音乐，吃自己喜欢的食物，或点上他们喜欢的香薰蜡烛，营造一种舒适的氛围，又或让他们制作自己喜欢的小玩意等。这些都对他们有所帮助。父母帮助孩子不断重复这些涉及感觉的活动，给他们表现自我的机会，在他们压抑的情绪得到放松和治愈的同时，还能提高其表达能力。

安全需求："不要碰我的东西"

活动性强的抑制性气质的孩子与他人在一起时，无法很好地表达自己的主观需求。他们的反应强度很低，无法表达自己的真实意愿。所以，他们觉得自己总是在配合别人，从来没有随心所欲过。他们自认为很听父母的话，但偶尔会抱怨"为什么爸爸妈妈总是随心所欲地做事"或"爸爸妈妈根本不懂我"，认为自己总是在迎合父母。

如果这种气质类型的孩子有安全需求，那么他们在自己的领域会表现出强烈的占有欲：床、玩具都是自己的，别人不能碰。有的孩子不让别人碰他们的桌子，有的孩子不让人碰他们摆在床上的玩具，还有的孩子不让人碰自己装玩具的箱子或特定的玩具；当然也禁止弟弟妹妹接近。划出禁止别人进入的区域，并不表示他们控制不住自己的情绪和欲望，而是在尽情地表达自己"不想受约束"的心。如果父母不理解孩子的这种需求，就会误以为孩子太自私，对自己的东西太执着。

> ☑ 育儿指南

制作专属于孩子的"宝箱"

孩子拥有自己的领地和专属物品后，会尽情表达自己的需求，所以，父母要帮助孩子平衡自己的需求和情绪。但如果他们想要的安全领域是需要与他人共享的，如共用客厅，或与弟弟妹妹共享玩具，那么可能就需要父母费点心思了。

在这种情况下，父母可以在房子的其他场所设置一个专属他们的空间，最好也给他们制作一个能够让他们随心所欲操控的"宝箱"。

爱和归属需求："希望他们能多关心我"

活动性强的抑制性气质的孩子的爱和归属需求，多数出现在与他人的相处过程中。虽然他们想要得到关注，获得归属感的需求很强烈，但因为不愿表达或无法灵活处理，他们总是得不到满足，所以一直渴望得到关爱。

当这种气质类型的孩子暂时得不到父母的关爱，或当父母忙着照顾弟弟妹妹时，他们会因为无法正确表达自己的需求而哭哭啼啼，或者要求父母给他们读书。而父母通常意识不到他们是在求关爱。另外，他们因为想要得到关注，会跟在父母身边四处转悠，但因为不善于表达，所以在纠缠妈妈时会遭到拒绝。

这种气质类型的孩子因为不善交际，身体总是紧绷，即使他们很在意对方，小心翼翼地与对方接触，他们被抑制的需求也会流露出来。这就是为什么父母抱着他们时会感到不舒服。如果正好父母不喜欢接触，孩子会因为抑制性气质而默默离开，孩子会立刻感到难过、失落和孤独，这些消极情绪会不断累积。当他们进入青春期时，会变得突然不想和父母说话，对父母没有任何期待，总是形单影只，甚至还会无视父母。此时，长久以来被拒绝的沮丧情绪会变成深深的怨恨。为了抑制这些情绪，他们会选择逃避。

所以，对于活动性强的抑制性气质的孩子，父母应该特别关注他们的非语言信号和消极情绪，因为在父母不知情的情况下，他们可能正压抑着比想象中更深沉的情感。

☑ 育儿指南

陪孩子一起度过睡前的时间

活动性强的抑制性气质的孩子往往会在睡前做自己想做的事，甚至会用其他事情来缓和自己疲惫的内心。所以，当他们的需求得到满足后准备睡觉时，反而会感觉哪里都不舒服，很快他们会突然想起白天令自己不适的体验，于是，沮丧、失落的情绪会重新涌上心头，他们想跟父母说很多话，比如伤心的故事、喜欢的朋友、自己的内心感受。父母一开始会倾听、回应并询问他们，因为他们平时不经常讲这些困扰他们的事。可一旦他们在晚上开始讲这些事，随着压抑情绪的不断释放，想要与父母进行情感交流的需求也随之出现。所以，当抑制性气质的孩子有强烈的需求时，父母要设定适当的界限来平衡他们的需求。父母可以在晚上一边哄孩子睡觉，一边倾听他们的心声，但需要设定一个时间，比如 10～20 分钟，这样才能控制他们的高需求。

尊重需求："我想成为一个完美的人"

活动性强的抑制性气质的孩子有较强的尊重需求，往往会表现出完美主义倾向，希望取得非常高的成就。这种气质类型的孩子在社会上无法充分表达自己的需求。而为了完成自己无法企及的目标，他们会非常努力地将自己擅长的事情做到最好。

另外，这类孩子在创作、绘画或执行活动时过于看重结果，在与朋友竞争时，他们会因别人获得更高的评价而郁郁于心。另外，比起别人的评价，如果他们自己不够满意,就会更容易闹脾气或生气。例如,当他们折纸折到最后一步还不满意时,就会变得非常烦躁。不过,即使如此,他们也会坚持到底,想要证明自己的能力。

☑ 育儿指南

对孩子说"你本身就独一无二"

这类孩子会在自我鞭策的同时不断努力。虽然他们很坦诚,但心态不够好,会因为别人的优秀而感到不安。所以,对这类有强烈尊重需求的孩子来说,比起鼓励与支持,父母更应该多多称赞他们。

父母因为孩子的存在本身而感到开心,是一种毫无保留的爱。站在父母的角度,孩子能够健康成长,常伴自己左右,父母就很高兴了。孩子如果能从父母温暖的拥抱和言语中切实体会到父母的喜悦和感激,他们的焦虑与不安就能得到缓解,同时会感到自己就已经足够优秀了。父母可以常对这类孩子说下面的话:

"谢谢你在妈妈身边。"
"我的女儿,我爱你。"
"英彩,有你在妈妈很开心。"
"不管英彩做什么,妈妈都相信你。"
"英彩真的长大了啊!"

14 活动性弱的抑制性气质
小心谨慎

父母:"你什么都不说,根本不知道你的想法是什么。"
孩子:"想买的东西……我还没想过……"

通常，活动性弱的抑制性气质的孩子主动做某事的动机较弱。他们有自己的小需求，但不会积极地表达出来。另外，他们的刺激敏感性高于一般水平，但反应强度较弱，所以他们会抑制自己的情绪。因此，他们往往很难表达自己的小需求，即使他们很沮丧，也不会去积极地表达或试图解决，他们只希望拥有此时此刻的舒适（见图 14-1）。

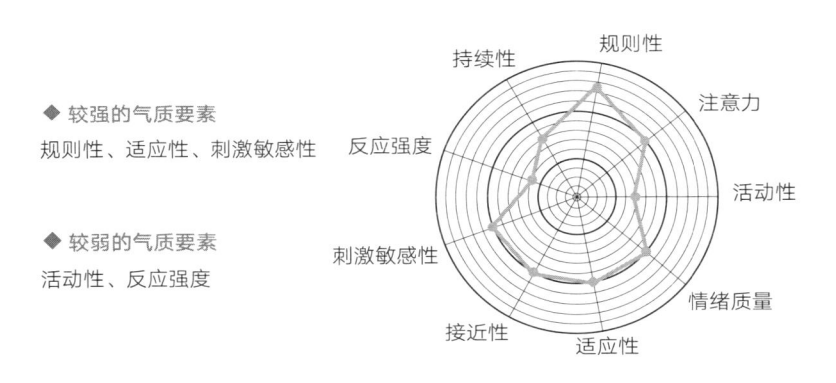

◆ 较强的气质要素
规则性、适应性、刺激敏感性

◆ 较弱的气质要素
活动性、反应强度

图 14-1 活动性弱的抑制性气质的孩子

如果这种气质类型的孩子的活动性偏内向型，那么他们更倾向于安静地做自己想做的事。而如果这种气质类型的孩子的活动性偏外向型，那么他们会顺应并融入社会环境，但当他们在融入一定程度后，会重新按自己的主观想法参与社会活动。

案例

智英是个 6 岁的小女孩，虽然很文静，但是经常惹妈妈生气。智英的姐姐 7 岁，会自己玩玩具，想要什么就直接告诉妈妈。但智英有了喜欢的东西，她既不表现出来，也不想表达，让人猜不透。无论买什么，智英都说自己没有要买的东西，这让妈妈感到很郁闷。过生日或儿童节时，智英也不要礼物，如果父母问她要什么，她会想很长时间才回答。带她去买她想要的东西时，她会看父母的脸色。妈妈不知道智英为什么会这样，每次等智英回答时，妈妈都会暗自生气；智英如果不知道自己想要什么，妈妈会更烦躁、更生气。

像智英这样的孩子，他们想要做事情的需求较弱，所以很难看出他们喜欢什么、不喜欢什么。再加上他们属于抑制性气质，就算有需求，他们也不会自然而然地表达出来。他们需要很长时间才能意识到自己的需求并表达出来，且在表达时会在乎周围的环境和他人的情绪。即使有自己想要的东西，他们也会含含糊糊地表达，且很容易放弃自己的要求，然后不了了之。

智英的姐姐是活动性强又积极的孩子，对比之下，智英的问题显得更突出。这样的孩子遇上急性子的父母，等不到孩子说出需求或给出反应，父母就忍不住开始发脾气了。

这种气质类型的孩子在青春期或上大学后，到咨询中心咨询时会说："我有自己想做的事，但比起这个，我更想帮助妈妈。虽然我有想要的东西，但因为不是特别想要，所以没有说出来，反而用攒下的零用钱给妈妈买了生日礼物，但妈妈并不怎么感谢我。比起这个，她更喜欢学习好的姐姐拿到的奖状。如果我在吃饭的时候不经意地说'我有点累'，妈妈就会问我有多努力，怎么这么累。"他们的父母会说："孩子做什么都没有欲望，也没有想要坚持到底的想法。我觉得孩子可能是累了，所以我处处留意，不让她上辅导班，让她做自己想做的事情。"无论遇到什么困难，孩子都不会说出来，也不会明确地说出自己想要的东西，这会让父母很苦恼。

这些孩子会关心父母，但也会抱怨父母不配合自己。他们无欲无求的心态、磨磨蹭蹭的动作和含糊不清的表达也会让父母难以忍受。

智英是因为没有想要的东西或不知道要什么，所以很难做出决定。因此，逛超市时，如果妈妈让她挑零食，她会感到很为难；如果妈妈催促她，她会紧张得无法回答，导致挨骂。当这样的孩子难以思考和判断自己的需求时，如果给他们施加压力，他们会通过大哭来发泄畏惧或压抑的情绪。即使停止哭泣之后，他们也很难说明自己为什么哭。孩子的活动性弱意味着他们做事的动机弱，做出判断和采取行动的时间较长。如果他们属于抑制性气质，让他们快速回应会更难。

因此，父母需要认识到，孩子迟缓的判断力和看似消极的行为是谨慎的表现，而不是发育不健全。

> **气质表现**
>
> **活动性弱的抑制性气质的孩子**
> ⊘ 很少出去玩。
> ⊘ 很少表达自己的意愿。
> ⊘ 行动迟缓，说话迟钝，表达不清自己的想法。
> ⊘ 遭到父母训斥时，容易畏惧或哭泣。

根据需求进行育儿

生理需求："妈妈，在吗？"

活动性弱的抑制性气质的孩子很少表达自己的需求，他们会在特定的环境中独自忍耐或自己解决。所以，当他们想吃东西时，他们会自己找吃的或只是随便问问。事实上，让他们表达自己想吃东西的需求本身就很难。表达自己的需求虽然很简单，但对他们来说相当于主动请父母帮忙。如果他们跟随父母参加聚会，他们会安静地喝饮料,然后问父母要手机或巧克力,也可能会说想睡觉。这意味着,他们想边玩手机边等,这会让他们觉得舒服一些;吃巧克力会让他们感觉心情好一些;坐不住的时候,他们会说想睡觉。如果父母没有满足他们的这些要求,他们会一忍再忍,干脆发起呆来,甚至开始哼哼唧唧,这些行为会让父母感到不快。

这种气质类型的孩子适应性较弱,虽然有自己的敏感点,但他们会努力抑制。他们虽然看起来比较文静,但当抑制达到极限时,他们会情绪暴发。内向的孩子会茫然无措地回避,敏感性一般的孩子先是忍耐,然后开始哭闹。因此,不要忽视他们的任何要求,应该根据他们的情况给予积极的反馈。

☑ 育儿指南

仔细倾听孩子的需求

孩子的需求中可能隐藏着他们的不适。他们态度消极,总是表现出一副无所谓的样子,所以父母很容易忽视他们的需求,认为他们的需求无关紧要。事实上,父母应该认真倾听他们的需求,思考他们真正想说的是什么,再帮助他们解决。

安全需求:"待在妈妈身边可以吗?"

活动性弱的抑制性气质的孩子感到焦虑时,不会大哭,而是安静地走到妈妈身边,并问妈妈是否可以待在他们身边。如果是不会说话的幼儿,他们会悄悄地观察妈妈的表情,然后坐在妈妈旁边或妈妈的膝盖上。因为当他们对陌生环境或其他事情感到不安时,他们会回到妈妈这个"安全基地"。但因为他们有抑制性倾向,所以他们会边观察妈妈的反应和状态,边靠近妈妈。这个时候,父母可以对孩子说"我已经察觉到你的情绪了,你可以不用再压抑自己了"这样的话,并对他们发出不用再压抑需求的信号。

> 育儿指南

准确表达"原来如此"

　　对于这种气质类型的孩子来说,即使有很小的需求,他们也很难表达出来。父母应该不断帮助他们表达需求。所以,当孩子想找妈妈时,妈妈要用表情和言语告诉他们,妈妈准确接收到了他们的情绪信号,比如张开双臂,笑着对孩子说:"智英一个人待着,所以感到很害怕吧。到这儿来,跟妈妈在一起吧。"下次,他们就会主动说出"妈妈,抱一抱我"等需求。

爱和归属需求:"妈妈……"

活动性弱的抑制性气质的孩子想和妈妈一起玩或想让妈妈看自己时,他们只会叫一声"妈妈",再也说不出其他的话了。尤其是妈妈忙于工作或家务时,他们会因为妈妈总在做事情而找不到表达自己需求的时机,所以经常叫喊着"妈妈"就没有下文了。妈妈很容易因此忽略他们的呼唤或压根不明白他们的意思。于是,孩子会认为妈妈不关心自己。因此,当这种气质类型的孩子叫"妈妈"时,妈妈无论多忙,都应该抽出时间回应他们。

> 育儿指南

让孩子知道妈妈在认真听

　　这种气质类型的孩子与父母之间的主要问题在于等待。当双方能适应这种等待时,父母可以和孩子正常沟通,孩子也可以满足自己的需求,但父母可能需要等待比想象中更久的时间,才能得到孩子的回答。如果想在这段等待的时间里让彼此都感到舒适,父母最好给孩子发出一个安全又充满关爱的信号,告诉他们父母在耐心地等着,他们可以放心地说出自己的需求。

"智英，你叫妈妈了吗？妈妈在听呢。说吧。"

"原来智英很需要妈妈啊，想和妈妈一起做什么呢？"

尊重需求："我也想做……"

活动性弱的抑制性气质的孩子有尊重需求时，他们不会积极地表现出来，但他们会尝试和挑战一些事情，如玩角色扮演游戏。虽然他们看似只是静静地参与，但他们会跟着老师一起尝试扮演童话中的主角或其他新角色，他们只是表面看起来行动和表情不多而已。所以，当孩子有自尊心时，父母需要仔细观察他们的行为。前面案例中的智英想要得到别人的认可时，她会选择画画。她会微微用力地握着彩笔，努力画出自己想要的东西，然后把画好的画放在桌子上，希望父母能看到。如果是男孩，他们可能会给机器人摆出各种姿势。每次组装类似的积木或机器人时，他们能感知自己的能力。他们总会做一些自己熟悉的事情，反复体会自己变得越来越好的感觉。

☑ 育儿指南

注意观察孩子想尝试的事

这种气质类型的孩子通常会默默地努力做事，他们的动机或付出不太容易被察觉，父母需要细心观察，如他们作画时微微用力的手指、投入的眼神等，都表明他们在努力。如果父母能察觉孩子的这些细小的行为，孩子就会得到充分的鼓励。

"看智英用力画画的样子，智英是真的很想画好啊！"

"看着智英慢慢夹菜的样子，真的是越来越会用筷子了！"

15 社会性强的抑制性气质
想和朋友一起冒险

父母："真玩起来也能玩得很好,就是不善于自我调节。"
孩子："一旦开始玩,就非常开心。"

社会性强的抑制性气质的孩子注重自己与父母或朋友的关系，但他们很难主动提出自己想去玩，也不会积极地表达自己的意愿。他们可能会突然来到父母身边，缠着父母、靠着父母、趴在父母身上等，通过这些身体接触来传达他们想和父母一起玩的意愿，甚至可能搞出恶作剧，嬉皮笑脸地催着父母做出反应（见图15-1）。

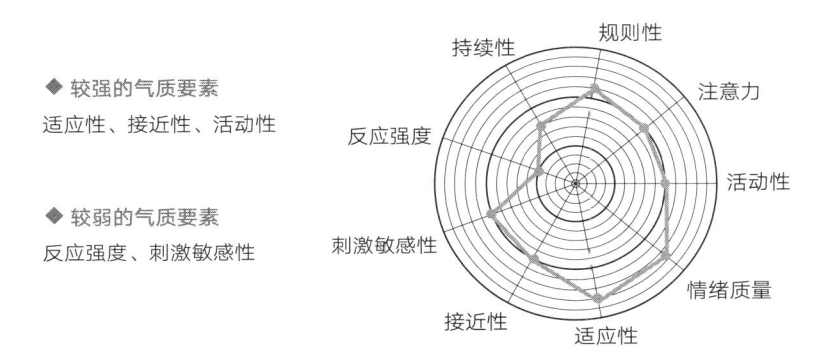

◆ 较强的气质要素
适应性、接近性、活动性

◆ 较弱的气质要素
反应强度、刺激敏感性

图 15-1　社会性强的抑制性气质的孩子

这种气质类型的孩子常徘徊在朋友周围，默默地看着朋友玩耍。虽然他们想和朋友一起玩的心情很强烈，却很难张口。如果有朋友读出他们的内心并提出邀请，他们会像突然充满气的气球，兴奋地玩起来。这种气质类型的孩子在无法调节自身情绪时，通常会做出冲动行为。

案例

> 民浩是个6岁的男孩，平时很文静，但当他突然兴奋地玩起来时，他会失去控制。尤其是当朋友到他家里玩时，民浩会突然把玩具全都拿出来，甚至还会玩刀。在幼儿园时，民浩大部分时间都很遵守规矩，但到了自由活动时间，他会兴奋地跑来跑去，还会时不时扔东西，其他小朋友都停下来时，他会一直一个人跳

到最后，因此被老师教训。他的妈妈说只要他和朋友一起玩，挨骂的总是他。

社会性强的抑制性气质的孩子在和朋友一起玩或要适应新环境时，比较慢热。如果有人引导他们享受愉快的氛围，他们很快就能适应，并能玩得很开心。

这种气质类型的孩子有适当的需求，也有适应社会的能力，但在初次接触新的社会环境时缺乏适应性。由于具有抑制性气质，他们常会问："这样可以吗？"他们也会犹豫，并克制自己的需求和情绪，而不是直接表达出来。他们会先观察周围的情况和他人的反应，然后再行动。所以，当他们和朋友在一起时，一开始会尽量克制自己，随着时间的推移，他们才会慢慢地感到舒适。

这种气质类型的孩子的活动性强，他们在上课时间会适当抑制需求，让自己的行动符合规范，但在自由游戏时间，如果有朋友想和他们玩，他们抑制的情绪会突然暴发，变得过度兴奋，跑来跑去，难以自我调节。

以民浩为例，由于他是抑制性气质，在家里他会适当地克制自己的需求和情绪。但当朋友来做客或在游乐场和朋友见面时，他的社会需求亟待满足，先前被压抑的需求会迸发出来。民浩抑制需求的瞬间和被抑制的需求暴发的瞬间的间隔很短，因此，他要么压制自己，要么放纵自己。

这种气质类型的孩子的父母通常会积极鼓励他们找朋友、和朋友玩，但回到家之后，父母希望他能安静地玩游戏，并严格遵守规则。民浩的父母要求他在家里玩游戏时收敛一些，他和妈妈一起玩的都是经过适当调整的游戏。不过，民浩出去和朋友一起玩时，父母不会一直约束他。他的父母相信这是一种满足孩子需求和释放压力的方式。

这种气质类型的孩子在出门和朋友玩时，要么过度兴奋，要么闷闷不乐，在家时，需要有人帮助他们平衡情绪。所以，最好让他们和调节能力强的朋友或成年人一起玩，这样他们就可以放松自己压抑的需求和情绪，感受到适当的快乐。

> **气质表现**
>
> **社会性强的抑制性气质的孩子**
> - 和朋友相处时，一起度过几分钟后，就能很好地和朋友玩到一块儿，并能表达自己的需求和情绪。
> - 只要朋友一兴奋，他们就会立刻兴奋起来，能玩得很开心。
> - 很难主动接近朋友。
> - 害怕独自尝试新鲜事物，但和朋友在一起时，他们喜欢玩有挑战性的游戏。

根据需求进行育儿

生理需求："没有吃的东西吗？"

对社会性强的抑制性气质的孩子来说，家是一个无聊的场所，尤其是当家里太安静或太冷清时，他们会感到非常不适。当他们打开冰箱开始寻找食物时，他们可能不是饿了，只是想打发无聊时间而已。

> **育儿指南**
>
> **安静时，让孩子边吃零食边做他们想做的事**
>
> 这种气质类型的孩子会通过吃零食来填补空虚。所以，如果能让孩子在吃零食时享受安静的时光，父母也会更加舒适。同时，因为他们看

重关系，在吃零食时，他们也喜欢和旁边的人聊天。另外，最好给他们提供适当分量的零食，同时训练他们学会独处。

安全需求："妈妈也和我一起待在这里"

当社会性强的抑制性气质的孩子和同龄人在一起时，他们有灵活的适应性，但第一次和人接触时仍会感到不安，他们会要求父母陪伴在身边。如果父母不在身边，他们的适应时间就会变长。

对抑制性气质的孩子说"你也去玩吧"，并不会有多大的帮助。换句话说，即使他们有需求的火种，也无法自己燃烧起来，需要有人帮他们点燃。例如，父母可以把他们的朋友玩耍的样子生动地讲给他们听，帮助他们快速了解情况，或告诉他们可以自然接近朋友的方法，这些对他们都很有帮助。

☑ 育儿指南

为孩子传达舒适的快乐

情绪会传染。因此，当孩子想要快乐却抑制快乐时，如果身边的父母感到快乐，那么这种快乐就会传递给他们。因此，面对初入新环境而紧张的孩子，父母如果能像做体育现场直播一样愉快地向他们传达朋友们的开心情景，就能引导他们自然而然地融入。

"俊锡现在扮演捉迷藏游戏里的寻找者呢。啊！现在俊锡要抓住芮智了。"

"哇，芮智逃跑了。哈哈哈！现在俊锡会抓谁呢？"

"俊锡说等他抓到革俊之后，再和我一起玩捉迷藏。"

"哇，俊锡玩捉迷藏玩得真好。这次要不要和民浩一起玩？"

爱和归属需求："想见朋友"

社会性强的抑制性气质的孩子总想和朋友在一起，当朋友离开时，他们会沮丧。在外面时，他们会和朋友尽情地玩耍；回到家后，他们极度高涨的满足感会突然转变为缺失感，他们很快会感到失落。在家里，如果父母因为忙于工作而不能陪他们玩，或者父母对关系的需求不大而不陪他们玩，他们也会有如此的表现。

由于他们十分看重关系，因此，当他们在安静且没有任何互动的家里时，会感到无聊。他们会想做些事情来吸引父母的注意力或者和父母说话，但他们又属于抑制性气质，也会看别人的脸色。因此，父母需要在家里花时间和孩子在一起玩耍，专注在孩子身上。父母以充沛的精力陪孩子一起看书、一起学习，这是最有效的陪伴这类气质的孩子的方式。

✓ 育儿指南

约定好"特别游戏时间"

这种气质类型的孩子经常感到爱和归属需求难以获得满足。如果是独生子女，他们更不喜欢待在家里。对这种气质类型的孩子来说，父母不要突然满足他们压抑的需求，而要循序渐进。因此，父母最好和他们选择一起玩的时间，定好日期，即使时间很短，也要陪伴孩子。需要注意的是，父母要做出可以遵守的承诺。如果父母和孩子约好每天玩半小时，之后玩的时间却越来越少，那么，孩子虽然会默默忍受，但最终会导致他们缺乏爱和归属需求。因比，重要的是，父母要确定好能坚持的时间，和孩子一起玩，建立信任。

尊重需求："我来帮你做"

对于社会性强的顺应性气质的孩子，如果他们的尊重需求强，可以称他们是"奉献的楷模"，而对于社会性强的抑制性气质的孩子，如果他们的尊重需求强，那么他们就是"解决问题的榜样"。当朋友遇到困难时，社会性强的抑制性气质的孩子会想要帮助朋友解决问题。通过在社会关系中帮别人解决问题，他们可以确认自己的价值。因为他们是抑制性气质，所以他们不太会跟朋友争夺主动权，但对于游戏中的小挑战，他们会主动承担主导角色。例如，和朋友一起玩角色扮演时，如果需要找一只碗盛冰激凌，他们可能会赶紧找来盘子，并说"在这里做就行了"；和朋友一起玩捉迷藏时，他们可能会提议躲在一起，表现出主导关系的样子。

✓ 育儿指南

告诉孩子，在合适的时机说"需要我帮忙吗？"

社会性强的抑制性气质的孩子的尊重需求较强，如果他们突然站出来说要帮朋友解决问题，但却被拒绝了，他们可能会感到受挫。这类孩子对环境和情绪都比较敏感，不过，他们会控制自己的情绪。所以，他们看上去对朋友的拒绝和无视很淡然，但事实上，他们感到很尴尬、很失落。父母最好告诉他们：不要贸然说要帮助别人，要先询问对方是否需要帮忙，当朋友没有求助时，等待是最好的选择。

同时，父母应该多称赞他们，充分肯定他们，如"你既有善心，又有能力帮助别人，这样非常棒"。通过这种认可，孩子能更轻松地接受想要帮助朋友却又需要等待的尴尬情况。

16 社会性弱的抑制性气质
安静地做自己想做的事

父母:"孩子不怎么和朋友一起玩。"
孩子:"我喜欢自己一个人玩。"

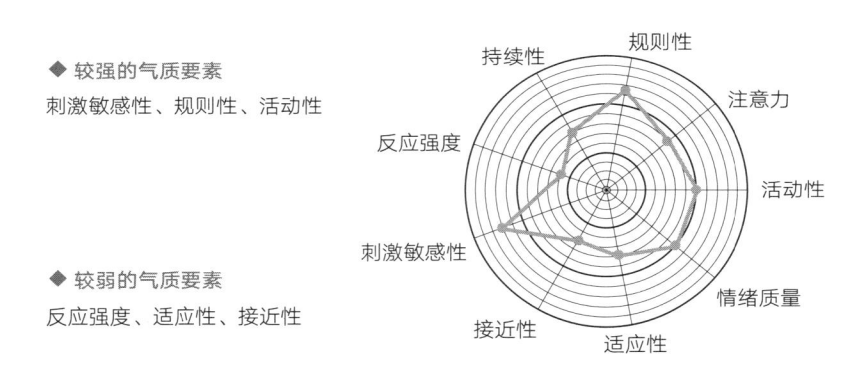

16 社会性弱的抑制性气质

社会性弱的抑制性气质的孩子喜欢一个人待着，即使他们一个人玩，也不会觉得孤独或被排挤，他们具备基本的活动性和规则性。另外，他们能很好地适应社会环境变化，做着自己的事的同时也会关注周围发生的事情，但他们对环境的适应性和接近性都很弱，所以，即使他们对新事物有兴趣，也不会表达出来，且不会主动加入朋友的游戏中。他们常给人一种"非常聪明，一个人也能自娱自乐"的感觉（见图 16-1）。

◆ 较强的气质要素
刺激敏感性、规则性、活动性

◆ 较弱的气质要素
反应强度、适应性、接近性

图 16-1 社会性弱的抑制性气质的孩子

这种气质类型的孩子从幼儿园回家后会清楚地向父母讲述他们的所见所闻，但不怎么主动说话。当看到他们跟朋友聊天时，问他们想不想和朋友玩，他们会说不想。这种气质类型的孩子不太愿意融入和适应新环境。

案例

5 岁的瑟琪刚入园时适应得比较慢，不仅如此，无论到哪里，只要是人多的地方，她都需要花很长时间才能融入。她年龄小一些的时候，只要周围的人一多，她就什么话也不说，让她跟人打招呼，她也只是点点头，从不主动。瑟琪性格内向，即使把她送到人少的幼儿园，她也很难适应。她在幼儿园里不哭不闹，但不会和朋友一起玩,而是自己一个人玩。当朋友在旁边玩得很融洽时,她只会盯着他们看或表现出一副警惕的样子。每当带她去游乐场,妈妈让她和朋友打招呼或让她和朋友一起玩时,她会悄悄躲开,一个人去其他地方玩。

像瑟琪这样社会性弱的抑制性气质的孩子,他们的规则性非常强,但因为缺乏对社交环境的适应性和接近性,所以他们在和朋友一起玩游戏或待在老师身旁时,会感到紧张和警惕。当他们走进教室后,他们可能不哭,会在自己认为最安全的地方一个人安静地玩耍。这种气质类型的孩子会迅速地观察周围,但只是出于紧张和警惕,而不会通过观察来寻找玩得来的朋友。

这种孩子更喜欢独自玩耍。当其他朋友靠近他们时,他们会偷瞄朋友,却不主动搭话。如果一个非常活泼的朋友突然走过来,拿走了他们正在玩的玩具,他们会惊慌地盯着对方看。当这种情况反复发生或当一个比他们强壮的朋友走过来把玩具砸坏时,他们会号啕大哭。

> 气质表现

社会性弱的抑制性气质的孩子
- 需要花很长时间才能适应新环境。
- 不喜欢去学校或人多的地方,虽然有时他们会反抗,但大多数时候会听话。
- 对社会状况和情绪非常敏感,他们会看周围人的脸色,但不会主动接近别人。
- 敏感性极强,他们的情绪基本上是紧绷的。

根据需求进行育儿

生理需求:"不想吃"

社会性弱的抑制性气质的孩子经常会以拒绝吃饭来表达自己的负面情绪。他们的社会适应性很弱,但由于他们具备规则性,因此他们在幼儿园可能会忍受不适直到放学。即便回家后,他们也会保持在幼儿园时充满压力的状态。这种遗留的不适感会让他们表现出挑食和不想吃饭的样子。这种气质类型的孩子之所以不愿意吃饭,是因为他们难以准确地表达自己的情绪,对此,有些父母会拿手机给他们看视频,哄他们吃饭。总之,孩子不好好吃饭其实是因为他们正承受压力。

☑ 育儿指南

待孩子充分放松后,再让他们吃饭

这种气质类型的孩子往往没有非常主观的需求,回家后,他们通常只想释放压力,不会特地做一些事来满足自己的需求。他们需要很长时间来缓解压力,然后才能感到满足。

对于这种气质类型的孩子,如果让他们放学后马上做功课,他们也不会表现出强烈的抵触,但会偷偷拖延时间。在情绪问题没有得到解决时,对他们来说,遵守另一种规则是件非常辛苦且讨厌的事情。所以,这样的孩子在放学回家后走进自己的房间,开始摆弄各种东西时,其实他们是想通过玩耍来放松自己。这时,父母最好不要催促他们,给他们足够的时间放松,然后再安排吃饭。

安全需求:"妈妈,抱抱我"

社会性弱的抑制性气质的孩子的适应性和接近性都较弱。当人很多或和同龄人在一起时,他们会觉得不自在。尤其是当所有人都聚在一起聊天或玩耍时,他们会感到有负担。

这种气质类型的孩子更喜欢待在安静的地方，尤其是有安全需求的孩子，他们更有可能找一个他们认为安全的地方。

对 5 岁以下的孩子来说，安全的地方就是妈妈的怀抱。所以，为了满足安全需求，这类孩子在人多的地方会要求妈妈抱着他们，或者让妈妈陪在他们身边。5 岁以后，这种安全场所会变成老师身边，因为老师身边没有太多的小朋友，没有人会招惹他们或抢他们的东西。能让他们感到安全的地方就是他们的安全基地。如果这种气质类型的孩子有较强的安全需求，当他们在教室里体会不到安全感时，他们会变得焦虑。虽然他们具有敏感性，但他们会抑制自身的敏感性，当敏感逐渐累积演变成强烈的焦虑时，他们号啕大哭。随着不安情绪的增加，他们会采取防御性行为来保护自己。

例如，上文案例中的瑟琪是内向型活动性且有规则性的孩子，当她感到焦虑时，为了保护自己，她会安静地在一旁玩耍。同班的惠琳也是社会性弱的抑制性气质的孩子，但她是外向型活动性类型，规则性一般，所以当瑟琪只想在一旁安静地玩自己的游戏时，惠琳会跟老师说她想要做的事并坚持自己的要求。当惠琳无法这样做时，她会流露出不悦的表情，心情也会变差，还会发脾气。瑟琪和惠琳是同样气质类型的孩子，但由于她们的活动能量一个是内向型，一个是外向型，因此她们的表现不同。且由于规则性强弱的不同，即使两个孩子的社会适应力都很弱，但她们对社会秩序的适应能力也会不同。

☑ 育儿指南

让孩子先在安全的地方玩耍，再逐步拓宽他们的活动范围

如果这种气质类型的孩子有安全需求，那么他们倾向于长久地待在安全的地方。因此，他们不会像同龄人一样勇于接受挑战，而只想安于现状、追求舒适。

在婴幼儿期，如果他们没有经历过挑战或对新刺激的接近性和适应性都很弱，可能会出现发育迟缓的现象。

对于这种气质类型的孩子，即使父母硬着头皮推他们，他们也不会轻易接受新体验，他们对挑战的恐惧和抗拒很强烈。所以，如果这种气质类型的孩子有安全需求，父母应先满足他们的需求，之后再慢慢扩展他们安全基地的范围。

例如，在儿童餐厅时，如果孩子想坐他们常坐的玩具车座位，并且期望妈妈陪他们一起坐时，妈妈最好答应，下车后再在四周参观一会儿，和他们一起探索儿童餐厅里的其他地方，随后再继续玩车。

在这个过程中，孩子起先会觉得车内是最安全的，之后会觉得水池、蹦床等场所也是安全的。所以，当孩子和妈妈一起愉快地参观了周围的游戏空间时，孩子的安全基地会变大。此时，妈妈可以在孩子玩得最开心的地方稍微离孩子远些，也可以稍微离开一会儿，比如去拿些饮料，让孩子体验到自己一个人也很安全。之后，最好在周围找几个认为是安全的同龄人或哥哥姐姐，引导孩子和他们一起玩。这种方法可以慢慢降低孩子的社交焦虑，同时渐渐学会适应焦虑。

爱和归属需求："为了不心慌，所以想一起玩"

如果这种气质类型的孩子有爱和归属需求，他们会在一旁观察朋友，但不会贸然接近朋友。在自己玩的同时，他们会悄悄观察朋友玩的游戏。如果朋友的动作幅度很大，会让他们感到慌张。所以，即使他们已经观察了很久，依旧无法轻松地和朋友玩耍。当看到强壮、活跃的朋友做出超出他们预测的动作时，他们会感到紧张，身体僵硬，不知所措。

即使朋友只是高兴地跑来跑去，他们依旧很紧张，怕朋友朝自己跑来，担心朋友碰坏自己的玩具。因此，他们更喜欢和不太活跃且说话温柔的孩子玩。

☑ 育儿指南

帮孩子结交让他们信赖的朋友

如果一个社会性弱的抑制性气质的孩子从婴幼儿期就认识了一个大胆活泼的朋友，他会发现，在他会爬的时候，朋友学会了走路，在他学走路的时候，朋友已经会跑了。如果他一直和这样的朋友玩游戏，他对社会环境的敏感性会提高，抑制性气质倾向也会增强。最终，他只想在妈妈身边玩耍，失去探索周围环境的能力。即使不会如此，这种气质类型的孩子想要探索和挑战世界的想法也会被抑制，因为他们身边的朋友经常有让他们难以预测的行为，这会让他们变得愈发小心翼翼。

对社会性弱的抑制性气质的孩子来说，第一次交朋友或第一次参加群体活动的经历十分重要。妈妈带着孩子参加社会群体活动时，如果妈妈忽略了孩子的气质，那么孩子的刺激敏感性会变强。所以，对社会性弱的抑制性气质孩子来说，与其让他们和过于活跃的孩子玩耍，不如让他们和相处起来舒适、情绪起伏小、行为可预测的孩子一起玩。

在婴儿期，当别人靠近他们时，他们可能会吓得打寒战，甚至会哭泣。他们越紧张就越想防御，甚至会咬人或推人。事实上，这种行为仅仅是为了自我防卫，但很容易被父母误解为攻击性过强。

因此，对这种气质类型的孩子来说，与气质协调的朋友玩耍是非常重要的。通常，顺应性气质的孩子能让他们感到安全，相处起来也比较舒适。父母应该帮助孩子结交这样的朋友，他们才能逐渐地缓解紧张，变得愿意让人接近，同时也会主动接触其他人。

尊重需求："我自己玩的时候可以做得很好"

当社会性弱的抑制性气质的孩子的尊重需求很强时，他们希望自己能玩得有模有样，想发挥自己的能力。独自玩耍时，他们很可能会用积木搭类似小汽车的模型。如果是7岁左右的孩子，他们会挖掘自己的想法，创造出漂亮的作品。如果是女孩子，当她们画出自己最满意的作品时，她们会心满意足。

这种气质类型的孩子并不会主动炫耀自己的作品，也不会向老师或同学展示。他人的过度欢呼和称赞反而会让他感到惊慌失措。不过，当他们在家里自己玩或和父母一起玩时，他们会假装自己很了不起，像演电视剧一样说台词，扮演公主、老板、队长、老师等角色。但只要别人一看他们，他们就会躲在一角，安静地玩耍。

换句话说，这类孩子想要做得更好，也想要展现出来。他们的这种需求被发掘出来的时刻，就是他们自我价值形成的关键时刻。所以，父母需要注意他们显现自身优点的瞬间。

☑ 育儿指南

温柔地称赞孩子
当社会性弱的抑制性气质的孩子有尊重需求时，他们希望得到朋友的认可，但是如果朋友的反应十分激烈，反而会让他们不知所措。因此，如果父母觉得孩子做某件事做得不错，或者想让孩子在朋友面前表现出优秀的样子，父母需要用平和的语言温柔地称赞他们，肯定他们的能力和行为，并且把他们的优点告诉他们的朋友，这样，孩子才能欣然地接受他人的肯定，从而对朋友产生兴趣。

"瑟琪真的很会画公主。王冠画得又华丽又漂亮！"

"熙英啊，瑟琪真的很会画公主，真漂亮啊，是吧？"

"我很喜欢瑟琪画的王冠上的爱心宝石。"

这种气质类型的孩子常把尊重需求隐藏起来，或者对他人的反应感到紧张，保持高度警惕。所以，父母需要一点点地减少他们的恐惧，重要的是，要慢慢地、温柔地"靠近"他们。此外，父母要自然地询问孩子朋友的反馈，帮助孩子分享他们的作品或故事，这对孩子敞开心扉很有帮助。

"泽民真的做了一个很像陀螺的模型，试着转一转吧，我很好奇哦。"

"哇，真是太棒了。孩子们，这是泽民做的陀螺，真的很棒。"

"我也要像泽民那样做一个陀螺。泽民啊，等我做了陀螺，咱们就一起玩吧。俊民，你要不要也来试一试？"

"我很好奇俊民会怎么做，我会先做和泽民一样的东西。"

"哦？俊民也开始做了啊。哇，等我们都做好了，我们三个就可以一起转陀螺了。"

"做好了一起试试吧。怎么样？"

17 活动性强的持续性气质
捍卫自己想做的事

不是说等你生日再给你买吗?

我就要那个!
我就要让你给我买!

父母:"只要有自己想做的事情,就会一直提起。"
孩子:"只有得偿所愿后才会甘心。"

活动性强的持续性气质的孩子很难被糊弄，因为他们的需求非常明显，而且他们想要将这种需求持续下去的愿望非常强烈。

这种气质的孩子并不是单纯地固执，而是拥有一种不屈的意志，即使他们心里明白某些事"不可以做"，但他们需求的火种也不会熄灭。所以，就算父母恐吓他们或给他们施压，他们也不会轻易屈服。同时，他们有满足需求和达到目的的决心和意志，所以他们做事都能坚持到底。对于这样的孩子，在引导他们的需求朝健康方向发展的同时，也要纠正他们过度以自我为中心的思考方式，帮助他们合理地提出自我主张（见图 17-1）。

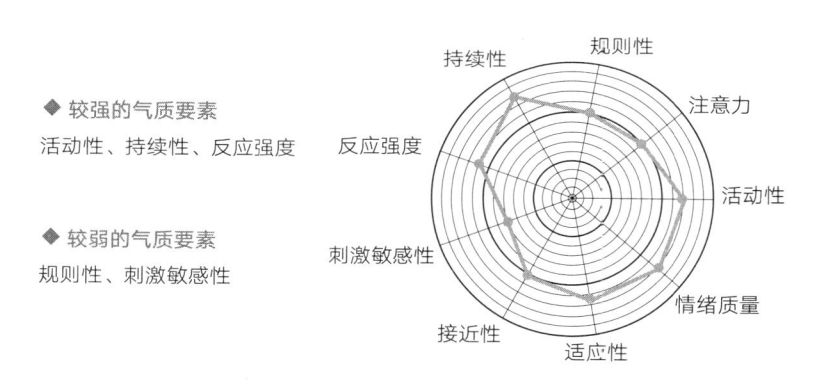

◆ 较强的气质要素
活动性、持续性、反应强度

◆ 较弱的气质要素
规则性、刺激敏感性

图 17-1　活动性强的持续性气质的孩子

这种气质类型的孩子做事情时会坚持到底，若想让他们改变主意，需要一定的智慧。当这类孩子遇到情绪敏感的父母或缺乏灵活性的顺应性气质的父母时，亲子之间的矛盾会很难协调，容易暴发强烈的感情冲突。

案例

从洪民小时候起，他只有达成意愿后才会心满意足。玩耍时，若是没能获得自己想要的东西，他会坐在地上号啕大哭。父母不忍心看他哭红脸的样子，所以只能妥协。洪民的父母一直在试着改变他固执的性格，但没有用。洪民7岁时，虽然他不再像以前那样大声哭了，但如果他没有得到自己想要的东西，他会一遍一遍地说，直到得到为止。即使被父母训斥，他也几乎没有放弃过。如果事情没有按他期望的方向发展，他会一直闹情绪，直直地盯着父母，并和父母冷战。

活动性强的持续性气质的孩子即使明白有时不能做自己想做的事，他们内心的"小火苗"也不会熄灭。例如，父母没有答应他们要买玩具，虽然他们能理解，但想买玩具的心没有变，因此，他们会变得更郁闷、更生气、更固执。

他们就像压根没听到父母说"不行"一样，会反复地说"我想要""给我买"。持续性气质的孩子的固执和意志力很相似，仅凭力量和恐吓是无法消除的。他们不是因为不能随心所欲地获得想要的东西才无法调节自己的情绪，而是因为他们难以改变自己内心的意志。这种意志就是他们的主体性。用力量压制他们的意志，或者用恐吓解决他们的问题，会破坏他们的主体性，甚至有可能严重影响他们的自我塑造。

因此，对于持续性气质的孩子，父母应该教育他们不要固执己见，不要威胁孩子说要惩罚他们，而是教给他们规则，并告诉他们，无论他们再怎么哭，再怎么耍赖，再怎么反复强调，父母也不会妥协。父母要耐心地坚持到孩子死心为止。

对于这一点，说起来容易做起来难。因此，教育这种气质类型的孩子的过程，往往被称为"和忍耐与时间做斗争"。情况越是如此，父母就越要理解这种气质类型的孩子的特征，并对他们的固执给出积极肯定的评价，即这种固执最终会成为孩子的长处。如果父母是敏感性气质，对孩子持续的哭泣、吼叫和摔打非常敏感的话，父母应该学习一些调节自身情绪的方法。

> 📄 **气质表现**
>
> **活动性强的持续性气质的孩子**
> - 对自己想要的、喜欢的东西很执着,好恶分明。
> - 在平时几乎不太会感情用事,但当事情不如意时,他们容易情绪激动。
> - 很固执,喜欢死缠烂打,在得到他们想要的东西之前,不会轻易放弃。

根据需求进行育儿

生理需求:"得做些什么才会安心"

通常,活动性强的持续性气质的孩子在静处时反而觉得更累。他们需要做些事情,只有全身心投入,心里才会感到满足。他们没空无聊,会一直忙忙碌碌,且为了把事情做到符合标准,他们会进行充分的准备。他们并不是想要把事情做得完美,而是想充分地完成一件事,想要获得一种主观满足感或成就感。所以,这种气质类型的孩子有较强的生理需求,静静地待着会让他们感到压抑。在需要保持安静的场合,他们必须坐下来看会书、搭积木或聊聊天,这样他们才会觉得舒服。

> ✓ **育儿指南**

给孩子规定娱乐对象

一旦允许这种气质类型的孩子做某件事,他们就会认为这件事可以反复做，从得到允许的那刻起，他们便产生了持续做这件事的意志。例如，若他们想要用手机看视频，会固执地要求播放他们喜欢的节目，或者想要赖在床上吃零食，他们之所以想这么做，是因为这些行为都曾被允许过。当他们沉迷于手机或电视时，会比其他气质类型的孩子更难管教。因此，对于持续性气质的孩子，要么干脆不给他们难以自控的刺激，要么就设置明确的界限，然后再允许他们行动。只有做些事才会感到舒适是这类孩子的气质特性，所以要求他们乖乖坐着是行不通的。最好给他们限定好能让其投入其中的对象，让他们获得自己想要的满足感，帮助他们度过"静静待着"的时间。

安全需求："如果能尽情地做自己想做的事情就好了"

对活动性强的持续性气质的孩子来说，安全就是有充分的时间尽情地做自己想做的事情。这类孩子总是梦想进入一个可以随心所欲的世界。他们每天都有要做的任务，想做的事情也很多。所以放学后，他们一回到家就想玩。早上一起床，他们就会把玩具拿出来，到了晚上也不想睡觉，想一直玩。因为他们想通过玩游戏来消除讨厌的事情带来的不适感。因此，如果这种气质类型的孩子的安全需求很强，父母应该给予他们充分的自由时间。

☑ 育儿指南

给予他们充分的自由时间

这种气质类型的孩子需要先满足自己的需求，然后才能很好地完成日常任务，所以对他们来说，每天最重要的时间就是放学后。在幼儿园参与活动时，需要进行自我调节的情况会消耗他们很多能量，因此放学后，他们想要全身心地投入到自己喜欢的游戏中来补充能量。只有能量充足，他们才能顺利完成洗漱、读书、学习和整理玩具等日常任务。

因此，当孩子从幼儿园回来后，父母要给他们留足时间尽情玩耍，同时帮助他们完成日常任务,因为如果他们完成得太辛苦,那么通过自己玩游戏积累的能量会再次消耗殆尽。同时,父母也要将孩子该做的事和需要父母帮助的事区分开,称赞他们的守时行为。当他们越来越习惯做日常任务并感到舒适时,父母就可以引导他们承担责任了。

爱和归属需求:"我想和……做"

对活动性强的持续性气质的孩子来说,表达想要一起做某事的需求就像提意见一样。如果这类孩子的持续性、活动性和适应性都比较强,他们就会成为同龄人中的领导者。但由于他们的规则性较弱,因此他们只是受同龄人喜欢的领导者,而不是成年人认可的领导者。

他们喜欢向朋友提出自己的主张,喜欢带领朋友一起玩。他们也有能力让朋友成群结队地跟着他们,这样,他们的爱和归属需求才会得到满足。

✓ 育儿指南

寻找机会展现出你对孩子主导性的关注

如果这种气质类型的孩子对爱和归属需求较强,他们在群体中会主动提出一些主张,想要领导其他孩子,并想让别人为此而感到高兴。也就是说,这类孩子期待别人因为他们的主导感到开心。但像旁观者一样为他们感到开心,无条件地认可他们的领导,对他们来说并没有好处。因为在实际情况中,当朋友客观地认可你,并且能与你进行正常的情感互动时,他们才会对你表现出真正的关心。如果父母盲目地满足了孩子的爱和归属需求,那么在现实社会生活中,孩子将无法吸引周围人的关注。

因此,我们需要创造机会和环境来引导孩子做客观、正确的事情。例如,如果孩子在看漫画书时,他们掌握了一些英文单词,这时,可以向他们提议做一个单词测验或对他们的主动提问表示赞赏。如果孩子喜欢跳舞，可以放一段动感的音乐，拍下他们跳舞的样子或者跟着他们一起跳，和他开心地玩耍。在这种融洽的氛围中，孩子就能拥有自己主导的快乐。

> 育儿指南

即使不是孩子想要的，也要让孩子乐在其中

这种气质类型的孩子在提出自己的意见后，往往不会听从和接受朋友的意见。即使他们看起来接受了朋友的意见，他们心里仍然觉得"我说的才是对的""我说得更好"，变得我行我素，固执己见。

所以，这样的孩子需要体验由父母主导的游戏。在玩这样的游戏时，父母要让孩子度过有趣的时光。孩子想打球时，如果他们能按照爸爸希望的方式进行并体验到了更多的乐趣，那么他们就会开始接受别人的想法和意见。

尊重需求："我喜欢这个"

活动性强的持续性气质的孩子有较强的尊重需求，父母在给出"你真机灵，真聪明，很有魄力"等积极反馈时，也要给出适当否定，如"主张太过强烈，虽然年纪小，但十分固执，个性有些强悍"等评价。

如果孩子的主体需求较强，有很强的独立性，也有很强的尊重需求，那么即使他们在幼儿期，也会坚持自己的观点，不会因环境动摇或改变。

当这种气质类型的孩子不好好吃饭时，如果对他们说"再这样的话就别吃饭了"，他们真的就不吃饭了。在这种情况下，其他气质类型的孩子可能会感到不安，但这类孩子却表现得若无其事，因为他们觉得不应该顶撞父母，要按照父母的话去做，听不出父母的话外音。所以，如果这种气质类型的孩子的父母是关系指向型（详见第 281 ~ 283 页），那么孩子强烈的独立性气质和过于自我的判断会让父母觉得他们太过自私，孩子会经常挨骂。

☑ 育儿指南

明确区分不可妥协的规则和可以妥协的规矩

规则不能根据情况或孩子的不同行为和状态而改变，它是一种必须遵守的行为指示；规矩则是一种行动承诺，能让彼此遵守秩序。所以，我们需要根据不同的情况来调整规矩。

例如，父母跟孩子约定，在儿童节、孩子生日和新年可以买玩具，其余时间不买玩具。这就是规则。当孩子做出恰当的行为时，会得到表扬贴纸。当贴纸积攒到一定数量时，他们能得到相应的奖励，即礼物。这是与规则并行的规矩。父母要和孩子一起确定哪些是恰当的行为，同时还要协调好奖励时间和奖品。

对于 5 岁以下的幼儿，父母可以奖励他们零食或一起玩耍的机会。例如，可以把去游乐园玩或去游泳馆游泳定为奖励。对于 6 岁以上的孩子，父母可以给他们零花钱作为奖励，当他们的零花钱积攒到一定数量时，可以允许他们用零花钱购买自己喜欢的东西。这时孩子会认为自己的努力是有意义的。但如果父母擅自给孩子加钱或隐瞒零花钱金额，甚至越俎代庖，孩子会意识到自己付出的努力会被父母的想法左右，这时，孩子积极的努力行为就变成了父母的控制行为。这种做法等于向努力的孩子泼冷水，要绝对禁止。

☑ 育儿指南

给孩子明确的选择，并尊重他们的选择

这种气质类型的孩子的父母有时会用威胁或强制手段来测试孩子。但这些测试根本不会起作用，只会加重孩子"固执己见"的特质。

一个持续性气质的六年级的男孩曾对我说过这样一句话："是妈妈让我变得更加固执。"他从 6 岁开始，每年都要接受一两次心理治疗。

对这个孩子来说，固执已经成为一种意志表现。妈妈没有战胜孩子的固执，而是输给了孩子的持续性，一再纵容孩子的行为，且不断地情绪暴发。孩子 6 岁到了学龄期，本应该逐渐找到和父母的融洽点，但由于无法区分游戏时间、手机使用时间和学习时间等规则，他和父母的矛盾变得一触即发。因此，这种气质类型的孩子的父母必须有智慧，他们需要有策略地战胜孩子的固执。

☑ 育儿指南

父母要控制自己的情绪

如果你是这种气质类型的孩子的父母，你必须学会控制自己的情绪。如果把一个人愤怒暴发的过程分为 5 个阶段，那么当愤怒到达第 3 阶段时，父母必须学着让自己平静下来。情绪激动时，不妨试试以下方法：

- 第 3 阶段到来时，马上去另一个房间。
- 锁上门后，拿出 10 条毛巾，用力扔。扔毛巾是为了发泄怒气，让自己平静下来。不过，这种行为会被孩子模仿学习，所以不要让孩子看到。
- 待怒气平息后，把毛巾叠好放回原位，再出去面对孩子。

除此之外，散散步，到安静的场所稳定情绪，喝杯凉水，深呼吸或慢慢地吹几个气球，都是调节情绪的好方法。总之，控制自己情绪的窍门就是，停下来感受自己的需求和情感。

18 活动性弱的持续性气质
享受独处

> 不管别人怎么叫,都不予回应。

父母:"孩子看起来很文静,实际上却很固执。"
孩子:"只要是我想做的事,我就会坚持下去。"

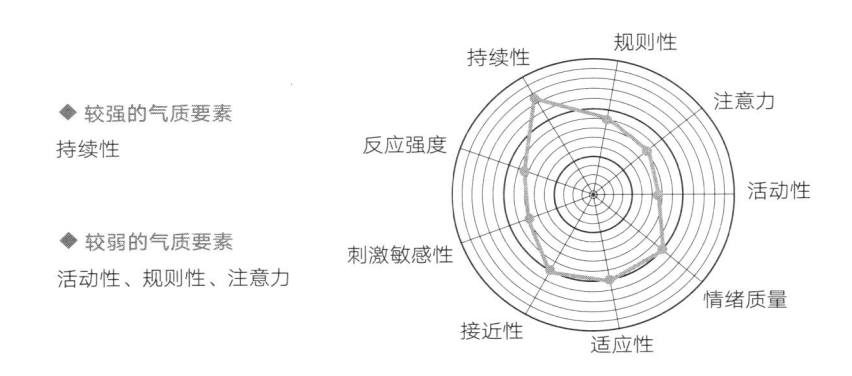

18　活动性弱的持续性气质

活动性弱的持续性气质的孩子，只专注于自己喜欢的事情，且乐在其中。他们非常了解自己喜欢的领域的知识。他们的活动性较弱，所以他们会安静地做自己该做的事，在任何情况和环境下，他们都不会有出格的举动，给人一种既文静又沉稳的感觉；他们的适应性和接近性一般，通常给人一种容易相处的温顺感（见图18-1）。

◆ 较强的气质要素
持续性

◆ 较弱的气质要素
活动性、规则性、注意力

图 18-1　活动性弱的持续性气质的孩子

不过，这种气质类型的孩子无法长时间关注自己不喜欢的事情。因此，除了喜爱的书和活动以及与朋友分享事物之外，他们对其他事情完全没有兴趣。即使父母劝说他们尝试做其他事情，他们几乎也不会动摇。他们会默默地坚持自我，或者对父母的劝说和介入不予回应，以此来坚持自己的意志。所以，即使父母和孩子之间没有暴发太大的冲突，只是让孩子体验新鲜事物，父母都会感到心力交瘁。

案例

7岁的正勋是个安静但坚定的孩子。父母抱怨说,让正勋听他们的话实在太难了。正勋的老师说他的反应很慢,让他做某件事时,即使一直叫他,他也听不见,"不知道他是一直假装没听见,还是真的没听见"。所以,妈妈和老师都认为,"如果干脆不管他,他应该自己会做好",但结果并不乐观。

活动性弱的持续性气质的孩子的特征是,虽然他们行动缓慢,但十分固执己见。这类孩子的规则性和适应新事物的注意力都很弱。事实上,因为他们的活动性也很弱,所以除了自己想做的事情,他们对其他事情几乎不感兴趣,也没有观察周围情况的意愿。当孩子听错了父母或老师的指示,他们不是故意无视指示,而是真的没听见,因为他们正沉浸在自己做的事情中。周围的人喊他们的名字或对他们发出的指令,对他们来说只是一种声音。所以,培养这种气质类型的孩子的关键在于,要提高他们的反应强度及对认知和行为的处理速度。

气质表现

活动性弱的持续性气质的孩子
- 想做的事情很有限,会反复地做。在做想做的事时,他们听不到外界的指示。
- 行动缓慢,对指令的反应很迟钝,难以根据情况快速做出调整。
- 如果想做的事情遭到限制,他们会表现出攻击性行为。
- 注意力普遍较弱,在上课听讲或执行指示时,常出现行为问题。

根据需求进行育儿

生理需求:"你在听吗?"

活动性弱的持续性气质的孩子对生理需求的反应同样很迟钝,对感官刺激的反应很缓慢。他们在听觉和视觉上的注意力不强。例如,当他们在做自己喜欢的事情时,即使周围有其他玩具和有趣的事物,他们也不会分心。参加玩具体验展时,他们一看到自己喜欢的玩具,就会被它牢牢地吸引住,忽视周围其他有趣的玩具,还一副毫不关心的样子。另外,当他们沉浸在某件事时,往往听不到他人的指示。即使有人在旁边叫他们,他们也听不见。

☑ 育儿指南

先触碰孩子,当孩子看向你之后再对他们做出指示

父母在对这种气质类型的孩子发出指示前,最好先拍拍他们,因为他们对听觉信号和视觉信号的注意力较弱,所以无法立刻转移注意力。如果父母不考虑这些因素就下达指示,难免要多次下指示,这容易耗尽父母的耐心。另外,不舒服的接触也会让孩子抵触执行命令,所以必要时,父母要轻柔地触碰孩子,如用手掌轻拍他们的后背,轻按他们的肩膀或轻轻握住他们的手,这样就能很好地引起他们的注意。

安全需求:"不要管我"

活动性弱的持续性气质的孩子喜欢安静的环境,他们想静静地待着,做想做的事情,有时还会发呆。尤其当他们耗尽能量或感受到压力时,他们会通过安静地做一件事来消除压力。

这种气质类型的孩子在幼儿园里只会做一些他们想做的事情。他们对其他事情不感兴趣，甚至会不耐烦。所以，到了 4 岁时，如果他们仍然只是在重复地搭简单的积木或只玩几种玩具，不关注朋友或老师，也不模仿别人的行为，那么父母就需要注意了。因为如果孩子表现出对社会的漠视，注意力弱，活动性又有限，那么孩子很可能患有孤独症。

小时候，这种气质类型的孩子拿着一个玩具可以一个人玩很久，因此他们通常被认为很温顺，也经常被忽视。所以，如果父母没有及时且长期地进行干预，孩子就会出现发育迟缓的情况。孩子 5 岁时，如果他们的语言发育依旧迟缓，或者当同龄人已经开始搭建积木或画画，能跟着律动跳舞时，他们几乎做不到，也不愿意尝试的话，父母最好尽快带他们进行治疗。如果这种气质类型的孩子在婴儿期就出现以下现象，建议父母立即就医咨询。

- 12 个月后才开始走路。
- 叫他们的名字也没有反应。
- 过于执着于玩一种玩具。
- 玩一种玩具久了后，不再碰其他玩具。
- 心情基本上没有变化，经常发呆。

☑ 育儿指南

描述孩子的行为

　　这种气质类型的孩子对他人并不关心，也不喜欢别人突然出现在他们身边并一直和他们说话。他们需要不同的活动、更多的刺激以及更好的快乐体验。所以，最好悄悄地接近他们。用柔和的言语描述孩子的行为和正在玩的游戏，让他们自然而然地注意父母或老师。如果他们表现得较为轻松，再一点一点地积极介入，进而引导他们。

　　"正勋正在把积木并排放好。"

"正勋在做很长的东西。"

"真好奇正勋做的是什么。"

"是火车。"

"原来如此。那么这列火车是要让谁坐呢？"

"是让别人坐的。"

"那妈妈可以当乘客吗？"

"嗯。"

爱和归属需求："有和我志趣相投的朋友吗？"

活动性弱的持续性气质的孩子的基本需求很低，他们不太愿意和朋友一起玩，也不愿意融入社会，所以别人对他们的期望也比较低。再加上他们的兴趣有限，在游戏中很难找到志趣相投的朋友，且不会主动寻找朋友，所以他们不会盲目地期待能遇见合得来的朋友。

尽管如此，对爱和归属有需求的孩子仍然会期待有人能陪自己玩耍。但在社交环境中，他们并不会特意去寻找朋友，所以他们的玩伴通常是父母。

☑ 育儿指南

帮助孩子和志趣相投的伙伴一起体验快乐

由于这类气质的孩子兴趣有限，他们在婴幼儿期遇到合得来的朋友并不容易。所以，在大多数情况下，他们会和父母一起玩或自己一个人玩。他们做事的欲望很低，常常发呆。但这类孩子的社会性开始发展后，他们会对同龄人有归属需求，对他们来说，仅与父母一起玩游戏是不够的。所以，这种气质类型的孩子需要持续的经验，好让自己的活动性觉醒并活跃起来。

尊重需求:"我还不错"

活动性弱的持续性气质的孩子即使没有做任何特殊的事情,也会抱着"我还不错"的积极态度。这是因为他们经常做自己擅长的或自己喜欢的事情,所以他们常常有一种愉悦的满足感。同时,因为他们的尊重需求较强,所以即使他们没有挑战新事物,也会觉得自己的能力不错。对于这种气质类型的孩子,父母应该支持他们积极的自我认识,但为了让他们的自我认识变成现实,父母要支持他们不断进行更为现实的挑战,并帮助他们积极地表现自己,直到他们熟练掌握为止。

☑ 育儿指南

帮助孩子提高熟练度

熟练是发展的关键。在自尊心的三大支柱中,客观的自我评价是孩子发挥自我效能感的核心。因此,父母要让孩子反复经历一些事情,培养他们的经验性技能。活动性弱的持续性气质的孩子的技能往往发展得不太全面。例如,一个7岁的孩子也许擅长搭积木,但他却从来没有拧开过水瓶盖,或者他不想拧开。因为这种气质类型的孩子经常由于缺乏经验而导致发展不均衡,所以父母需要持续不断地为他们提供新机会和新挑战,帮助他们提高熟练度。

19 社会性强的持续性气质
想要主导关系

父母:"孩子只想和自己合得来的朋友玩。"
孩子:"想和朋友一起玩我喜欢的东西。"

社会性强的持续性气质的孩子有自己喜欢的事物，他们不愿妥协。换句话说，他们已经定好了自己想要玩的游戏，需要找愿意和他们一起玩的朋友。即使朋友想玩其他游戏，他们最终还是会说服朋友，并把朋友引到自己的游戏上来。因此，这类孩子喜欢与他们的喜好相同的人或能引领他们的人一起玩耍（见图19-1）。

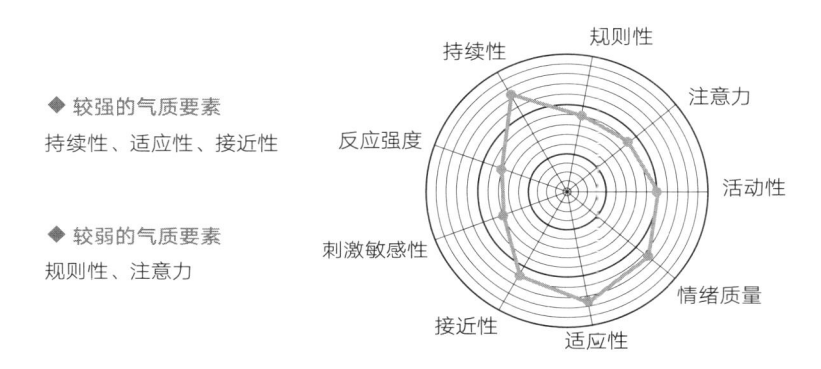

◆ 较强的气质要素
持续性、适应性、接近性

◆ 较弱的气质要素
规则性、注意力

图 19-1　社会性强的持续性气质的孩子

这类气质的孩子的社会性很强，不爱说话的朋友是无法吸引他们的。所以，他们会接近对他们的游戏和话语有反应的朋友，并想和朋友一起玩，把朋友引到自己喜欢的方向上来。和朋友之间的需求互通时，他们对朋友表现得亲切；如果在玩的过程中，朋友偏离了他们的方向或无法融入他们，他们会立马感到不适，还可能会和朋友产生矛盾。所以，他们即使玩得开心，仍然经常和朋友吵架。

这类孩子经常会在自己的主张和妥协之间徘徊，很容易和朋友产生情感冲突。教育这种气质类型的孩子时，要告诉他们哪些需求能主张，哪些需求不能。也就是说，要教导他们朋友之间应该相互妥协、互相协调，让他们了解主张和妥协之间的界限。

案例

6岁的泰贤很喜欢和朋友一起玩。如果他买了新玩具或者朋友买了新玩具，他会一整天只想玩这个玩具。有一次，父母给泰贤买了很流行的陀螺。他和朋友约好周末一起玩，周末之前他们一直在讨论陀螺。

后来，泰贤在家招待了朋友，从早上见面到傍晚，他们一整天都在转着陀螺进行对决。泰贤妈妈对此觉得十分神奇。

虽然泰贤非常喜欢和朋友一起玩，但如果朋友不配合他玩游戏，他就会把邀请来的朋友晾在一旁，独自做自己想做的事。妈妈觉得很迷惑，不知道泰贤到底是喜欢朋友还是喜欢玩具。

事实上，这种气质类型的孩子有很强的持续性气质，所以他们有自己明确关注的事情。在社交关系中，他们想要和他人一起分享自己关注的事。他们想和朋友一起玩他们喜欢的游戏，这种倾向十分明显，所以他们会寻找一起玩的朋友。如果游戏规则定不下来，他们会自己玩。可能因为他们仍然喜欢朋友，所以独自玩一会儿之后，他们会重新向朋友提议玩他们喜欢的游戏。他们会一直纠缠朋友，催促朋友一起玩。有时，朋友会重新参与他们的游戏，但如果朋友仍然说不玩，他们就会表现出生气的样子，并和朋友发生争吵。

气质表现

社会性强的持续性气质的孩子
- 有明确想要玩的游戏。
- 非常喜欢和朋友一起玩自己喜欢的游戏，能投入地玩很久。

- ✓ 会把自己想做的事告诉朋友，会反复强调自己的主张，催促朋友一起玩。当需求无法得到满足时，他们会自己玩，但多数情况下会立刻重新走到朋友面前，向朋友提议一起做他们喜欢的事。
- ✓ 基本上有较强的归属需求。

根据需求进行育儿

生理需求："我们一起吃这个吧"

社会性强的持续性气质的孩子喜好明确，还会把自己的喜好准确地表达出来。如果他们有较强的生理需求，为了吃到自己想吃的东西，他们会一直耍赖、纠缠。即使父母提出吃其他食物，他们也不会同意。当让他们去超市挑选零食时，他们只想买自己最初看中的零食，且不会向父母妥协。因此，让这种气质类型的孩子进行选择时，首先要给他们规定好明确的范围。

☑ 育儿指南

在规定好明确的范围之后，再给孩子选择权

如果父母已经告诉孩子可以去超市挑选他们想要的零食，却又对孩子说"不能买这种零食""刚刚吃过了，不买了"之类的话，这时，即使孩子理解父母的意思，他们也不会当场接受父母的提议，而是会继续要求父母给他们买。因为社会性较强，所以这种气质类型的孩子会向父母撒娇，恳求父母给他们买。

这种气质类型的孩子自身的想法很明确，他们想把自己的想法坚持下去，所以在给他们选择权之前，首先需要给他们规定明确的范围。

"今天可以买酸奶、奶酪或饮料,你从中选一个吧。"

"今天晚上出去吃饭,可以吃炸酱面、排骨汤或者刀削面,你想吃什么?"

安全需求:"如果没有朋友,会孤独"

对社会性强的持续性气质的孩子来说,有朋友在的环境是安全舒适的,没有朋友的环境是不安的。对5岁以下的孩子来说,如果他们感受不到与父母之间的联结,甚至体会到疏远的关系,他们会十分焦虑。因此,当父母的身体状态不好、情绪资源匮乏,或父母因自己的内在矛盾或夫妻矛盾而情绪淡漠时,孩子会感到不安,他们会随时找妈妈,总希望妈妈一直陪在他们身边,睡觉时也想和妈妈在一起。没有人陪他们时,他们会抱怨。对这种气质类型的孩子来说,与其说寻求关系是一种对爱的需求,不如说是一种保护自我的安全屏障。

☑ 育儿指南

规定好和父母或朋友在一起的时间并遵守

这种气质类型的孩子会做自己想做的事,同时,他们还会从"在一起"的关系中获得安全感。所以,如果父母对孩子没完没了地听故事表现出厌倦,或者孩子邀请父母一起做某事,父母却说自己累了并应付了事,那么孩子会感到关系上的缺失。

如果孩子一直持续地说他们想说的话或重复玩有限的游戏,父母和朋友就都会感到疲惫。这时,需要为他们设定界限。这个界限可以满足孩子的需求,但要事先安排好时间。有了明确的界限,父母和孩子才能让彼此的需求都得到满足。因此,父母要提前安排好陪伴孩子的时间,规定好给孩子讲故事的时间,并且在规定的时间里,父母要专注地陪伴孩子。

爱和归属需求:"朋友们好像不喜欢我"

社会性强的持续性气质的孩子愿意和朋友分享自己喜欢的东西,希望一直和朋友保持联系。在和朋友的关系中,无论是不是他们的本意,他们都很容易被拒绝。婴幼儿期的孩子注意力不强,很难持续地玩同样的游戏,所以他们喜欢不断变化的、充满活力的游戏。但这种气质类型的孩子会坚持自己喜欢的东西,不会改变自己的意志,所以他们很难一直和朋友和谐相处。他们只想按照自己的意愿玩耍,不想玩朋友玩的游戏,所以会选择自己玩。

这种气质类型的孩子经常说朋友不喜欢他们,没人陪他们一起玩。仔细观察后就会发现,他们不会妥协,也不会放弃自己想玩的游戏,但他们依旧想和朋友一起玩,所以经常和朋友发生矛盾。因此,如果这种气质类型的孩子有较强的爱和归属需求,父母应该好好教导他们:在人际交往中,有时需要通过妥协来解决问题。

✓ 育儿指南

定好父母想玩的游戏和孩子想玩的游戏的顺序

通过和孩子一起游戏的时间,父母可以培养孩子解决问题的能力。父母可以和孩子约定,玩游戏时,先玩父母喜欢的游戏,再玩孩子喜欢的游戏,或者把父母喜欢的游戏和孩子喜欢的游戏结合在一起,让孩子拥有更开心的游戏体验。这样的协调过程可以培养孩子解决问题的能力。如此一来,在与朋友玩游戏时,他们就能渐渐接受朋友的游戏。让孩子知道将彼此的游戏结合在一起也是一种共同玩游戏的方法,这样可以逐步培养孩子灵活解决问题的能力。

如果是5岁以下的孩子,最好先玩父母规定的游戏,再玩孩子想玩的游戏。这样可以培养孩子延迟满足自身游戏需求的能力。需要注意的是,当孩子将自己想玩的游戏延后,先和父母一起玩父母喜欢的游戏时,游戏必须足够有趣。如果父母以教学为目的,和孩子玩耍只是个形式，或者和孩子玩学习类游戏，孩子就没有耐心等到和父母一起玩完之后再玩自己的游戏。久而久之，他们会选择独自玩耍，因为他们觉得无法通过游戏和父母进行情感交流。

尊重需求："做我想做的事"

对于这种气质类型的孩子，他们的尊重需求会在人际关系中通过自我主张的方式强烈地表现出来。他们想置身于社会关系中，同时也想借此确认自己的价值和存在。因此，他们可以独立地做自己想做的事情，但他们仍然会走到朋友身旁，坚持向朋友提出自己的主张，告诉朋友他们的要求。

尤其是在他们擅长的、喜欢的兴趣爱好上，他们想凸显自己的能力。与寻求认可相比，他们更想展现自己的能力，获得自我满足。但如果朋友没有注意到他们的能力或根本不关心他们的能力，他们就不会为自己的能力感到开心，很容易意志消沉。

☑ 育儿指南

给孩子确切的反馈

　　这种气质类型的孩子希望自己的长处和能力得到切实的尊重。他们会独自培养并发挥自己的能力，但因为他们的社会归属需求非常强烈，所以他们需要在别人的反馈中证明自己的能力，并在这种过程中获得满足。因此，如果孩子告诉父母或向父母炫耀自己擅长某件事，即使只是个小小的兴趣，父母也应该在经过客观观察之后，给孩子确切的反馈。

　　"泰贤在玩纸牌游戏时一直很认真，在这方面的实力真的很强啊！"
　　"泰贤知道这么多恐龙的名称和特征啊，难怪这么有自信。"
　　"泰贤已经知道怎么玩这个游戏了，你真的很棒！"

20 社会性弱的持续性气质
沉浸在自己的世界里

父母："孩子好像很聪明，又有点与众不同。"
孩子："我想做的事，你们好像都不喜欢。"

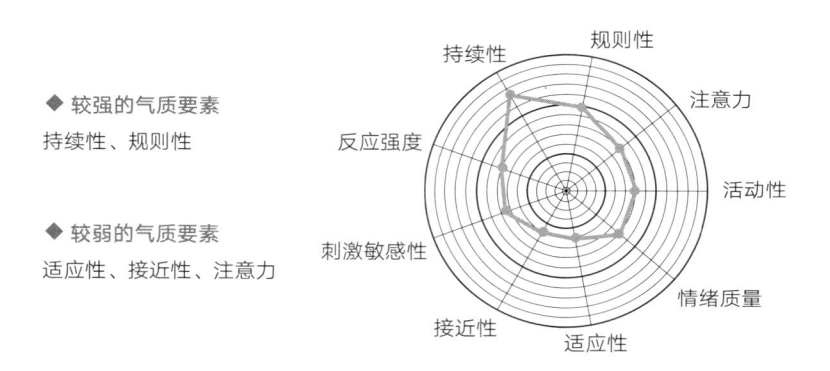

20　社会性弱的持续性气质

社会性弱的持续性气质的孩子通常会专注做自己想做的事情，对周围环境和其他事物缺乏兴趣。他们会给人一种无欲无求的感觉，因为他们只关心自己的兴趣，不关心周围发生了什么，也不关心其他人在做什么（见图20-1）。

◆ 较强的气质要素
持续性、规则性

◆ 较弱的气质要素
适应性、接近性、注意力

图 20-1　社会性弱的持续性气质的孩子

由于这种气质类型的孩子无心观察和注意周围的情况，因此他们很难灵活地适应不断变化的环境。当他们沉浸自己想做的事情时，如果突然时间到了或环境发生了变化，需要他们离开，他们会不知所措。他们无法理解为什么总是需要暂停或总是需要调整自己正在做的事情，因此常常因活动被打断而感到十分委屈。

虽然这种气质类型的孩子的持续性很强，但由于他们注意不到周围环境的变化，所以常常与人发生矛盾。而且，即使别人和他们解释了当下的情况，他们也无法理解，因为对他们来说，这些事情都太突然了。对于这种气质类型的孩子，最重要的是教导他们关注社会环境，提高他们对时间和环境的敏感度。

案例

7岁的时宇是个安静温顺的男孩。但如果仔细观察他的行为举止或他和朋友玩耍的情况，会发现他不仅安静，且偏执。时宇的妈妈说带他的时候并不是身体的累，更多的是心累。比如，时宇玩游戏玩到一半，妈妈打断他说现在该睡觉了或不能再玩了，他就会不停地追问"为什么"，还会反复说他想玩，甚至还曾哭了一个多小时。再比如，如果时宇在谈论喜欢的游戏或漫画时，即使妈妈说"不要再说了"，他也会自顾自地继续说下去。时宇的妈妈很担心时宇是不是听不懂她说的话。

时宇和朋友一起玩的时候，妈妈更担心。因为时宇和朋友很难相处，他只会在周围转来转去或盯着对方看，不会主动和朋友说话。他和朋友没有共同兴趣，也不会看人脸色，看不出朋友不想听他的故事。而且，因为他只谈论自己喜欢的东西，所以朋友也不愿意亲近他。

社会性弱的持续性气质的孩子的问题在于，他们太沉迷于自己想要的东西，而不愿与他人交流和互动。另外，因为他们的适应性和接近性都很低，所以即使鼓起勇气尝试交流，他们也不会选择结交朋友。比起找朋友，他们更喜欢找父母、老师或愿意倾听故事的长辈，因为只有这样，他们才能不断强调自己关心的事情。

如果这种气质类型的孩子有内向型的活动性，那么他们可能会埋头于自己喜欢的知识，或独自探索，很少关注社交情况。因此，他们对社交的兴趣不大，而喜欢通过书本或视频等方式扩展知识，并会不断地向父母说明或反复讲自己学到的知识。

> 📄 **气质表现**
>
> **社会性弱的持续性气质的孩子**
> - ✓ 专注于自己有限的兴趣，并一以贯之。
> - ✓ 对朋友和社会性的集体活动兴趣不大。
> - ✓ 很难适应与同龄人的交往，很不合群。
> - ✓ 对不喜欢的东西很难集中注意力，所以他们对学习并不是很专注。

根据需求进行育儿

生理需求："为什么要叫这么大声？"

在社交环境中，社会性弱的持续性气质的孩子对视觉刺激和听觉刺激尤为迟钝。因为他们不仅会沉浸在自己想做的事情中，而且对周围事物的注意力很不集中。所以，当父母和身边的人叫他们的时候，通常需要叫很多遍，甚至需要叫得很大声或需要触碰他们。从孩子的立场看，这种刺激过于突然且强烈，所以他们会生气地质问："为什么突然叫这么大声？"另外，由于他们的适应性较弱，他们和朋友在一起时比在家里时更容易沉迷在自己的兴趣中，对朋友的呼唤或行为也更加敏感。

☑ 育儿指南

提前告知孩子环境的转变和行动的顺序

这种气质类型的孩子对社会环境不感兴趣，反应较为迟钝。所以，如果稍有不注意，他们就无法跟上别人的活动，还可能会在活动中出问题。而且，因为他们难以适应社会环境，会更加沉浸于自己想做的事情中，对感官刺激变得更加迟钝，所以，当环境发生变化或需要变动时，最好提前告知他们。比如，当孩子和朋友去体验展玩时，如果孩子们玩着玩着要去别的地方，这时要对孩子说："接下来要和朋友们一起去坐汽车啦，我们再坐一次滑梯就走吧。"

对这种气质类型的孩子来说，适应幼儿园的活动存在困难。所以，老师最好像这样指导他们："我们现在给图画上色，再在垫子上集合，然后大家聚在一起唱首歌，最后出去玩。现在，我们要先把绿色涂完，然后去垫子那边集合。"这样清楚的表达可以帮助孩子更快地适应环境并做出恰当的行为。

安全需求："我只想在家里做我想做的事情"

社会性弱的持续性气质的孩子喜欢在家里专注地做他们喜欢做的事，让他们感到安全，比如看喜欢的书、玩喜欢的游戏或玩具，这是他们能想到的最快乐的事。

因为这类孩子的适应性和接近性都很弱，所以对他们来说，幼儿园的例行活动非常有压力且非常辛苦，因为他们不善于也不愿意做自己不想做的事情。他们会在活动场地周围徘徊，或拒绝参与，并用肢体语言来表达自己的疲惫。这也是为什么当父母早上说去幼儿园时，他们会尽可能地慢下来，以拖延去幼儿园的时间，因为他们不想离开家——对他们来说，家是最安全的地方。

☑ 育儿指南

邀请孩子的朋友来家里做客

如果社会性弱的持续性气质的孩子有安全需求，那么他们在家里就感到十分舒适和满足。但为了锻炼他们的社交能力，应该让他们和朋友一起玩，进行互动，逐渐增加接触其他环境的机会。但如果把有安全需求的孩子带出家门，他们容易感到焦虑，所以，最好邀请让他们感觉放松的朋友到家里来，在安全需求得到满足的情况下，让他们体验和朋友在一起的舒适感。这种气质类型的孩子需要时间去适应，所以，最好等他们和一个朋友相处得很轻松后，再陆续邀请其他朋友。

爱和归属需求："我喜欢和妈妈一起玩"

对社会性弱的持续性气质的孩子来说，妈妈往往是最令他们感到舒适的游戏伙伴。妈妈会分享、沟通，也会接纳他们的兴趣。因此，在家庭中，他们非常想要和妈妈待在一起，以满足自己的爱和归属需求。他们会一直缠着妈妈玩相同的游戏。但是，和妈妈重复玩自己偏爱的游戏，他们得到的社会经验是非常有限的，这很容易让他们变成"井底之蛙"。

当然，和妈妈一起玩耍的时间是非常重要的，因为在和妈妈一起玩耍的过程中，他们分享了自己的游戏，满足了关系需求。但是，如果5岁以上的孩子只和妈妈或爸爸玩固定的几个游戏，那么他们很可能会出现以自我为中心的倾向，抑或过度依赖父母，导致他们的社会情绪发展不成熟。

所以，虽然父母可以和孩子玩耍，但也要注意，其实孩子心里想和朋友玩。所以，建议父母在和孩子玩耍的同时，教会他们社交对话的技巧，方便他们日后和朋友一起玩耍。

☑ 育儿指南

和孩子进行角色扮演，让他们知道自己也想和朋友一起玩

父母可以引导孩子玩角色扮演，告诉他们朋友也喜欢并且关注孩子心心念念的游戏。如：

俊植（妈妈扮演）："时宇真的很喜欢恐龙啊！其实我也很喜欢。我最喜欢普特拉诺顿，时宇喜欢什么呢？"

妈妈（低声说）："时宇，朋友很好奇你会喜欢什么样的恐龙。其实，俊植好像也很喜欢恐龙。"

时宇："我最喜欢斯宾诺龙。"

俊植（妈妈扮演）："我喜欢尾巴上有球棒的那个。嗯……它叫什么来着？"

时宇："尤奥普罗·凯法鲁斯。"

俊植（妈妈扮演）："哇！你竟然知道那个，太厉害了。但你喜欢玩恐龙，我喜欢打猎。"

时宇："哦……"

妈妈（低声说）："时宇啊，朋友好像很想一起玩恐龙。我们和朋友要做什么呢？"

时宇："打猎游戏。"

妈妈："好。玩打猎游戏的话，俊植一定会很喜欢的。"

像这样，对于相信游戏是想象中的现实世界的孩子，玩耍可以让他们和朋友产生共同的兴趣，也能让他们感受到同理心带来的快乐，并能给他们间接地提供机会与朋友交谈和玩耍。

当父母扮演朋友倾诉心里话时，最好低声细语，以免干扰孩子的游戏过程。只有这样，孩子才能把妈妈扮演的朋友角色当成真实的人物，练习和朋友互动。当这种练习积累到一定程度后，父母可以邀请真实的朋友加入，这时，父母适当介入，起到桥梁的作用，让孩子和朋友更好地相处。

尊重需求："我只做我想做的"

在社交场合中，社会性弱的持续性气质的孩子往往坚持自己想做的事情。虽然他们也会因为和他人相处感到不舒服而想要逃避现实，但也因为他们缺乏动机，所以难以放弃自己想要做的事情，不会转而去做其他事情。

幼儿园的老师通常很难让这种气质类型的孩子参与到活动中。如果孩子不想参与活动的理由是他们感到焦虑或害怕，可以先让他们平静下来，再让他们参与到活动中。但如果他们根本没有融入活动的意识或动机，则很难让他们参与到活动中。

对父母来说也是如此。所以，不管父母如何想要转移或吸引孩子的注意力，种种方法都行不通，因为这种气质类型的孩子不会轻易被说服，也不会被奖励所诱惑而改变主意。

☑ 育儿指南

教孩子表达自己想做的事情及如何与朋友相处

对坚持自己想要的东西的孩子来说，和朋友一起玩耍是一项非常艰巨的任务。所以，父母或老师应该教会这类孩子自然地与朋友相处，让他们向自己的朋友表达自己的想法，并让他们提出自己的建议。

"时宇啊，如果把你喜欢的海洋生物告诉灿宇，应该不错吧。灿宇也会喜欢海马吧。是不是还有海象？"

"听说灿宇家里有时宇喜欢的喷气式飞机玩具。时宇和妈妈玩谁的飞机飞得快的比赛，真想知道灿宇有没有和他的妈妈比赛过呢。时宇，咱们要不要问一下灿宇呢？"

21 活动性强的敏感性气质
热情地追求自己想要的东西

父母："孩子一旦得不到自己想要的东西，就会发脾气。"
孩子："我也不想那样，但我生气是有原因的。"

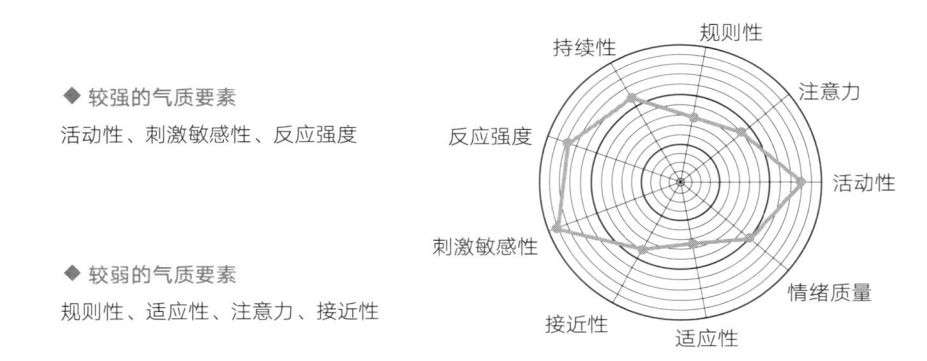

21 活动性强的敏感性气质

活动性强的敏感性气质的孩子想要独自尝试做某件事的需求很强,但由于他们对微小的刺激十分敏感,因此他们很难积极地满足自身需求。这种气质类型的孩子有很多想做的事,但完成得并不顺利。此外,他们还有很多不合心意的事情,且很难愉快地完成任务。这种气质类型的孩子难以独自解决情绪问题,经常在情绪旋涡中挣扎,难以自拔。他们的刺激敏感性非常强,因此他们在社会环境中的适应性和接近性很弱。他们很容易对一些小事敏感,容易情绪波动,无法自然地接受外部环境变化。所以,他们总说自己烦躁是有原因的。事实上,他们确实在主观上感到了不适,所以没能做好自己想做的事情。他们无法用自己期望的方式解决所有问题,烦躁情绪无法消散,负面情绪会再次涌上心头(见图21-1)。

◆ 较强的气质要素
活动性、刺激敏感性、反应强度

◆ 较弱的气质要素
规则性、适应性、注意力、接近性

图 21-1 活动性强的敏感性气质的孩子

这类孩子活动性强,得到自己想要的东西后,他们的心情会非常愉快;反之,如果得不到想要的东西,他们会出现强烈的情感波动。因此,面对这种气质类型的孩子,为了平息他们暴发的强烈情绪,父母可能会过度纵容他们或者选择顺从他们的意愿。

案例

6岁的周元从小就很难管教，而且曾经非常爱哭。从学会走路开始，如果不能顺着他的心意来，他就号啕大哭；如果玩具不能按照他的想法移动，他就把玩具扔掉。这类事情经常发生，日常吃饭、洗漱时，也会像打仗一样激烈。随着年龄的增长，周元的这些问题逐渐减少了，但他现在已经6岁了，他如果不能随心所欲仍然会大喊大叫或乱扔东西。比如，他很挑食，从早上起床开始就闹脾气，洗澡、穿衣也很费劲。

周元在幼儿园经常和小朋友发生冲突。一发生矛盾，他就先动手打小朋友，或者大喊大叫。

活动性强的敏感性气质的孩子对感官刺激、环境刺激以及情绪刺激都很敏感。当这些刺激的程度增加时，他们的情感表达会非常强烈，这种强烈的情感表达通常会表现为尖叫、踢腿、扔东西等过激行为。

敏感性气质的孩子的特征是，在得到自己想要的东西的过程中，如果不能顺从他们的心意，就很难调节情绪。另外，这类孩子的规则性弱，适应性差，所以，在形成日常生活习惯方面及在需要遵守社会秩序时，他们常常和父母发生冲突，出现情绪问题。

对像周元这样的孩子来说，他们从小就对吃的、睡的、穿的等所有与感官刺激相关的事物反应敏感，他们清楚地知道自己想要的是什么。无论任何事情，只要他们有丝毫的不顺心，否定情绪就会立刻强烈地暴发。在幼儿园，这类孩子在排队时、做完游戏整理玩具时、上自己不喜欢的课时，都会变得很敏感。

这种气质类型的孩子的规则性较弱，听从他人指示会让他们感到焦虑。例如，在排队时，如果他们与其他孩子的间距一直很紧凑，他们会感到烦闷，他们会因此对前后的孩子大声说："不要推我！不要碰我！"另外，在游戏时间结束时，如果他们想做的事情还没有做完，他们会感到焦躁或发脾气；老师命令式的语气、朋友"不是让收拾起来吗"的指责，或朋友提出帮忙整理玩具并伸手碰他们的玩具，这些都会成为导火索，让他们的情绪突然激动起来。

这类孩子适应环境的能力很差，总希望事情能朝着自己想要的方向发展，所以，当他们不能玩想玩的游戏或得到和朋友一样的玩具时，他们会毫不留情地和朋友发生矛盾。

如果这类孩子的活动能量向外，他们的声音和动作幅度会很大，给人一种粗鲁的感觉。但事实上，顺应性气质和抑制性气质的孩子会在自己过分外露的情绪和行为中感到压力巨大。因此，如果孩子是敏感性气质，父母需要有持续的耐心和努力，帮助孩子在社会环境和压力环境下提高自我调节能力。这种气质类型的孩子比其他任何气质类型的孩子都需要父母的干预。

> 气质表现
>
> **活动性强的敏感性气质的孩子**
> - 对环境和情绪的敏感性较强，反应强度很高，会强烈地表达自己的感情。
> - 在做自己想做的事情而无法做到时，往往会被负面情绪打败，十分激动。
> - 很难灵活地适应社会环境，难以协调人际关系，在遵守规则和秩序方面存在困难。
> - 经常出现情绪调节困难。

根据需求进行育儿

生理需求:"我不吃这个!我要吃我要的"

活动性强的敏感性气质的孩子感官敏锐,尤其对食物的味道十分敏感。因此,他们只想吃自己喜欢的食物。如果不是喜欢的食物,他们就会拒绝吃,有时会和父母发生争执,简单来说,就是挑食。

仔细观察这类孩子的情绪和行为会发现,他们关注的重点往往不是他们喜欢的食物,而是想要让事情朝自己希望的方向发展,并从中获得满足感。即使不给他们要求的食物,只要给的是他们喜欢的食物,就能转移他们的注意力,让他们平静下来。所以,当和这类孩子在饮食问题上发生冲突时,需要注意的不是"是不是他们喜欢的食物",而是"是否存在接受孩子的话语、意愿及方式"的情绪氛围。

例如,早上叫醒孩子时,如果妈妈的声音中包含怒气,或在摇晃他们时手劲过大,让他们感到不舒服,他们的敏感性会立刻上升。他们知道自己再赖床会被训斥或迟到,最终会起床,但如果早餐有他们不喜欢的菜或不合口味的食物,那么他们压抑的不适感就会暴发。如果父母一直迎合孩子的口味,给孩子吃他们喜欢的食物,以此来让他们的内心平静下来,那么孩子会养成一种随心所欲的习惯。事实上,让孩子变得敏感的原因是,早上醒来时孩子从妈妈那里感受到不适的情绪和听觉刺激,而这些不适可以通过食物来缓解。敏感性容易增加的孩子,需要知道自己为什么敏感以及敏感点在哪里,这样他们才能学会表达不适及自我调节。而父母只有通过观察,把握孩子为什么敏感,才能帮助孩子更好地进行自我调节。

☑ 育儿指南

观察孩子情绪暴发的瞬间，记住他们情绪暴发的模式

当孩子出现敏感情绪时，首先要做的是观察他们，而不是立刻安抚他们。弄清楚是哪些刺激让孩子情绪暴发。通过观察，如果直观地感受到了一些东西，记住它们，然后继续观察孩子的行为。

例如，周元每天吃早饭都会发脾气，坐在饭桌前，他看都没有看饭菜，就直接说："我不吃这个！我要吃面包。"让他喝果汁，他要牛奶；让他喝牛奶，他要果汁。经过观察可以知道，食物只是他表达烦躁的一种途径。他的妈妈试着回想了在他坐到餐桌前，可能会让他感到不适的所有瞬间。首先，孩子不好好起床，妈妈一边拽被子一边唠叨；其次，妈妈把磨磨蹭蹭的孩子带到卫生间，催促他上厕所、洗漱；最后，孩子在穿衣服时裤子穿得很好，但总是穿不好袜子，妈妈就对他发脾气。

从第二天开始，妈妈试着调整自己的行为。首先，为了让孩子早上的心情变好，妈妈比前一天更早地轻揉孩子的胳膊和腿，通过抚摸把他叫醒。这样，孩子醒来以后，洗漱时间会变得更加宽裕。其次，对孩子说："你自己做得也很好啊。"通过这样的话语鼓励孩子，而不是在孩子上厕所和洗漱时再三催促。最后，孩子穿袜子时，适当给予帮助。像这样，用温柔的抚摸、轻柔的语气、温暖的关怀把孩子叫醒，孩子随后进行日常事务就顺利多了。

周元暴发敏感情绪的导火索是早餐，但真正触发他的敏感性的是妈妈催促的言语和行为。因此，孩子的敏感性是有理由的，观察并找出这种理由，就可以找到刺激孩子敏感性的根本原因，继而帮助孩子进行调节。

安全需求："只要是不能做我想做的事的地方，都让我感到不舒服"

活动性强的敏感性气质的孩子认为自己处在受控制的环境中，无法按照他们的意愿做事情会感到不舒服。相较于喜欢特定的东西，他们对"能不能做我想做的事"更加敏感。因此，这种气质类型的孩子通常会认为，与能包容自己的人相处是安全的，与能灵活调节自身需求和敏感性的人相处也是安全的。

这种气质类型的孩子的需求较强且敏感，父母和老师要及时察觉孩子的情感，找出孩子需求和敏感性的核心，并能在秩序下稳定孩子想要随心所欲的心情。

这种气质类型的孩子可能比其他气质类型的孩子都难抚养，但如果父母不断重复解决这种问题的过程，在这个过程中少和孩子发生冲突，孩子就可以凭借丰富的经验培养自己解决问题的能力。

☑ 育儿指南

先说孩子喜欢听的话

在与这种气质类型的孩子进行对话，想要和他们一起解决问题时，一旦处理不当，则容易与他们产生强烈的情感冲突。所以，在和他们对话时，先要说他们想听的话，然后再告诉他们应该如何做。对所有活动性强的孩子来说，这是一种非常有效的方法。

对需求较强的孩子来说，他们很在意能不能获得自己想要的。因为这类孩子一听到"不能"这样的话就会感到不舒服，所以父母要先说"可以"，让他们冷静下来，了解他们想做的事情，让他们做好听父母话的准备，然后再告诉他们方法，让他们知道怎么做才能满足需求。

在这个时候，很多父母会直接答应孩子的要求，之后又说："但因为……所以你不能这样做。"这其实是在糊弄孩子。在告诉孩子方法时，不能为了树立标准才对他们甜言蜜语，而要最大限度地考虑孩子的需求，告诉他们满足需求时需要采用的对策。

"（放学后从幼儿园一走出来）我要去游乐场！"

"想去游乐场啊！"

"是的，去游乐场。"

"好，那我们先吃点点心再去游乐场，之后回家吃晚饭。"

"嗯嗯，真开心！"

"那你想好买什么点心了吗？"

"我想吃巧克力。"

"好，那先和妈妈回家把书包放下，再一块儿去超市买巧克力吧！"

在以上这段对话中，妈妈能够快速地理解孩子的想法，并让孩子冷静下来，告诉他可以做他想做的事。然后，妈妈再挤出时间说孩子应该做的事。事实上，妈妈现在需要回家把书包放下，然后去买做晚饭所需的食材。妈妈的替代方案是把孩子的注意力转移到食物上。妈妈告诉孩子能去他想去的游乐场，让孩子感受到了安全感，于是他先跟着妈妈回家，再去超市买点心，然后去游乐场，最后吃晚饭。妈妈把这些事情全部考虑在内，和孩子一起决定如何分配时间。

这时候，关键是要在一次谈话中，考虑到所有活动的时间，包括去游乐场玩的时间。应对敏感性的孩子，就像解开缠在一起的线团一样，只有游刃有余地将计划和想法一个个联结起来，才能传递给他们安全感。但想要一次性解决问题，父母可能会担心："给孩子买巧克力，他会不会不好好吃晚饭呢？""孩子玩得太久耍赖该怎么办呢？"父母这种焦虑和不安会给敏感的孩子造成压力，让他们产生抵触心理。

另外，只会理性思考而不擅长灵活变通的父母，可能会把孩子的注意力转移到其他方面，不遵守约定并"引诱"孩子回家。对这种气质类型的孩子来说，这是最不恰当的养育方式。

不过，如果完全按照孩子的意愿做事，孩子就学不会解决问题。因为孩子短期内只体验了需求被满足，无法形成对问题的注意力。

爱和归属需求："一直和我玩吧"

如果活动性强的敏感性气质的孩子有较强的爱和归属需求，他们会经常跟着别人玩。当他们想玩得尽兴时，如果只是一个人玩，他们会感到不顺心，会闹脾气。所以，他们不喜欢一个人玩游戏。他们总是纠缠着父母陪他们一起玩，父母不陪他们玩就耍赖；父母陪他们一起玩，结束时，他们会哭着说还想再玩一会儿。

当这种气质类型的孩子的爱和归属需求较强时，父母应该注意孩子的需求是不是模糊的欲望，父母是否被孩子"再玩一次"的要求牵着鼻子走。

"想一直和妈妈玩"这种模糊的欲望是无法被彻底满足的。活动性强的敏感性气质的孩子需求水平较高，所以父母要明确地弄清楚满足孩子需求的界限。有时满足孩子的需求，有时要求孩子自己调节需求，这种做法只会让孩子对父母的爱的需求更加强烈。

对这种气质类型的孩子来说，如果一直反复采用非一贯性的抚养态度，即在满足他们的爱的需求后又拒绝他们，要求他们做出调整，孩子可能会产生"不稳定的反抗性依恋"。不稳定的反抗性依恋是指父母积极地表达爱，高水平地满足孩子爱的需求后，由于身体状态或状况的变化，突然拒绝满足孩子爱的需求或降低满足。例如，孩子经常吃三块糖，如果突然只让他吃一块糖，对孩子来说，这不是调节，这与突然不让他吃糖是一样的，他会讨厌让他少吃了两块糖的妈妈。他认为出现这种情况是妈妈的错，因为他觉得妈妈不爱他了，所以才把三块糖减少了两块。他会做出更加强烈的反抗，并要求妈妈再给他两块。他会认为"只要我说累，做出激烈的反抗，妈妈就会像原来一样"。同时，他还会在心里产生"妈妈为什么不给我，她明明能给"的埋怨。

不过，在抚养敏感性气质的孩子时，父母总是需要按照孩子的期待陪孩子玩耍，满足孩子爱的需求，父母难免会感到非常辛苦。所以，父母很容易产生"爸爸妈妈都这样陪你玩了，你也应该为爸爸妈妈着想一下吧"的想法，并逐渐变得冷漠。诸如此类的情况是促使孩子形成不稳定的反抗性依恋的温床。

☑ 育儿指南

保持特定的游戏时间，但要按时结束

和活动性强的敏感性气质的孩子玩耍时，最重要的是履行承诺。孩子的气质也会随着心情和身体状态的变化而变化。因为孩子调节情绪困难，所以父母最应该做的是按时开始、按时结束，严格遵守和孩子约定的玩游戏的时间，让孩子知道原则并遵守原则。通过重复这种行为，最终能让孩子自然而然地学会调节自身情绪。

如果父母觉得孩子可怜想多陪他们玩，这种宽容态度对孩子而言没有任何帮助。该结束游戏的时候一定要结束。在结束游戏之前提前告诉孩子，可以再给他们一定的玩耍时间或一起整理玩具的时间。但一起玩耍的时间必须立刻结束。在这个时候，父母需要注意的是，当孩子因为游戏结束而哭泣时，不要用言语去说服或安慰他们，因为这会刺激到他们，加剧他们的哭闹。

父母只需告诉孩子"今天的游戏时间到了，明天这个时间再玩"，或告诉他们"觉得可惜吗？明天还可以玩哦"，然后留在孩子旁边即可。在让敏感性气质的孩子冷静下来的过程中，最重要的是离开。在解决敏感性气质的孩子的感情问题时，父母应该坚持陪在孩子身边。如果父母无法忍受孩子的哭声，起身走掉，或冷漠地说"哭完再说"，这会更强烈地刺激孩子的敏感性，让孩子更加无法控制自己的愤怒和不安。

尊重需求："我想成为英雄/公主"

大多数需求强烈的孩子都梦想成为英雄、女王、公主或老师。这类孩子在尊重需求背后隐藏着他们想要成为这些人物的心情。他们会模仿一个英雄、一个解决问题的能手或一个无所不能的公主，至少在游戏中是如此。

☑ 育儿指南

让孩子通过忍耐和努力体验成就感

没有必要让孩子感到太累，但让孩子通过自己的努力获得成就感是非常重要的。尤其是这种气质类型的孩子，他们一般缺乏耐心，即使他们有能力，也无法控制情绪，最终选择放弃或把事情搞得一团糟。所以，对于指导这类孩子的父母和老师来说，灵活地调整情绪和有足够的耐心至关重要。要坚持到最后，相信孩子能做到，并不断地支持和照顾孩子，帮助他们调整心态。

因此，父母要学习如何让这种气质类型的孩子通过忍耐和努力来体验成就感。共同学习是一种家庭文化，也是一种亲子时间，它让孩子看到父母的努力，同时自己更有耐心并能付诸更多的努力。

父母如何利用时间和精力，决定了孩子的能力如何发挥作用。因此，父母要花多点时间陪孩子一起学习。对父母来说，参与制作类活动，如制作陶瓷是不错的，学习剑术也不错；此外，和孩子一起打理庭院，让孩子感受到收获的喜悦也是很好的选择。

22 活动性弱的敏感性气质
感情细腻、丰富

> 孩子要是能和朋友一起出去玩就好了……

父母："孩子有些敏感，行动时有些烦闷。"

孩子："我只想做让我感到舒服的事，妈妈总是要求这要求那，让我觉得很累。"

活动性弱的敏感性气质的孩子明确想要做某件事的需求很弱，但他们对微小的刺激却很敏感。所以，即使感到不适，他们也很难表达出来。即使父母察觉孩子的情绪状态和需求，想要试图帮助孩子，孩子也依旧有苦难言（见图22-1）。

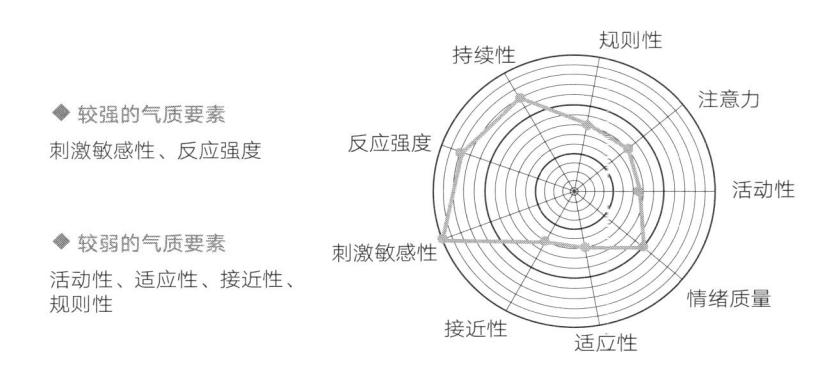

◆ 较强的气质要素
刺激敏感性、反应强度

◆ 较弱的气质要素
活动性、适应性、接近性、规则性

图22-1　活动性弱的敏感性气质的孩子

这种气质类型的孩子会一直体会到不适感，情绪较为消极，经常感到烦躁。他们很难调节自身状态。虽然只要他们有想做的事情，他们就能在满足需求的同时获得积极的心情，但由于这种需求水平较弱，他们几乎无法拥有好心情。由于长期停留在负面情绪状态里，他们经常感到能量耗尽、十分疲惫。这种气质类型的孩子需要父母细心的照顾和帮助。

案例

5岁的礼志是个情绪敏感的孩子。他从小就十分胆小，4个月时就开始认生，15个月时才勉强开始学步。他第一次去幼儿园时没有哭，但6个月过去了，他依旧讨厌上幼儿园，每天早上起床都磨磨蹭蹭，做别的事情也一直拖延时间，不想出家门。另外，礼志在幼儿园时也表现得很消极，遇到一些小事就说累。因为孩子说在幼儿园很累，放学后妈妈想陪他开心地玩耍或做些事情来弥补，但他回到家只想休息或看电视。礼志小时候经常哭闹，只有把他抱起来，他才停止哭；一旦放下他，即使拿起玩具和他一起玩，他也不理不睬。

活动性弱的敏感性气质的孩子的需求水平较低，所以想要行动的动机较弱。他们对周围刺激很敏感，总是感到疲惫，且很多事情都不合他们心意，他们也没有特别想做的事情。事实上，无论是孩子还是父母，都经常感到郁闷。这种气质类型的孩子在做事时，总是有很多琐碎的抱怨，显得有些神经质。例如，让他们洗漱时，他们首先会抱怨为什么要现在洗漱，还会说水凉不喜欢，或水热不喜欢，或推脱说自己身体很累，总之一直抱怨。但他们并不是因为在做事时被迫停下来才感到厌烦的。

这种气质类型的孩子在做事的过程中会消耗大量能量，所以想待在家里安静地休息。对他们来说，需要做的事情本身就是令他们厌烦的刺激，即便是需要经常做的事或他们一直在做的事，他们依旧会不停地抱怨。

另外，这种气质类型的孩子没有明确的需求动机，所以他们没有调节自身敏感性和负面情绪的对策。因此，无论做什么事，他们的烦躁感都不会消散。

气质表现

活动性弱的敏感性气质的孩子
- 没有特别想做的事情，行动比较缓慢。
- 经常感到烦躁，有很多琐碎的抱怨。
- 情绪质量差，有很多不满，很少感到心情愉悦。
- 不活动也能感受到快乐的视听刺激。
- 比较注重生理需求。

根据需求进行育儿

生理需求:"做我经常做的事就舒服多了"

活动性弱的敏感性气质的孩子喜欢穿同样的衣服、吃同样的食物,喜欢躺在特定的位置上,通过重复获得安全感。因为这类孩子的动机水平低且情绪敏感,所以在受教育时,他们学习效率最低,跟不上学习进度,压力很大。在教室里,他们经常恍恍惚惚,由于思维和行动都不够迅速,因此他们难以跟上正常的学习进度,导致他们需要承受更大的压力。

这类孩子通常不愿意表达自己的情绪,如果承受了巨大压力,他们只想摆脱压力。回到家后,他们既不想思考也不想表达,只想尽快放松休息。他们会换上舒适的衣服,躺在舒适的位置看电视,这样静静地待着就能让他们获得快乐。虽然他们会寻求妈妈的拥抱或让妈妈陪在身边,但他们不会要求妈妈陪自己玩。他们也会悠闲地躺着睡午觉,以此来获取能量。

☑ 育儿指南

让孩子在休息过程中寻找喜欢的活动

这种气质类型的孩子活动性弱,他们在家几乎不怎么做事。他们喜欢悠闲地躺着玩。有时,他们想静静地躺在妈妈旁边,有时想躺着听妈妈读书,这会让他们感到舒适。此时,即使孩子没有活动,父母也应该观察他们有没有喜欢的或能激发他们兴趣的活动,也就是观察究竟什么才能让他们的敏感性得到纾解。例如:孩子虽然会抱怨,但如果他们进入温暖的浴缸洗澡,他们会洗得很开心;孩子虽然嘴上说厌烦,但如果真的和妈妈出去散步,他们也会乐在其中;有的孩子只要坐着听妈妈读书,心情就能慢慢变好。父母最好能发现这样的活动,并和孩子不断地重复这些活动,让孩子放松身心,将心里的阴霾一扫而光。

安全需求："独处的时候最舒服"

很多活动性弱的敏感性气质的孩子即使在家,他们也觉得不舒服,他们只想休息,不想其他事情,父母对此经常唠叨个不停。然而,即使父母抑制住了想唠叨的心情,孩子也能深切地感受到父母的不悦。所以,这种气质类型的孩子在家时经常会暗中观察父母的心情。

6岁以后,他们会经常说自己看电视或待在房间里最舒服。但因为他们还小,将妈妈视为依恋对象,因此,和妈妈在一起的时间里,会感到舒适。

☑ 育儿指南

营造舒适休息的环境,让孩子熟悉日常生活规划

这种气质类型的孩子难以适应规律性的生活,无法麻利地、高效地做事。父母可以在日程中给他们留出充分的休息和放松时间,也可以给他们创造舒适的环境。但同时,为了推进孩子以后的日常活动,父母要提前制订好日程计划并坚持执行,最好能借此让孩子熟悉后续的活动和休息。

爱和归属需求："希望有人能理解我的心意"

当这种气质类型的孩子的内心被读懂的瞬间,他们会感到十分舒适,他们也非常喜欢这种时刻。因为父母平时很少了解这类孩子对哪些事情敏感、为什么会那样,所以孩子总是会被不好的心情束缚,情绪低落。如果能听他们说话或观察他们的游戏行为,读懂他们的内心,并用语言告诉他们,他们会开心地答道"没错",然后慢慢地恢复情绪。因此,无论孩子是哪种气质,父母都要细心地读懂他们的情绪。

☑ 育儿指南

细心观察孩子的情绪并表达出来

这种气质类型的孩子不想解读自己的心情。如果父母能将孩子的心情表达出来,孩子就能感受到安全感,情绪也能随之稳定下来。

"礼志现在躺着呢,很累吧?"
"礼志不回答,是觉得为难了,对吗?"
"从礼志的表情来看,你好像很遗憾的样子。"
"礼志和朋友在玩捉迷藏时,真的很不喜欢被抓到。"

尊重需求:"不能只做我想做的事情吗?"

这种气质类型的孩子想要的东西并不明确,所以他们不会积极地表达自己的主张,不过,他们有"只做自己想做的事情"的想法。这类孩子的尊重需求越强,他们越关注自己想要的东西。有时,他们会无视规定好的任务,做各种其他事情,结果耽搁了真正该做的事。

虽然这类孩子有一定的需求动机,但他们没有明确的目的或计划,判断也不够准确,所以,他们虽然看起来忙碌,但在他人看来,并没有实质性的内容。

例如,7 岁的东民是个活动性弱的敏感性气质的孩子,从幼儿园放学回到家,他首先会看电视或躺在沙发上玩玩具。吃完晚饭后,待情绪稍微恢复一些,他会从客厅的玩具抽屉里拿出变身机器人,把变身机器人变成汽车的模样,然后再把它恢复成机器人模样,反复几次,借此消磨时间。如果他突然想起了几本漫画书,他会趴在沙发上看漫画书,然后再让机器人变身,并把机器人摆在书架前。在妈妈看来,这并不是特别的游戏,东民只是闲来无趣打发时间罢了。但东民却说:"能让机器人变身是一件超有成就感的事情,所以我很开心。""我在读漫画书时了解到一些知识，要不要玩知识竞赛？"然后他会提出一些关于英文单词或实验的问题。

东民虽然活动性弱，但他能带着自己的动机同时参与两种活动，这时，父母的作用就是支持东民的这种自发产生的动机。

☑ 育儿指南

注意孩子自发产生的动机并及时给予支持

　　活动性弱的敏感性气质的孩子也会做出有自发性动机的行动，但这种行动看起来可能并不是非常大的挑战，所以，父母可能意识不到孩子的主动性，反而指责孩子："你才做了多少，就觉得累了？"这些行为或话语会直接扑灭孩子正要被发现的"动机之火"。这种气质类型的孩子没有很好地表现自己需求的动机，为了消除因敏感产生的不适，他们会消耗过多能量，结果等到真正行动时，反而停滞不前。某一瞬间，他们虽然有想要做些事的念头，但最终可能因为顾虑而无法付诸行动，并陷入习得性无助中。因此，对于这类孩子，父母应该为他们尝试了小小挑战而感到高兴，并积极地给予他们支持。

23 社会性强的敏感性气质
敏感又活泼

父母:"本来和朋友玩得好好的,最后还是会跟人吵架。"
孩子:"我还是挺喜欢和朋友一起玩的,但经常感到不开心。"

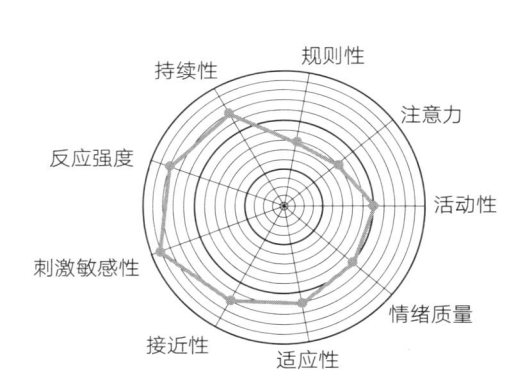

23 社会性强的敏感性气质

社会性强的敏感性气质的孩子的接近性较强，适应性较接近性弱一点。另外，他们的刺激敏感性也很强，因此他们想要与人保持一段关系，但又很容易变得十分敏感。虽然他们想和朋友一起玩、想要和朋友和谐相处，但会在分胜负的游戏中或在玩游戏被起哄时变得敏感。他们非常在意微小的刺激，反应往往十分强烈，所以他们有时会与朋友发生矛盾。这种敏感是一种自我保护和防御机制，他们会通过强烈的反应对让他们感到不舒服的朋友发出警告，因此他们会被误认为攻击性太强。这类孩子需要掌握有效控制和应对主观焦虑和敏感性的社会技能，同时还要练习放松情绪（见图 23-1）。

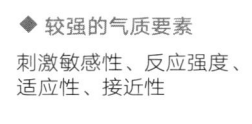

◆ 较强的气质要素
刺激敏感性、反应强度、适应性、接近性

◆ 较弱的气质要素
规则性、注意力

图 23-1 社会性强的敏感性气质的孩子

案例

吉贤是个 6 岁的男孩。他喜欢和朋友一起玩，但每次在游乐场玩时，他都会和朋友发生争吵。吉贤本来和朋友玩得好好的，但到结束的时候就会和朋友吵架，所以他心里经常不舒服。但他总对妈妈说："不是我的错，是他们的错。"而且，每当发生这种矛盾时，吉贤就会对朋友大吼大叫，对妈妈发脾气。妈妈说："虽说吉贤想要和朋友和谐相处，想和朋友一起玩，但我总担心他会打朋友或发生其他事情。"

另外，如果在捉人游戏中，朋友太过用力抓吉贤或打了吉贤的头，抑或出言取笑他时，他会跑到别的地方，一个人闷闷不乐。一旦吉贤感到不舒服，他会向朋友大喊"不要这样"或干脆跑到妈妈身边冲朋友大叫"我不跟你们玩了"。

像吉贤这种社会性强的敏感性气质的孩子，虽然他们的接近性强，但适应性偏弱，容易与人暴发冲突。所以，虽然他们会主动找朋友玩，但当他们稍微不舒服时，就会变得敏感，难以与朋友和谐相处。这种气质类型的孩子具有身体敏感性，稍微被碰了一下就感觉自己受伤了，有时他们被他人的手指触碰一下，他们就感觉像是被拳头打了一样。

所以，当这类孩子和朋友玩抓人游戏时，如果朋友抓他们的力气很大或一不小心踩到了他们的脚，他们马上就会叫出声来。另外，由于他们的规则性弱，难以理解游戏规则，且注意力弱，未能仔细听朋友说的话，在玩游戏玩得尽兴时，他们会错过朋友说的话。所以，他们常误以为除了自己，朋友都去了别的地方。再加上他们对环境变化和情绪敏感，一旦有淘气的朋友捉弄或刺激他们，他们会反应过度，甚至会踢打朋友。

这类孩子上学时常出现问题。进入一年级后，孩子们互相叫着彼此的名字玩游戏，但他们不能灵活地适应这种游戏模式，容易情绪波动。他们知道这种情感表达会给朋友带来紧张感，但作为保护自己的一种手段，他们的情绪表达会变得越来越强烈。

这时，父母要关心孩子，这样能让孩子产生社交需求。孩子身上的敏感性会妨碍他们用恰当的方式表达自身合理的需求，而如何控制这种敏感性是父母抚育孩子的关键。培养这种气质类型的孩子，父母需要帮助孩子辨别来自社会环境的敏感性。同时，父母应该认真观察孩子和朋友之间的游戏模式是否对孩子调节敏感性构成了一定的障碍。

例如，如果父母允许孩子按照自己的想法遵守规则，那么当他们遇到朋友带给他们不舒服的感觉时，他们会变得迟钝。另外，如果父母和孩子做肢体游戏时总是迎合孩子，那么孩子在玩抓人游戏输掉时会不知如何应对，无法把握玩肢体游戏的力度。因为这类孩子不会表达自己的不适感，所以在和朋友玩游戏时，他们总会不由自主地感到不舒服。

📄 气质表现

社会性强的敏感性气质的孩子

- ✓ 很容易和朋友玩到一起，但也容易和他们起冲突。
- ✓ 在和朋友玩耍时一旦感到不舒服，会大喊大叫或发出强烈的抗议。
- ✓ 在和朋友玩游戏时，不记得自己犯的错误，但对朋友的错误会斤斤计较。
- ✓ 有很强的人际交往需求，但难以解决和朋友之间的纷争。

根据需求进行育儿

生理需求："我累了，不想玩了"

社会性强的敏感性气质的孩子可以和朋友玩得尽兴，但当他们没有精力时，其敏感性会增强。所以，这类孩子在公园和朋友玩得很开心时，常常突然感到厌烦。为了坐车回家，他们会一直哼哼唧唧地说"热""出了一身汗，浑身不舒服""困了""腿疼"等。这是因为当他们和朋友玩耍时，归属需求得到了满足，敏感性变弱；而当他们的体力消耗殆尽时，归属需求没有得到满足，敏感性就会增强。事实上，就算满足他们所有的需求，他们也会不开心。随着体力的消耗，他们会感到身体疲劳，随之，感官敏感性突然增强。这时，他们可能会说："我不是讨厌某一件事，而是所有事情都令人厌烦。"

☑ 育儿指南

调整孩子和朋友玩游戏的时间

对于这种气质类型的孩子，即使他们和朋友玩得很开心，之后仍然会对妈妈发脾气，让妈妈疲于应对。因为当他们体力耗尽时，会产生不舒服的感觉。所以，父母最好考虑到孩子的体力，在他们的体力耗尽前，调整他们和朋友一起玩的时间，以此调节他们的敏感性；或者在他们玩耍的过程中，给他们吃点零食，让他们稍微休息一下。父母精心的准备和环境调整可以帮助孩子培养调节能力，以此来平衡他们的社会需求和敏感性。

安全需求："别招惹我"

社会性强的敏感性气质的孩子的接近性强，所以他们想和朋友一起玩；但同时，他们也会表现出"别招惹我"的戒备态度。因为他们的刺激敏感性很强，所以他们对行为粗鲁、嘲笑自己的人，甚至触碰自己物品和身体的人特别敏感。有时，他们会对朋友的行为表现出神经质的态度，或者假装自己很强势，厉声呵斥朋友："别惹我！"如果朋友走向他们，他们会说："你去那边，别来我这儿！"如果他们遇到一个让他们不舒服或反复纠缠他们的朋友，他们会感到紧张，然后离开，只想和让他们感到安全的朋友一起玩。其实，他们的这种行为表示他们正处在紧张和不舒服的状态中。

> ✓ 育儿指南

改变孩子歪曲或夸张的认识

父母或老师要了解孩子对朋友的行为表现出紧张或警惕的原因，以此来观察孩子是否歪曲或夸大了朋友的意图和行为，然后把真相告诉他们，让他们形成正确的理解并做出判断。父母或老师最好理解、尊重、准确地分析孩子主观上的不适感，然后弄清楚状况。

"朋友一旦大声说话就好像在冲我大喊大叫一样，这让我觉得很不舒服。"

"东灿心情好的时候好像声音就会变大，说真正想做的事情时声音也会变大。你看，他现在心情很好，声音是不是又变大了呢？"

"我觉得他在拍我的胳膊！我觉得特别疼！"

"妈妈看到了，东灿好像是为了拿到玩具才拼命地跑，所以他不小心和你的胳膊撞在一起了。是不是很疼啊？"

爱和归属需求："我不跟他玩了"

社会性强的敏感性气质的孩子喜欢和朋友在一起玩，但由于他们性格敏感，因此，当他们遇到不舒服的刺激时，会自然而然地反应强烈。这种气质类型的孩子如果有爱和归属需求，他们会主动和朋友搭话，但对朋友的反应往往会产生偏见。他们对朋友很感兴趣，也会主动接近朋友，但如果朋友说了"什么啊！走开！"或"我不玩那个"等拒绝的话，他们会对朋友产生偏见，并说他们不想和朋友玩之类的话。另外，朋友的反应也会让他们感到难堪或难过，同时他们会在一瞬间产生先入为主的偏见，进而对朋友态度恶劣，从而失去交友的机会。

☑ 育儿指南

观察孩子朋友的行为后，帮助孩子靠近朋友

这种气质类型的孩子虽然容易接近，但由于他们注意力不集中，往往会忽略朋友的情绪，当他们接近朋友时，反而会被朋友的反应伤害。因此，当孩子对朋友的反应感到不知所措或不舒服时，父母最好告诉他们并帮助他们理解朋友当时的情况和情绪。比如，描述孩子朋友的一种行为或一种场景，帮助孩子理解朋友的反应，并最终接受朋友的态度。如果父母没有解释清楚，那么孩子可能会将自己接近朋友而未得到回应的情况理解为朋友拒绝了他们。

"吉贤啊，现在东灿正忙着做事呢，我们靠近他时要小心点哦。"

"吉贤看到东灿很高兴啊，现在东灿和敏智正在玩抓人游戏呢，等他玩完以后，我们再叫他好吗？"

尊重需求："不是我的错"

当社交敏感的孩子的尊重需求很强烈时，他们有时会坚持认为自己做得很好。他们想要在社会关系中得到认可，但没有朋友的认可和支持或因为自己无法得到认可而感到沮丧或羞愧时，他们会强烈地表示反抗，以此来保护自己，就像俗话说的"倒打一耙"，这种气质类型的孩子会因不如意而说出伤人的话。

孩子本来希望得到朋友的认可，但未能如愿，所以感到伤心和难过。此时，父母没必要否认孩子的想法，而应该理解孩子真正的内心，并给予他们同情和安慰。孩子只要能直面自己的内心就够了。对自尊心极强、性格敏感的孩子来说，强迫他们承认和展现自己的不足是件非常困难的事，父母只需要尊重和安慰他们即可。

☑ 育儿指南

感受孩子话中隐藏的伤心之情

　　这样的孩子在伤心的时候反而会在朋友面前假装没事,这也是他们的一种自我保护策略。发现他们在进行自我防御时,如果父母指出他们的错误,反而会令他们难过。所以,最好的方式是理解孩子的话并感受他们话语中隐藏着的伤心之情,安抚他们失落的心。

24 社会性弱的敏感性气质
情感上十分敏感

父母："为了安抚她的情绪，我花了一整天时间。"
孩子："我也希望自己能放轻松，但总感觉焦虑。"

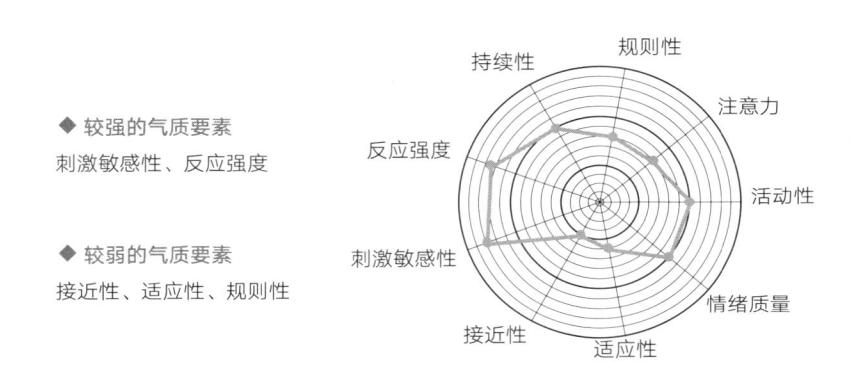

24 社会性弱的敏感性气质

社会性弱的敏感性气质的孩子的刺激敏感性较强，容易对各种刺激做出反应，且反应强度较高，再加上他们对社会环境的适应性和接近性都很弱，所以他们的情绪质量非常差（见图 24-1）。

◆ 较强的气质要素
刺激敏感性、反应强度

◆ 较弱的气质要素
接近性、适应性、规则性

图 24-1 社会性弱的敏感性气质的孩子

这种气质类型的孩子在社会环境中常表现出高度戒备的状态，即使只感到少许不适，他们也会表现出较尖锐的情绪，以此来保护自己；同时，由于过于紧张，他们的身体也会很僵硬。因为身边充斥着很多让他们感到不适的刺激，加上社会环境带来的紧张感，这类孩子常常处于非常混乱和不稳定的状态。父母可能试图让他们冷静下来，但发现这并不容易。于是，父母开始担心孩子变得更加敏感，这反过来也让父母精神紧绷。父母紧张、焦虑的情绪与孩子的情绪交织在一起，让双方都十分混乱。

社会性弱的敏感性气质的孩子很难适应幼儿园生活，他们对新事物抱有抵触情绪，因此他们会拒绝和家人外出。如果孩子的焦虑感在与父母的关系中无法得到缓解，父母最好尽快带孩子到咨询中心接受专业治疗。

📄 案例

5岁的智浩是由幼儿园的老师委托我们治疗的孩子。智浩的妈妈对他的敏感和频繁哭闹感到非常疲惫，但由于智浩的语言和认知发育并不缓慢，因此他的妈妈对他的敏感和不听话并没有太过在意。但在幼儿园里，智浩经常咬朋友或打朋友的脸，老师因此建议智浩接受治疗。

第一次来咨询室时，他对在陌生场合面对陌生人的情况十分敏感，全身因紧张而僵硬不已。智浩在进入咨询中心之前就说自己不想去幼儿园，还和妈妈争执了一番。

社会性弱的敏感性气质的孩子很难适应社会。他们的生物节律性不连贯，适应性和规则性都较弱。因为他们是敏感性气质，所以在很多环境中，他们通常很容易感受到负面情绪。另外，他们很难适应需要遵守规则的集体生活，因为这种气质类型的孩子与规则格格不入，且他们也不喜欢规则。当他们进入陌生环境或感到紧张时，所有的感官都像被激活了一样，这让他们感到困惑和烦躁。

孩子进入幼儿园时，不仅需要适应陌生环境，还要适应整个生活节奏，他们每分每秒都面临着不适的刺激。所以，他们会一直烦躁不安，焦虑情绪久久不能平息，即使对于微小的刺激，他们也很难控制情绪，因此经常用强硬的语言或粗鲁的行为来保护自己。

📄 气质表现

社会性弱的敏感性气质的孩子

- 对感觉、情绪和社会环境的敏感性都很高，很难适应新环境和陌生的活动。

- 平时经常表现出紧张和僵硬的状态。
- 在幼儿园里经常与同龄人发生矛盾，表现出高度的警惕心理，有时会做出攻击性行为。
- 安全需求较高。

根据需求进行育儿

生理需求："别碰我""好吵"

社会性弱的敏感性气质的孩子对感官刺激非常敏感，在社会环境中，他们只要稍有不适就很容易激动或逃跑。这种气质类型的孩子的社交能力很差，即使朋友与他们擦肩而过，他们也会敏感地喊"走开"或"别碰我"。

对这种气质类型的孩子来说，如果生理需求较高，那么和其他孩子在教室里排队或紧挨着坐在垫子上的时刻，最令他们感到痛苦。在过于拥挤的环境中，他们会感到呼吸困难，并变得敏感起来。这种不舒服的感觉会像潮水一样向他们不断涌来，这时，如果听到有人大声说话，他们会大喊大叫。在这种情况下，如果这类气质类型的孩子具有规则性，他们为了自我调节和忍耐这种情绪，会通过拉扯或啃咬袖子让自己镇定下来。

因此，当这种气质类型的孩子有较强的生理需求时，父母应该帮他们调整状态，让他们在较强的生理刺激的环境下能轻松地做出反应。

> ☑ 育儿指南

及时注意孩子的不适，并告诉他们处理方法

如果这种气质类型的孩子的生理需求很强，他们对生理刺激就会很敏感。这种敏感常常是冲突的开始。当冲突发生时，孩子在解决问题的过程中会变得更加敏感，因为他们很容易受到冲突的影响，且会感到不适。

此外，这类孩子无法准确识别出让他们感到不舒服的地方，所以父母和老师需要仔细观察，并通过言语反馈给他们，让他们认识到自己的困难之处，然后教他们应对感觉上的不舒服，避免情绪暴发。

例如，在教室里，当所有人都要坐在垫子上时，最好引导孩子坐在最边缘或最前面，抑或是比较宽敞的空间里，这样可以减少他们的不适感。父母和孩子一起坐车时，最好给孩子穿轻便的衣服，以此来缓解他们的郁闷和不适；同时，准备好水和适当的零食，让孩子尽力放松。也可以提前告诉孩子，如果他们累了就休息一下，这样他们就不会因为情绪敏感而暴发，还可以自己调节情绪。

安全需求："我不会进去的，我就在这儿"

这类气质类型的孩子本来有很高的安全需求。因为他们是敏感性气质，社会性弱，很容易感到不安，所以更需要相对安全的环境。通常，他们在进入某个地方之前就开始心生抵触，需要花大量的时间和精力才能适应新环境。

有安全需求的孩子通常会想要提前了解某个地方，以此来确认情况是否可控。例如，如果突然让这种气质类型的孩子做事情，他们会非常焦虑。当别人走近他们并要求他们说话或冷静下来时，他们会强烈地反抗。他们对别人的参与和积极领导会感到焦虑。

这类气质类型的孩子的抵触情绪相当强烈和持久，因此父母最终很可能会对他们施加压力，强迫他们或对他们发脾气。但对敏感性气质的孩子发脾气，他们不仅不会顺从，其焦虑情绪甚至会加重。因此，对于这种气质类型的孩子，父母温柔耐心地对待他们更有用，能缓解他们的困惑和焦虑。

> 育儿指南

成为孩子的安全基地，用温柔的态度让他们冷静下来

如果这种气质类型的孩子有安全需求，那么父母和老师应该熟练地运用权威来给予他们关爱：因为要降低孩子的焦虑感，所以既需要成年人的权威，又需要能让孩子放松下来的温柔。就像拉扯橡皮筋一样，要根据孩子的状态灵活地进行调节。

这里的权威并不是表面上的严格，而是指当成年人内心有明确的想法和方向时，能给孩子施加影响。对容易感到焦虑的孩子来说，他们需要直观地感受到坚定的、有安全感的力量。如果成年人能准确地观察到孩子敏感性增强的时刻，也知道如何安抚孩子，就能成功地降低孩子的焦虑。

爱和归属需求："妈妈和我一起玩吧"

社会性弱的敏感性气质的孩子敏感且僵化，通常在未充分表达自己的需求时就悄悄离开。回到家后，他们总想玩自己喜欢的游戏。如果这种气质类型的孩子有爱和归属需求，因为没有和老师或朋友充分交流自己想玩的游戏，他们会缠着父母，并要求父母陪自己玩。如果他们的能量是内向型的，他们会哭闹，要求父母陪他们玩。玩耍对这种气质类型的孩子来说，可能是一种治愈。

这种气质类型的孩子其实是渴望交朋友、渴望胜利、渴望无忧无虑地玩耍的，但他们往往难以表达和遵从这些需求。对他们来说，这是一段非常艰难的时期，他们希望通过与父母的亲密和舒适的关系来充分地体验互动。游戏有治愈的功能，这一点对社会性弱的敏感性气质的孩子来说尤为重要。游戏可以满足孩子的需求，父母借此也能自然而然地告诉孩子如何调整与朋友相处时的不适感。对孩子来说，玩游戏的时光非常美好。

✓ 育儿指南

与孩子一起玩耍，创造治愈和教育的美好时光

游戏是促进孩子整体发展的好方法。在游戏中，孩子能享受快乐，发泄负面情绪，还能提高解决问题的能力。

尤其是对社会性弱的敏感性气质的孩子来说，游戏能帮助他们表达并解决他们的敏感和社交上的不适，使他们学习到更有效的社交技能。所以，父母可以在游戏中扮演孩子伙伴的角色，帮助他们感知自己的情绪，同时学习社交技能。

游戏的方式最好能满足孩子的意图和需求，因此，父母最好让孩子决定玩什么游戏。在这个过程中，父母可以尝试用一两个问题帮助孩子调节心情，并一起思考克服困难的方法。

"智浩玩火车游戏的时候经常会'载'朋友啊。"
"看来智浩的心里是想和朋友一起玩耍的，对吧？"
"原来智浩也想和朋友一起开心地玩耍。"
"今天和朋友玩得开心吗？"
"没玩够啊，怎么没玩够呢？"
"啊！原来是没有朋友一起玩火车。"
"下次玩火车游戏的话，你想和谁一起玩呢？"
"想和民浩一起玩？好的，那现在妈妈来扮演民浩吧。智浩，我们一起玩火车游戏吧。"
"开始吧，现在妈妈来扮演民浩。"

尊重需求："我要做"

如果社会性弱的敏感性气质的孩子尊重需求很强,他们会表现出强烈的自我主导意图。因为在擅长适应集体环境的同龄人中,这种气质类型的孩子很难发挥主导作用,所以,当这种需求缺乏时,他们在家庭中会表现出强烈的主导性。如果他们有弟弟妹妹且弟弟妹妹碰了他们的玩具,或参与游戏时捣乱,抑或不按照他们的命令玩,他们会对弟弟妹妹大喊大叫或粗暴地对待弟弟妹妹,表现出非常敏感的一面。如果没有弟弟妹妹,他们会要求妈妈和他一起玩,同时也希望妈妈能按照他们要求的方式玩。所以,与其说是和他们一起玩游戏,不如说是按照他们的想法玩。他们希望一起玩游戏的人愿意听从他们的指挥。

✓ 育儿指南

承认孩子的主导性,营造双方都开心的游戏体验

如果社会性弱的敏感性气质的孩子尊重需求很强,再加上主导性需求未得到满足,他们就会想玩单向的游戏。他们在家里可能会随心所欲地"指挥"父母,此时,他们的尊重需求很快会得到满足,但这种游戏方式对同龄人来说是行不通的,且不利于培养孩子实际的社交能力。

因此,虽然要支持孩子表达主导性,但和他们一起玩游戏时,父母应该教他们互相照顾并尊重他人的意见和选择,这才是培养主导性的正确方法。

第四部分

需要注意的气质类型

25 顺应性气质的孩子注意力弱吗

父母:"孩子就是不能好好待着,总给其他孩子捣乱。"
孩子:"安静地待着太难了。"

在气质特征上，顺应性气质的孩子虽然缺乏注意力，但他们有遵守规矩的规则性和灵活的适应性。对需要关注的对象，他们缺乏保持专注的能力，根据周围环境的不同，他们的注意力水平存在较大差异，见表 25-1 和图 25-1。

表 25-1 顺应性气质特点

较强的气质要素	较弱的气质要素
规则性、适应性	注意力

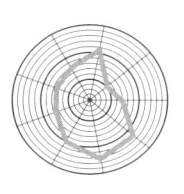

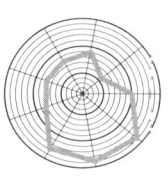

活动性强的顺应性气质　　活动性弱的顺应性气质　　社会性强的顺应性气质　　社会性弱的顺应性气质

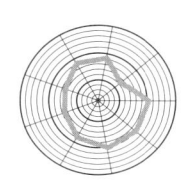

图 25-1 注意力有问题的顺应性气质

在一对一的情况下，这类孩子的注意力似乎没有问题，但在集体环境中，他们的注意力表现出明显的问题。

例如，在没有明确的规则和指导的情况下，他们不知道该关注什么，表现散漫。另外，在和朋友玩游戏时，或者集体氛围十分活跃，大家情绪高涨时，他们更加难以集中注意力。

注意力有问题的活动性强的顺应性气质

注意力有问题的活动性强的顺应性气质的孩子有很多想做的事情，但他们很难选出一件事并坚持到底。例如，他们会把各种玩具都拿出来玩，却不会设计玩游戏的方法。因此，他们玩复杂的游戏存在困难，只能停留在简单的探索阶段。在指导这类孩子时，需要经过以下 3 个阶段，鼓励他们尝试关注自己的需求。

> **👉 小贴士**
>
> ❶ 表达需求："想玩什么游戏？"
> ❷ 设计游戏："你想用哪些玩具？想怎么玩？""你想扮演哪个角色？"
> ❸ 整理心情："玩了这个游戏后，你的心情怎么样？""你为什么想玩这个游戏呢？"

> **⚠ 注意**
>
> **注意障碍**
>
> 这类孩子在一对一或有人指导的情况下，他们的注意力不会有大问题，但在集体环境中，他们的选择性注意力很弱。这类孩子可能会出现注意障碍（Attention Deficit Disorder, ADD）。

注意力有问题的活动性弱的顺应性气质

注意力有问题的活动性弱的顺应性气质的孩子缺乏基本的需求动机和积极性，且注意力存在问题，所以他们很容易走神，经常忘记自己想做的事。如果没有人持续性地在旁边给予他们刺激，他们很难坚持自己的想法，加上意志力薄弱，所以他们往往只会反复地做非常简单的事情。

这可能会导致孩子认知发育迟缓。因此，父母要尽可能地让孩子在适当水平上努力，让他们体验通过努力把事情做好获得回报的成就感。

> 💡 **小贴士**

❶ 通过玩制作食物的店铺游戏等,锻炼孩子的听觉注意力和记忆力。
❷ 通过模仿妈妈搭的积木,提高孩子的视觉注意力。
❸ 按篮子的颜色分类整理玩具,提高孩子的持续注意力。

> ⚠ **注意**

整体发育迟缓

由于缺少促进认知发育的自发动机和机会,这类孩子的认知发育可能会出现问题。因此,当孩子的语言发育较晚或认知发育较慢时,父母最好咨询专家,判断孩子是否发育迟缓。

注意力有问题的社会性强的顺应性气质

注意力有问题的社会性强的顺应性气质的孩子注意力很弱,他们在行动时总出现失误,经常与同龄人发生矛盾。在多数情况下,虽然他们没有恶意,但由于不善于观察、粗心大意,加上过强的活动性,他们经常把事情弄得一团糟,如碰坏东西、撞伤他人或摸玩具时无法控制力度把玩具搞坏等。在集体活动中,这类孩子很难控制自身行为。因此,他们需要十分努力才能遵守基本的秩序和规则。

> 💡 **小贴士**

❶ 简化环境:把所有玩具整理到柜子里,尽量别把玩具留在外面。
❷ 对孩子绝对不能做的事,要表现出坚决拒绝的态度。面对孩子不合理的要求,要一以贯之地表示拒绝。每当孩子做出努力时,要认可、支持和称赞他们。

> ⚠ 注意

注意缺陷多动障碍

这类孩子总是记不住自己犯的错误,面对指责会觉得委屈,甚至不满。如果孩子表现出注意缺陷多动障碍(Attention Deficit and Hyperactive Disorder,ADHD)的行为,则需要接受适当的教育治疗。

注意力有问题的社会性弱的顺应性气质

注意力有问题的社会性弱的顺应性气质的孩子在社会性和情绪发育方面存在困难。表面上他们似乎能适应整体环境,但实际上,他们对周围发生的事情并不感兴趣。他们很安静,不会主动参与社会活动,只在注意到他人的指示时才会跟着做。这可能导致他们的认知发育受阻。所以,即使孩子在日常生活中表现正常,父母也应该仔细观察他们和他人一起玩耍时能否做出适当的反应,以及能否理解游戏规则和方式。

> 👍 小贴士
>
> ❶ 在孩子玩的时候,观察他们是否理解周围环境的变化。
>   如"客人来访时,应该怎么做?"
> ❷ 观察孩子在玩游戏时能否察觉别人的心情。
>   如"他为什么会哭呢?"

> ⚠ 注意

边缘智力障碍

这类孩子可以适应日常生活,但他们的社交能力发育较为缓慢。他们可能出现认知发育迟缓和社会情绪发展迟缓的"边缘智力障碍"(Borderline Intellectual Functioning Disorder,BIFD),对此父母需要注意观察。

26 抑制性气质的孩子情绪过分敏感吗

父母:"孩子做得还不错,但当事情不如预期时,他会不知所措。"
孩子:"做得不好我会很郁闷,还会生气,不知道如何是好。"

如果抑制性气质的孩子的情绪过度敏感，他们压抑的情绪程度会更强，情绪暴发时也更激烈。换句话说，情绪问题的核心是刺激敏感性和反应强度之间产生的差异（见表 26-1）。

表 26-1　抑制性气质特点

较强的气质要素	较弱的气质要素
刺激敏感性	反应强度

这类孩子在日常生活中经常感到不适，不过，他们会无意识地试图抑制、逃避和调节不适。随着不适感的积累，他们会越来越强烈地表现出有意识的抑制，一旦情绪暴发，他们通常不知道如何处理，他们会很慌张，激动的情绪难以平复。不仅如此，他们还会被自己激动的样子和暴发的情绪吓到，而为了抑制这种情绪他们会折磨自己。这时如果父母严厉地警告或体罚他们，他们的情绪受到压制，情绪随之会平复下来。由此，父母可能误以为这种压制会让孩子感到舒适，但事实上，通过抑制过度敏感的刺激敏感性，强行降低反应强度，并不能真正地解决问题（见图 26-1）。

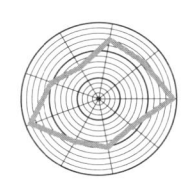

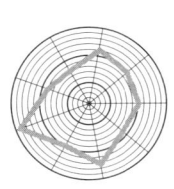

活动性强的　　活动性弱的　　社会性强的　　社会性弱的
抑制性气质　　抑制性气质　　抑制性气质　　抑制性气质

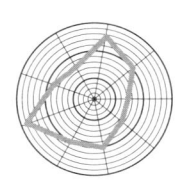

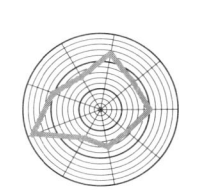

图 26-1　情绪过度敏感的抑制性气质图

情绪过度敏感的活动性强的抑制性气质

情绪过度敏感的活动性强的抑制性气质的孩子适应性和接近性都弱，他们无法表达自己的需求，还会因此烦躁。对自己擅长的事情，他们往往过度追求完美，表现出高度的成就需求。当事情不如意时，他们的情绪会突然暴发，此时，他们并非在表达自己的需求，而是以大声喊叫、粗暴的行为来发泄不满。这种敏感性会妨碍他们获得安全感，因此他们需要的是平静地表达自己的情绪，愉快地满足需求。

> **小贴士**
>
> ❶ 教孩子将情绪表达具体化，如用"遗憾""惋惜""失望"等来表达笼统的"生气"。
> ❷ 让孩子尝试将自己想做的事情具体化并有成就感。

> **注意**
>
> **高需求导致低成就**
>
> 　　对于这类孩子，父母应该观察他们的需求是否过于理想化，以及他们是否因对自己的能力评价过高或过低而承受了过大的压力。因为过高的需求和强烈的抑制是相互排斥的力量，会导致孩子出现焦虑情绪。

情绪过度敏感的活动性弱的抑制性气质

情绪过度敏感的活动性弱的抑制性气质的孩子由于活动性弱，因此他们的敏感性并不外露。而事实上，他们对周边情况和主观情绪不适十分敏感。他们通常不愿意或很少参加幼儿园的集体活动，当他们可以自由选择时，他们更倾向于独处。

这类孩子似乎不愿参与同龄人的活动，看起来很安静，因为他们总是自娱自乐，默默地专注自己要做的事情。而事实上，他们因为存在一些敏感的情绪问题，很难调节自身情绪，所以才会独自玩耍。

> 👉 小贴士
>
> ❶ 让孩子按照自己的想法设计游戏。
> ❷ 让孩子放缓玩耍的节奏，感受安全感和舒适感，并适当延长他们的玩耍时间。

> ⚠ 注意
>
> **语言及身体发育迟缓**
>
> 　　这类孩子越是感到不适、疲惫，越倾向于安静地独自玩耍，以此来逃避压力刺激。他们总是重复地玩自己熟悉的简单游戏，缺乏应对挑战并获得成就的体验，可能存在语言及身体发育迟缓的风险。所以，为这类孩子提供挑战机会十分重要。

情绪过度敏感的社会性强的抑制性气质

情绪过度敏感的社会性强的抑制性气质的孩子在平时和朋友玩得不错，但他们会抑制自己的需求。

不过，他们的需求并未消失，而是长期压抑在心，因此孩子会突然变得淘气、激动。由于过度敏感的情绪，他们时而畏畏缩缩，时而激动兴奋。这类孩子在与同龄人玩耍或与他人相处时，能察觉细微的不和谐气氛，这时，他们会观察他人的反应，如果他人开玩笑，他们会立刻兴奋起来，咯咯地笑个不停。因此，这类孩子的情绪状态很容易被环境左右。在社会环境中，他们会长时间抑制不适的情绪，待情绪压抑到一定程度暴发时，他们会变得烦躁，表现出强烈的攻击行为。

> 📢 小贴士

❶ 让孩子玩规则简单、明确的游戏。
❷ 让孩子玩 10 秒短游戏，教他们熟悉调节自我的感觉。

> ⚠ 注意

抑郁情绪

　　这类孩子有强烈的需求和动机来建立社交关系，渴望得到同龄人的认可，但由于他们情绪敏感，这种需求和动机没有被恰当地表现出来。在理想需求和现实自我状态未能和谐统一时，他们可能会表现得郁郁寡欢。通常，兴奋和忧郁会在他们身上轮番上演。

情绪过度敏感的社会性弱的抑制性气质

　　情绪过度敏感的社会性弱的抑制性气质的孩子非常机敏。为了忍受自身的敏感和对社会环境的高度不适应，他们比任何人都辛苦。因为是抑制性气质，所以他们会尽力调节、回避自己的不适，或寻找安全环境。但对他们来说，幼儿园之类的环境是高压力环境，与解决不适、适应环境相比，他们更倾向于逃避或安于现状，导致他们很难摆脱困境。

> 📢 小贴士

❶ 让孩子玩没有胜负的游戏。
❷ 让孩子玩能让他们乐此不疲的游戏，如寻宝游戏。

> ⚠ 注意

选择性缄默症、社会焦虑症

　　这类孩子会逃避大部分的社会刺激，对周围刺激的警惕心很强。他们对社会刺激反应很消极，即使和同龄人在一起，他们也没有多大的兴致，几乎不和他人说话。因此，这类孩子可能会患上选择性缄默症，在社会环境中沉默不语，也可能会患上社会焦虑症，影响其社会情绪的发育。

27 持续性气质的孩子注意力弱吗

老师:"孩子总是走神,不能专心上课。"
妈妈:"他在家里也只会玩陀螺……真是让人担心。"
孩子:"我每天只想玩陀螺。"

如果持续性气质的孩子的注意力弱，他们很难在社会环境中识别适当的社会刺激和信号。持续性气质的孩子对他们喜欢的刺激有很高的专注度，对不喜欢的刺激的专注度很低且分散。例如，在玩一些不需要太高专注度的简单游戏时，随着他们对周边情况、朋友用意及环境变化的注意力的下降，他们无法识别周围气氛，对其他的事物充耳不闻（见表 27-1 和图 27-1）。

表 27-1 持续性气质特点

较强的气质要素	较弱的气质要素
持续性	注意力

活动性强的
持续性气质

活动性弱的
持续性气质

社会性强的
持续性气质

社会性弱的
持续性气质

图 27-1 注意力有问题的持续性气质

对于这种气质类型的孩子，父母需要锻炼他们的注意力，帮助他们巩固持续性的气质优点、拓展思维及积累成功经验。

注意力有问题的活动性强的持续性气质

注意力有问题的活动性强的持续性气质的孩子会强烈地坚持自己想要的东西。他们缺乏注意力，有非常明显的情绪问题。他们也容易被周围的刺激分散注意力，很容易改变想法，经常想一出是一出。例如，他们可能一会想要这个，一会想要那个。如果父母没有察觉他们的需求，他们会更加强烈地表达自己的主张，很固执。因此，他们经常和父母或老师争论。当需求一再被抑制时，他们会反抗父母或老师的命令。

如果父母比较随和，面对孩子的固执时，他们很难招架，最终常常选择让步，这会导致孩子很难掌握道德规范并做出恰当的行为。反之，如果父母比较威严，抑制孩子的需求，甚至可能指责或体罚孩子，这会导致亲子关系的紧张。

> **小贴士**
> ❶ 强化差别：无视孩子冲动的要求，称赞他们适当的需求和主张。
> ❷ 和孩子一起制定规则和惩罚措施并一起实行。

> ⚠ **注意**
> **对立违抗性障碍**
> 　　这类孩子难以控制自己的冲动，固执地坚持自己的主张，经常无理取闹，违抗社会秩序。面对权威对象时，如果他们仍然表现愤怒，父母应该仔细观察，看看他们是否存在对立违抗性障碍（Oppositional Defiant Disorder，ODD）。

注意力有问题的活动性弱的持续性气质

注意力有问题的活动性弱的持续性气质的孩子在学习上可能会出现问题，因为他们会沉浸在自己喜欢的刺激中，只想反复地做自己喜欢的事。上课时，他们很被动，只关注自己喜欢的部分，经常胡思乱想。当父母或老师给予他们新刺激时，他们会感到迷茫或走神。提高这类孩子的需求动机并不容易，因为他们的感情处于尚未觉醒的状态。因此，需要把他们喜欢的活动和值得他们关注的内容联系起来，鼓励他们持续地参与到新活动中来。例如，如果他们喜欢玩磁力贴，与其教他们多种玩磁力贴的方法，不如教他们如何用磁力贴和积木搭建漂亮的结构，让他们更长时间地专注在新玩法上。

> 小贴士

❶ 运用视觉材料提高孩子的注意力，如猜谜和拼图。
❷ 为了让孩子沉浸在游戏中，可以给他们讲有趣的事，激发他们的兴趣。

⚠ 注意

发育不均衡

　　这类孩子会重复同样的活动或反复地玩简单的游戏，不愿尝试新事物，所以，他们可能会在特定的领域发展得优秀。因此，父母要注意促进孩子的全面发育，避免发育不均衡。

注意力有问题的社会性强的持续性气质

　　注意力有问题的社会性强的持续性气质的孩子通常行为散漫。他们对上课没兴趣，只沉浸在自己想玩的游戏里。所以，在安静的课堂上，他们经常和朋友搭话，还会嗤嗤地笑。当与同龄人一起玩耍时，他们表现得非常专注，但在大型课堂上，却遭到老师批评。在围绕某个主题进行集体讨论时，由于注意力涣散，他们很难参与进去。

　　因此，这种气质类型的孩子需要参加参与式活动来提高专注力，以便能将注意力更长时间地集中在一个主题上。

> 小贴士

❶ 给孩子制订 10 个游戏计划，按顺序依次进行。
❷ 和孩子一起轮流画画，共同完成一幅画。

> ⚠ **注意**

注意缺陷多动障碍

　　这类孩子在静态的课堂中或接受集体教育时,如果他们无法保持专注、无法与同龄人和谐地交流意见或言行出格,那么父母需要考虑对他们进行教育干预,并对他们的注意力分散的问题进行治疗。

注意力有问题的社会性弱的持续性气质

　　注意力有问题的社会性弱的持续性气质的孩子的适应性和接近性都很弱,他们在了解周围环境、接近新刺激、学习新知识方面的需求动机也很弱。此外,因为他们的注意力同样很弱,所以当他们和同龄人聚在一起玩集体游戏或一起上课时,他们最容易暴露自己的缺点。他们缺乏好奇心,想要了解新事物的动机偏弱,注意力又难以集中,所以在课堂上很少积极地参与谈论,只会沉浸在自己的想法中或做白日梦。

　　这类孩子缺乏社会认知,难以适应社会环境,不喜欢参与社会活动,在社会性的发展上容易存在问题。因此,父母或老师要经常向他们解释事物发展的情况,让他们感受社会氛围、提高他们的理解能力,帮助他们把关心的事与社会环境有机地联系起来。

> 👍 **小贴士**
>
> ❶ 选择一个游戏,和孩子一起尝试多种玩法。
> ❷ 坚持,直到孩子熟悉新玩法为止。

> ⚠ **注意**
>
> **注意缺陷多动障碍、社会沟通障碍**
>
> 这类孩子难以发展社会认知,无法理解社会规则,可能存在患有注意缺陷多动障碍和社会沟通障碍的风险。

28 敏感性气质的孩子情绪过分敏感吗?

父母："她不怎么说话，总是恹恹地躺着，让人很担心。"
孩子："我想一个人静静。"

28 敏感性气质的孩子情绪过分敏感吗？

与其他孩子相比，敏感性气质的孩子的感觉十分敏锐，容易对生理刺激、环境刺激、情绪刺激产生强烈反应。

这类孩子的气质图的特点是刺激敏感性和反应强度较高，情绪质量较差，他们对各类刺激的情绪反应非常强烈且混乱，经常出现情绪暴发的情况（见表28-1和图28-1）。

表 28-1　敏感性气质特点

较强的气质要素	较弱的气质要素
刺激敏感性、反应强度	情绪质量

| 活动性强的敏感性气质 | 活动性弱的敏感性气质 | 社会性强的敏感性气质 | 社会性弱的敏感性气质 |

图 28-1　情绪过度敏感的敏感性气质

情绪过度敏感的活动性强的敏感性气质

情绪过度敏感的活动性强的敏感性气质的孩子想做的事很多，心里常积压着很多不满，喜怒无常。他们想尽快调节不开心的情绪，但仍然难以释怀，反而变得更加激动。有的孩子想通过看电视等方式尽快让自己平静下来，如果父母这时要求他们安静地待着，他们反而会更加抵触。

不合心意时，这类孩子会变得很烦躁，可能会把这种烦躁情绪形容为"全身像被蚊子叮了一样奇痒难忍"，如果让他们好好待着，会让他们觉得很痛苦。压力越大、敏感性越强，他们越不愿意好好待着。这时，可以鼓励他们去外面转转或引导他们关注其他需求。因此，父母应该经常和孩子一起做有趣的活动，等孩子的敏感性平复下来后，再和孩子讨论让他们感到不适的原因。

> 👉 **小贴士**
>
> ❶ 用旁白的方式告诉孩子他们的感情流向。
> ❷ 教孩子调节情绪的方法，如深呼吸、数数、自我暗示等。

> ⚠️ **注意**
>
> **破坏性情绪失调障碍**
>
> 这类孩子接受不愉快的心情和抗挫折的能力较弱，反应强度却较高，有时会用破坏性行为来表达自己的心情。出现这种情况时，父母需要积极地对孩子进行教育治疗。

情绪过度敏感的活动性弱的敏感性气质

情绪过度敏感的活动性弱的敏感性气质的孩子追求缓慢和舒适，当舒适被打破时，他们会变得敏感。在大多数社会环境中，由于希望避免尴尬和矛盾，他们会适当地忍受不适的情绪，但在家时，他们的敏感性会显现出来，尽情地表达自己安逸的需求。

在家里悠闲地休息时，他们也可能和父母在小事上发生摩擦。在幼儿园里，其他孩子可能觉得他们单独待着很无聊，想邀请他们一起活动，此时，他们会对这种邀请和干预感到厌烦，会不耐烦地说："让我自己待着。"因此，对于这类气质类型的孩子，父母会像对待青春期的孩子一样小心翼翼。

> 📢 **小贴士**

❶ 让孩子静静地坐着，玩琐碎的小游戏，体验快乐。
❷ 自然地靠近孩子，和他们逐步开展对话。

> ⚠ **注意**

抑郁情绪、情绪发育障碍

这类孩子容易被自己的敏感情绪击溃，整天沉浸在消极情绪中，可能会出现抑郁情绪，同时在认知、表达和调节情绪方面也容易存在困难。所以，父母需要格外注意。

情绪过度敏感的社会性强的敏感性气质

情绪过度敏感的社会性强的敏感性气质的孩子的归属需求很强，尤其想得到同龄人的肯定，但由于他们情绪敏感，在与同龄人相处中，他们经常会感到受伤。当其他孩子感到有些可惜、遗憾时，他们会感到伤心、愤怒；当与同龄人发生小摩擦时，他们希望能得到对方明确的道歉。此外，他们还希望别人能理解自己愤怒的原因。

当别人无法理解他们的情绪时，以及当别人想让他们激动的情绪快速平静下来时，如果采取的解决方式不恰当，会让他们的行为更加过激。如果对方不理解自己的感情，他们会觉得委屈。因此，面对这类孩子，最好先和他们产生情感共鸣，让他们冷静下来，再考虑别人的立场。

> 📢 **小贴士**

❶ 把有趣的事画在卡片上，让孩子理解事情的发展情况，并在卡片上写下情绪词语。
❷ 分析已经发生的事情，让孩子从卡片中选出 3 个核心情绪词语。

> ⚠ **注意**
>
> **抑郁情绪、情绪发育困难**
>
> 这类孩子容易被自己的敏感情绪击溃，整天沉浸在消极的情绪中，可能出现抑郁情绪，同时在认知、表达和调节情绪方面也容易存在困难。所以，父母需要格外注意。

情绪过度敏感的社会性弱的敏感性气质

情绪过度敏感的社会性弱的敏感性气质的孩子的适应性和接近性都很弱，且很敏感，他们不愿意和别人一起参加集体活动。他们会寻找一个可以独处的空间，独自待在里面并观察周围的情况。他们不喜欢触碰身体的游戏，不喜欢和人聚集在一起。在自由玩耍时，听到身边有人笑声很大或看到有人来回走动，他们会皱起眉头。此时，如果有人稍微撞他们一下，他们会大哭或发脾气。所以他们只会看别人玩，自己没有兴趣参与，甚至会逃避集体活动。与和他人互动的游戏相比，他们更倾向自己玩玩具或自己幻想一种游戏，以此来打发时间。因此，父母要充分理解孩子的敏感情绪，让他们感到父母与他们是在一起的。

> 👉 **小贴士**
>
> ❶ 幻想游戏的情节中隐藏着孩子的核心需求，父母应仔细辨别。
> ❷ 让孩子把幻想游戏变成现实的角色扮演游戏。

> ⚠ **注意**
>
> **情绪发育困难、孤独症谱系障碍**
>
> 这类孩子会强烈回避社会，比起与人互动，他们更喜欢自己玩玩具或胡思乱想。因此，父母要注意观察孩子是否存在情绪发育困难或孤独症谱系障碍（Autism Spectrum Disorder，ASD）。

第五部分

父母的养育类型应与孩子气质相协调

29 父母的气质决定养育类型

孩子通常会遗传父母的气质倾向。通过父母的养育，孩子天生的气质进一步得到发展。

作为父母，我们首先应该了解孩子的气质，这样才能找到适合孩子的养育方式，培养孩子正确的信念和价值观，让孩子学会协调规则和规矩的关系，并养成良好的习惯。另外，我们虽是成年人，但也存在缺点，因此，要了解自己的优缺点，不要让自己的缺点对孩子的气质产生负面影响。

如果父母的养育类型与孩子的气质相协调，孩子就不太可能存在气质缺陷。如果父母的养育类型与孩子的气质协调程度不同，孩子在成长过程中面临的问题也会不同。父母的养育类型会受到自身的性格、成长经历、自身缺乏的需求和养育价值观的影响。建议父母先对自己进行养育类型测试。通过下面简单的测试，找出自己的养育类型，然后结合孩子的气质，选择适合孩子的养育方式。

养育类型测试

判断自己的养育类型

根据下表中 ABCD 4 个栏目中的描述，选择最符合自己的选项，每个选项各 1 分，得分最高的栏目就是你的养育类型。

	A		B	
1	有计划性		感性	
2	有责任感		善解人意	
3	处事仔细		有人情味	
4	乐于奉献		有同理心	
5	喜欢舒适的日常生活		喜欢交谈	
6	善于教孩子功课		善于感知情绪	
7	注重观察和理解孩子		注重和孩子交流	
8	善于制定家庭规则		善于共鸣式对话	
9	给孩子安排必要的日程后能指导孩子		注重和孩子在一起的时间	
10	在照顾孩子方面耗尽精力，很疲惫		与孩子产生冲突时很疲惫	
合计				

	C		D	
1	有适应性		有逻辑性	
2	处事悠然		知性	
3	喜欢即兴		理性	
4	追求快乐		追求内省	
5	追求新体验		喜欢学习新知识	
6	陪孩子玩耍很开心		喜欢独处	
7	关注孩子的快乐		会思考教育孩子的价值观	
8	善于和孩子欢快地玩耍		善于和孩子进行高水平对话	
9	周末会和孩子去户外进行体验活动		和孩子商议后制订合理的日程表	
10	培养孩子习惯时很疲惫		对孩子无理的耍赖很疲惫	
合计				

4 种养育类型

A：管理型

　　管理型父母有强烈的监护人责任感，他们了解孩子的需要，关爱孩子且会帮助孩子。他们的安全需求较强，想在可预测的范围内打理好日常生活。这类父母会辅导孩子的功课，努力让孩子拥有稳定的生活。这种养育模式能给孩子带来安全感，让孩子感到舒适。他们还会观察孩子的健康状况，有组织地管理孩子的日常生活，但他们不太关心孩子内心真正的感受。因此，当孩子属于敏感性气质或抑制性气质时，在了解孩子需求方面，管理型父母会显得迟钝。

　　优点：一贯性、仔细、冷静、善于教导。
　　缺点：过于严肃、缺乏变通、对错误缺乏宽容。

B：关系指向型

　　关系指向型父母追求理想的亲子关系，会把自己与孩子建立完美的关系作为重点。他们会花时间和孩子在一起，向孩子传递他们的爱。这类父母的爱和归属需求较强，会与孩子进行情感交流，并向孩子表达爱，希望孩子喜欢他们。这类父母看重自己与孩子相处、互动的幸福时光。当他们向孩子传递幸福和快乐时，疏于教导孩子知识，也很难引导孩子带着适当的紧张感接受挑战。

　　优点：暖心、有同理心、温柔、接受度高。
　　缺点：缺乏明确的教诲、不够果断。

C：经验追求型

　　经验追求型父母追求自由，想和孩子一起享受快乐的时光。他们想要脱离生活琐事，追求快乐的需求很强。这类父母对新事物的兴趣浓厚，但对规则和规矩的自我调节能力较弱。他们喜欢和孩子进行肢体接触，如抱孩子、揉孩子的脸等。他们关注孩子的满足感和快乐，通过满足孩子的需求传递他们的爱。在日常生活中，这类父母会教育孩子遵守原则和秩序，但在帮助孩子培养习惯方面存在疏忽。当孩子属于社会性强的气质或活动性强的气质时，在教育孩子调节他们在家时的需求和行为方面，这类父母的教育方式会显得不成熟。

优点：快乐、开心、有趣的互动。

缺点：诚信不足、对孩子的功课和规则的指导不足。

D：思维理性型

思维理性型父母注重孩子的自我主导性，让孩子知道自己想要什么并学会表达。这类父母对知识之外的其他事物缺乏兴趣，对情感和乐趣的感受迟钝，很难与孩子分享情感和经历。这类父母会通过对话让孩子自己领悟知识，明确个人想法。他们尊重并认可孩子，以此来表达对孩子的爱。他们会努力和孩子进行有逻辑的对话或给孩子读书，在孩子 5 岁以后，他们才能和孩子比较自在地相处，因为孩子 5 岁以后才能进行流畅的语言表达。如果孩子属于敏感性气质或抑制性气质，在表达和分享主观情绪方面会比较迟钝，那么这类父母与孩子的交流互动可能会很困难。

优点：仔细、知性、有逻辑性。

缺点：同理心不足、缺乏变通、养育参与度不足。

30 养育类型与孩子的气质不协调，怎么办

事实上，父母的养育类型可以反映父母的气质和需求。在个人层面上，不同人的需求具有各自的独特性。但父母的需求与孩子的气质协调程度如何，会对孩子产生不可忽视的影响。在养育过程中，孩子在接受父母正面影响的同时，也会受到负面影响；孩子可能会因父母的需求导致自身需求匮乏，甚至还会受到父母性格缺陷的影响。

因此，父母要区分自身需求和养育职责，认可自己的独特气质。不过为了与孩子的气质相协调，父母应该训练自己与孩子"同频"。父母可以参考下面的养育类型和孩子气质类型的优缺点，找到适合自己孩子的最佳养育方式。

管理型父母与顺应性气质的孩子

养育优势：当孩子是顺应性气质时，管理型父母与孩子容易形成稳定的亲子关系，因为彼此对秩序的顺应性和适应性是相似的。这类父母善于观察孩子，关注孩子的情绪，会始终如一地仔细打理孩子的日常生活。因此，在促进顺应性气

质的孩子展现自己能力方面，这类父母能发挥很好的指导作用。

养育劣势：管理型父母和顺应性气质孩子都追求稳定，所以在社会上，他们很难灵活地应对新情况，无法灵活地解决问题。例如，婴幼儿期的孩子经常和朋友发生争执，对此，管理型父母很可能无法游刃有余地化解孩子间的矛盾，只会专注于解决问题。长此以往，孩子无法充分感受自己的主观情感，缺乏独自解决问题的经验。

养育指导：管理型父母需要考虑自己的稳定性是否会过度地限制孩子。父母应该先从稳定性中脱离出来，勇于接受挑战。考虑自己的规则和限制是否符合孩子的年龄，并试着将其放宽。此外，还应该区分哪些问题需要认真解决，而哪些又可以当作经验予以忽略。

管理型父母与抑制性气质的孩子

养育优势：管理型父母善于观察孩子的行为，了解孩子的需求。会提前为孩子准备好他们需要的东西，引导孩子做需要做的事。此外，管理型父母还会教孩子系统地学习并帮他们养成良好的习惯。管理型父母的这种优势有助于抑制性气质的孩子按照他们的教导学习。

养育劣势：当孩子是抑制性气质时，管理型父母稍不注意就会疏忽孩子在抑制自己情绪这件事。这类父母可能提前注意到了孩子的需求，但没能对孩子真正的情绪给予充分的关注、产生共鸣。

养育指导：要特别注意抑制性气质孩子的情绪。管理型父母对孩子的情绪做出反应时，要更加注意自己的表情和语气等非语言内容，最好全面地对孩子的情绪做出反应。为了增加孩子的快乐体验，管理型父母最好和孩子一起参与活动。

管理型父母与持续性气质的孩子

养育优势：持续性气质的孩子很难适应日常生活，也很难放弃或延缓满足自己的需求。当这类孩子需要按照自己不喜欢的日程安排进行反复的学习和活动时，管理型父母会引导他们，让他们坚持不懈地完成事务。

养育劣势：管理型父母的优点是学习和指导，但如果他们不能给孩子提出适当的规则或只一味地想要控制孩子，那么他们会和孩子产生强烈的情感冲突。管理型父母的需求是系统地推进定好的日程安排，而持续性气质的孩子的需求则是坚持自己想要的东西，所以，双方会容易因为意志不同产生矛盾。

养育指导：管理型父母应思考自己想教给孩子的规则和规矩是否符合孩子的年龄。可以适当地转换注意力，灵活地教育孩子。而且，在指导孩子时，不要因为孩子不听话而生气。持续性气质的孩子之所以不听从父母的指导，不是因为他们想挑战父母的权威，而是因为他们很难放弃自己的想法。

管理型父母与敏感性气质的孩子

养育优势：管理型父母具有沉着的果断性，当孩子表现出不寻常的情绪或提出苛刻的要求时，他们总能分辨出孩子为什么这么做的原因，然后做出适当反应。这种一贯冷静、坚决的态度能帮助敏感性气质的孩子调节情绪。

养育劣势：管理型父母不善于处理突如其来且无法解决的状况，当孩子经常表现出挑剔的情绪时，他们会感到巨大的压力。站在孩子的立场来讲，虽然管理型父母始终如一的态度对孩子调节情绪有所帮助，但孩子由于敏感性在感情上无法从父母身上获得同理心，所以孩子会感觉自己对爱的需求没有得到满足。

养育指导： 管理型父母在情绪上回应敏感性气质的孩子时，最重要的是考虑情绪气氛。父母要提高自身的同理心，与孩子对话时，话语中要充分表现出对孩子情绪的理解。此外，父母要控制好自身情绪，努力让孩子通过父母的话语和表情充分感受到共情。

关系指向型父母与顺应性气质的孩子

养育优势： 顺应性气质的孩子的主观性不足，而关系指向型父母能对孩子的主观感情给予充分关注，所以孩子的主观性能得到很好的改善。关系指向型父母重视与孩子的交流互动，会根据孩子的需求和情感与孩子对话，让孩子更加轻松地表达自己。

养育劣势： 顺应性气质的孩子具有适应性，而关系指向型父母关注的是自己与孩子的关系，因此很难让孩子充分发挥自身优势。此外，顺应性气质的孩子对多样的活动的适应性很强，他们认为计划和规则很重要，而关系指向型父母只重视自己与孩子的交流互动，无法充分地尊重孩子的规则性。

养育指导： 关系指向型父母和孩子在一起时，相对于亲子关系，更应该关注孩子的需求。和孩子在一起时，父母应该成为活跃的伙伴，而不是机械的反馈者。但为了防止自己和孩子在一起的时间过长，父母也要调节自身的归属需求。

关系指向型父母与抑制性气质的孩子

养育优势： 当孩子是抑制性气质时，关系指向型父母的注意力会集中在孩子的情绪上。孩子可以不用压抑自己的情绪，能自然地表达自己的情绪。父母与孩子之间会形成一种舒适、亲密的关系。

养育劣势：关系指向型父母和抑制性气质的孩子之间情感交流持续过久，孩子会沉溺于与父母的交流之中，继而过度依赖父母。如果是需求抑制性气质的孩子，那么关系指向型父母往往会专注解决孩子的需求，且对孩子的要求过于宽容。

养育指导：当意识到孩子在压抑情绪和需求时，父母首先要设定合理的界限，在接受孩子的需求前，分辨出孩子需求的适当性及其满足程度。在抑制孩子的需求时，对有些需求需要进行适当调控。另外，关系指向型父母经常过度地同情孩子，这容易导致孩子在情绪上过度依赖父母，使得抑制性气质增强。

关系指向型父母与持续性气质的孩子

养育优势：持续性气质的孩子比较固执，而关系指向型父母会通过与孩子建立亲密关系，继而耐心地尝试"化解"孩子的固执。在这个过程中，如果父母能给孩子提供情绪上的安全感，那么孩子能自发地调节自身需求，听从父母要求。

养育劣势：关系指向型父母在与持续性气质的孩子沟通时，可能会直接忽视孩子的坚持，或者可能会因为情绪暴发而压制孩子。关系指向型父母注重情感，而持续性气质的孩子注重思考，所以双方的沟通方法通常是不协调的。父母越是感情用事，越不善于建立理性原则及进行合理的对话和情绪调节，因此，他们和孩子之间的矛盾会越突出。

养育指导：不要解读孩子的感情，也不要和孩子进行情感交流的对话，而要尝试运用逻辑思维和孩子进行目的明确的对话。在充分思考制定标准的理由之后，再和孩子对话，在此之前也可以自己先简单练习一遍。

关系指向型父母与敏感性气质的孩子

养育优势：当孩子是敏感性气质时，即使他们表现敏感，关系指向型父母也会包容他们、理解他们，给予他们充分的照顾。关系指向型父母很关注自己与孩子的关系，能充分理解孩子人际关系上遇到的矛盾和问题，且能够和孩子商量着解决。

养育劣势：关系指向型父母对敏感性气质的孩子基本上持包容和感同身受的态度，这种态度有时会加剧孩子的挑剔。例如，这类父母可能会过于理解孩子挑剔的情感，或在孩子发脾气时总是耐心哄劝，抑或总是细致地照顾孩子，而这些都会加剧孩子的敏感。在这种情况下，敏感性气质的孩子很难学会自我调节，无法感知和控制自己的情绪。

养育指导：不要总对孩子的敏感和频繁的要求做出回应，而要了解孩子敏感的原因，并寻找解决方法。还要明确区分该回应和不该回应的情况，并做出明确的行动。因此，对于敏感性气质的孩子的要求，父母最好不予理睬。

经验追求型父母与顺应性气质的孩子

养育优势：顺应性气质的孩子不愿脱离秩序，而经验追求型父母的养育方式是让孩子拥有积极的体验和快乐，他们会为孩子提供丰富的经历和体验，鼓励孩子脱离秩序并尝试新挑战。此外，顺应性气质的孩子的灵活性较差，而经验追求型父母会教孩子根据情况灵活变通，让他们自由地应对各种情况。

养育劣势：经验追求型父母非一贯性的计划或冲动的行为可能会让顺应性气质的孩子感到不适，因为这类孩子更喜欢遵循基本秩序和原有体系。父母随心而定的行动或突然的外出会让孩子感到不舒服。

养育指导：如果想让孩子体验新事物，父母要先做好计划，然后告诉孩子。如果需要临时改变日程，也要先跟孩子说，并和孩子商量。在日常生活中，父母需要努力在家庭事务、工作时间以及规则方面保持一贯性。同时，还要把一贯性和灵活性展现给孩子，这样能更加有效地促使孩子跟随父母一起追求新体验。

经验追求型父母与抑制性气质的孩子

养育优势：对抑制性气质的孩子来说，经验追求型父母是优秀的领导者。这类孩子会抑制自身需求，无法灵活地适应社会环境，而经验追求型父母则会帮助孩子把自身需求表达出来。经验追求型父母追求快乐，能灵活应对变化，会引导孩子慢慢适应环境，坦然享受快乐。所以，孩子和父母在一起时，即使感到紧张、没有自信，也能开心。

养育劣势：在经验追求型父母的帮助下，抑制性气质的孩子可以开心地表达自身需求，尽情地玩耍。但在某一时刻，当孩子必须停止玩耍时，如果父母不能正确地引导他们，孩子可能会耍赖。经验追求型父母很难察觉孩子复杂而细致的情绪，无法做出适当的反应。因此，比起揣摩孩子的情绪及体贴地和孩子交流并让孩子平静下来，经验追求型父母更倾向于若无其事地与孩子开玩笑，最后反而导致孩子大哭。

养育指导：父母想要让孩子体验的事物和孩子抑制的需求之间不能存在太大差异。可以让孩子自己做好准备，体验快乐，但一定要在孩子身旁关注和守护他们。另外，要提前告知孩子允许他们活动的范围和界限，且不要模棱两可地说诸如"再来一次""只有这次"等要求。

经验追求型父母与持续性气质的孩子

养育优势：当孩子是持续性气质时，即使他们只有有限的兴趣点，经验追求型父母也能引导他们进入多样的体验环境，促使他们把兴趣点培养成真正的兴趣。父母积极的引导和孩子的专注相结合，会促使孩子将自己关心的事变成长期兴趣。而且，父母积极的新尝试也能给孩子带来活力和快乐。

养育劣势：有时，经验追求型父母可能会因孩子的表现而生气，因为孩子只局限于特定的几种事物，而且无论带孩子体验哪种新鲜事物，他们都不太喜欢，最终仍然只专注于自己喜欢的事情。站在孩子的立场来看，父母不顾孩子是否感兴趣，只想带着孩子体验新事物，这种过分的介入对孩子来说是一种妨碍，会让他感到不适。

养育指导：在引导孩子体验新活动时，父母要准确地告诉孩子活动的目的和规划。父母期待孩子进行新尝试，但在这之前，最好提前检查自己的期待与孩子可尝试的程度是否相符。要记住，与吸引孩子对活动产生兴趣相比，明确地告诉孩子活动的目的和规划更有效。

经验追求型父母与敏感性气质的孩子

养育优势：当孩子是敏感性气质时，经验追求型父母会帮助孩子积累多样、反复的经验。当孩子积累了足够多的经验后，会自然而然地克服敏感的缺点。虽然这类孩子在调节情绪和需求方面都存在困难，但经历过各种情况并积累了足够的经验后，他们可以通过经验来解决问题。

养育劣势：敏感性气质的孩子很难适应新环境，他们可能会提出苛刻的要求，表现出强烈的情绪和行为，这会让经验追求型父母感到有压力。经验追求型父母擅长吸引孩子的注意力，但不擅长让孩子平静下来，也不擅长教导孩子遵守秩序，只会见机行事。而这种方式对解决孩子的敏感问题不仅没用，甚至有可能加剧孩子和父母之间的矛盾。

养育指导：对于敏感性气质的孩子，如果父母不停地安慰他们，他们反而会变得散漫。因此，父母要让孩子慢慢地尝试新事物，获得新体验。要注意，让孩子开心是一回事，让孩子能够适应是另一回事。父母要精心策划，有条不紊地引导孩子。事实上，与敏感性气质的孩子亲近的最佳方式是理解他们的情绪并与其共情。

思维理性型父母与顺应性气质的孩子

养育优势：对于顺应性气质的孩子，思维理性型父母可以让他们有安全感。思维理性型父母会思考养育方式，尝试慢慢地亲近孩子，而孩子也会接受并适应父母的介入，让自己的生活更美好。

养育劣势：面对思维理性型父母理性的态度、讲究逻辑的话语，顺应性气质的孩子往往会表现得怯懦。这类孩子的批判性思维能力十分薄弱，当父母追究原因或从逻辑上询问孩子时，孩子会感到不知所措。即使父母催促他们回答，他们也想不出答案。

养育指导：思维理性型父母需要记住的一点是，孩子缺乏批判性思维并不代表他们不聪明。为了让孩子轻松地思考，可以尝试叙述的方式，而不是提问的方式，比如不要问"你是怎么想的"，要说"我有点好奇你的想法"，在孩子轻松地说出自己的想法之前，父母应耐心等待。

思维理性型父母与抑制性气质的孩子

养育优势：抑制性气质的孩子和思维理性型父母对话后，他们可以释放自身抑制的需求和情绪，行为问题可以得到合理的解决。因为思维理性型父母有良好的洞察力，会引导孩子，让孩子意识到他们不需要抑制自己的需求和情绪。

养育劣势：抑制性气质的孩子存在自我表达障碍，这经常让思维理性型父母感到郁闷。如果思维理性型父母性格外向，有可能会不断地催促孩子表达自我，这会增加孩子对自我表达的焦虑和恐惧，使得孩子认为自己的语言表达能力很差，从而失去说话的信心。

养育指导：要想让抑制性气质的孩子发挥自己的能力，父母要先让他们感到舒适。父母不要板着脸，表现出一副冷静睿智的样子，而要让孩子感到温暖。父母也不要总是问孩子问题，催孩子回答，而要耐心等孩子回答。父母可以对孩子说："准备好了就告诉我，好吗？"说完以后，继续做自己该做的事，过一段时间再开始和孩子交流想法和感受，这样才能让沟通的气氛变得舒适。

思维理性型父母与持续性气质的孩子

养育优势：在思维理性型父母眼里，持续性气质的孩子"一味死犟"的行为策略是行不通的。这类父母会按逻辑来引导孩子，并告诉孩子做事不能固执的理由。因此，对于持续性气质的孩子，思维理性型父母恰好可以调节他们的固执行为。

养育劣势：如果孩子比较内向或年龄偏小，无法清晰地表达自己的意志或想法，面对孩子的执拗，思维理性型父母会感到无能为力。当问题难以合理解决时，他们往往会严厉地恐吓孩子。

养育指导：父母不要总以理性的思维评判孩子，而要站在孩子的角度了解他们的情绪和需求。也不要期望在语言上战胜孩子、说服孩子，而要等孩子自己想通。最重要的一点是，不要以为自己了解孩子就随便判断孩子的感受。要留意孩子的心情，告诉孩子他们想要的是什么，这样能让孩子感受到父母的理解。

思维理性型父母与敏感性气质的孩子

养育优势：思维理性型父母通常不会满足敏感性气质的孩子提出的苛刻要求或不恰当要求。在这种情况下，如果思维理性型父母控制好自身情绪，孩子会自己调节敏感的情绪，并能控制好自己的问题行为。

养育劣势：思维理性型父母比较擅长理性思考，而敏感性气质的孩子对刺激比较敏感，所以，思维理性型父母在养育敏感性气质的孩子时，很容易受挫，因为他们很难理解和认同孩子的敏感行为。

养育指导：父母要先从孩子的行为中感受他们的情绪，要温柔地看着孩子并用柔和的语气和他们说话。同时，父母要暂时放下理性，用心感受孩子的情绪和想法。此外，父母最好学习一些育儿知识，提高自身的情绪敏感性。

第六部分

如何对气质特点取长补短

31 找到孩子的气质优点

在前面的章节中，我们依次探讨了气质的概念、形成气质的 9 种要素、由不同气质要素组合形成的 4 种气质类型，此外，我们还讨论了在气质类型相同的情况下，不同需求的孩子的不同表现，以及父母的养育类型如何与孩子的气质相协调。

对孩子气质的培养是将孩子自身拥有的 9 种气质要素合理地整合起来，以便最大限度地发挥它们的作用。当然，培养气质并不是要彻底改变孩子的气质类型，毕竟不同孩子的气质要素组合各不相同，实际上，当孩子的气质图的形状变成最适合孩子本身的形状时，气质培养的目的就达到了。不过，这个过程可能需要一定的时间。

将气质图填成圆形

找出孩子气质图上得分最高的气质要素和得分第二的气质要素，经过这两点在气质图内画一个大圆，这时，孩子的气质图和大圆之间会出现一定的"空白空间"。这个"空白空间"就是孩子的成长空间，它需要父母或老师的引导和帮助才能慢慢填满。需要记住的一点是气质的培养是"填充"，而不是"去除"。

所有气质类型都有优点

所有的气质类型都有优点，而气质的9种要素也有各自的积极作用。有的人可能会认为顺应性气质的孩子优点更多，但事实并不一定如此。

要想了解孩子的气质有何优缺点，父母需要判断孩子属于哪种气质类型以及他们的9种气质要素中突出哪一种。较强的气质要素不仅能帮助孩子超越自我，还能弥补孩子的弱势气质要素。也就是说，孩子有能力在原本的气质类型中塑造自我，实现自我成长。

正确看待孩子的气质优点

气质育儿的宗旨是找到孩子的优点，然后通过他们的优点来弥补他们的缺点。因此，在了解孩子的气质时，首先要关注的不是孩子的气质缺点，而是他们的气质优点。

那么，如何才能正确理解气质图并培养孩子的气质呢？接下来，我们以一个6岁小男孩的故事为例，一起来了解具体的方法。

曾经有一位妈妈带着自己6岁的儿子来到咨询中心。她说孩子在幼儿园时情绪低落，总是憋着大便，让她很担心。

这个小男孩有自己感兴趣的事情，但他十分谨慎，不会直接接触新事物。他会保持警惕，经过仔细观察并确定某件事或某个行为没有问题之后才会行动。在孩子4岁之前，妈妈认为他是因为害羞才会憋着大便。但上幼儿园后，他开始在超过 20 人的集体中学习生活，由于他的社会性极弱，加上抑制性气质，他逐渐变得焦虑起来。他在被动地接受改变的情况下会显得十分紧张，且能量消耗很大。在这种紧张和焦虑的状态下，他无法表现出排便需求，也表现不出想要玩耍的意愿。从表面上来看，他玩得还不错，但事实上，他大多时候都不愉快。每当回到家，他总想和妈妈待在一起，如果别人不提议，他几乎没有想要做某事的意愿。因此，妈妈认为孩子的问题已经不单单是害羞了。这个小男孩的气质图如图 31-1 所示。

◆ 较强的气质要素
刺激敏感性、规则性

◆ 较弱的气质要素
反应强度、接近性、适应性

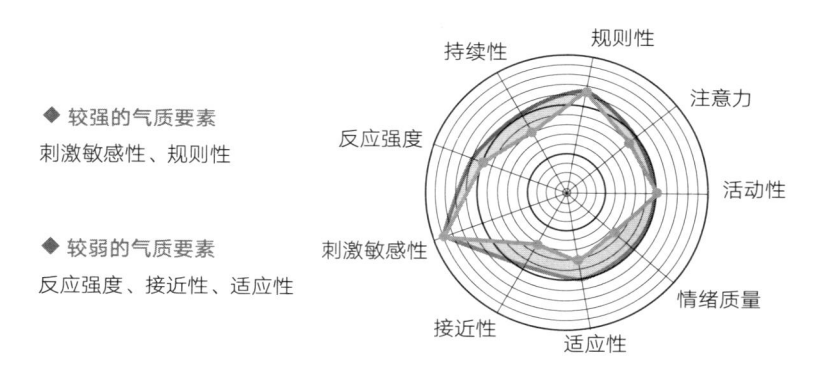

图 31-1　小男孩的气质类型

气质测试结果显示，这个小男孩属于社会性弱的抑制性气质，有很强的刺激敏感性，但表现出的反应强度却很低。他的规则性较强，可以适应秩序，但在社会中的适应性和接近性都很弱。

在图 31-1 中，灰色阴影区是需要帮助小男孩发展的方向。

社会性弱的抑制性气质的孩子的适应性和接近性都很弱，所以，在和很多孩子一起做事时，他们会感到不适，无法灵活地适应集体环境。他们甚至可能适应不了幼儿园，在教室这种人比较多的场所里，他们可能会变得扭捏。另外，进入教室后要自己整理书包，这也可能让他们感到不适。

这个小男孩的活动性一般，非常喜欢且想要做某事的动机不强，但他更不喜欢在教室里静静地待着。所以，进入幼儿园后，在上午的自由游戏时间里，他经常自己搭积木。搭积木可以根据自己的构思来建造独一无二的模型，是一个可以自娱自乐的游戏，但同时它也是一个"封闭"的游戏。它的起始都由孩子自己决定。对这个6岁的男孩来说，搭积木可以让他在不适的教室里感到舒适。

自由游戏时间结束后，孩子们涌入教室，聚在一起参与主题教育或集体活动，之后又是自由玩耍的游戏时间。对社会性弱的抑制性气质的孩子来说，这种流程的快速变化令他们难以习惯。这个小男孩的适应性极弱，活动性也不强，所以他常常回避这种集体活动。

气质名称提示发展方向

如前所述，所有的气质类型都有优点，其优点从气质名称和气质图上就能知晓。当较弱的气质元素包含在气质名称中时，气质类型本身就提示了孩子可进一步发展的方向。

上文提到的小男孩的刺激敏感性非常强，但他很少表现出敏感的特质，这是因为他的反应强度很低。刺激敏感性强但反应强度低是情绪抑制性气质的特征。也就是说，抑制性的气质类型是帮助他的动力，气质图中得分最高的刺激敏感性是他的优点。

刺激敏感性是一种敏锐的感觉能力，在应对环境和情绪时很灵敏。换句话说，刺激敏感性强的人善于观察周围的环境，同时善于倾听和感受自己以及他人情绪。只不过，这个男孩通常抑制了这种敏感性，所以他才没有表现出来。正因如此，即使他的适应性很弱，他也能坚持下去并努力适应周围环境。

为了适应幼儿园这样的社会环境，这个男孩运用了自己气质中最明显的抑制性和规则性。只不过，在抑制和规则的作用下，他消耗了太多的能量，所以无法发挥自身的其他特性，如活动性、注意力和持续性。

换个角度看气质

父母应该如何看待孩子的气质呢？"做你想做的事就行了。""不管什么事，你也去尝试做一做呀。""哪有那么难，为什么不说话呢？"这些话对孩子来说只是单纯的指责，实际上毫无帮助。孩子表现出抑制性和规则性，是因为他认为，这两种特性在那一瞬间是他最需要也是对他最有帮助的。

例如，讨厌做某事时，有些孩子可能会大喊大叫，但上文中提到的这个男孩则默默地隐藏了自己的不适，他会观察周围环境，并遵守规则，避免让情况变得严重。他自认为这是最安全、最舒适的方式。比起固执己见，他更倾向于舒适自由地玩耍。对他来说，他已经尽了最大的努力。

当然并不是所有的孩子都会通过这样的方式进行自我调节。孩子做出的决定不是只有回避，还有为了保护自己进行的调节。

这就是这个小男孩的优点。换个角度看，将这种孩子的抑制性看作优点，为孩子创造舒适的环境，让孩子慢慢地敞开心扉，就是对气质进行取长补短的开始。

从气质优点开始，逐步平衡各气质要素

气质的培养是从气质优点出发，取长补短，逐步平衡孩子所有的气质要素。气质优点是指气质图中分数最高的气质要素。例如，在活动性较强或规则性较强的气质类型中，活动性和规则性就是气质优点。在气质图中，以气质优点为出发点，沿着顺时针方向依次向下，发挥孩子的气质优点，通过优点增强孩子的自信心，以此来弥补缺点。接下来，再以上文提到的6岁小男孩为例，具体说明如何平衡气质优缺点。

强烈的敏感性带来较高的调节能力。对这个小男孩来说，适应社会环境是最难的，如接近陌生的刺激、体验或挑战新事物。同时，他也会在适应社会环境时感受自身的敏感情绪。他的活动性一般，所以他没有特别喜欢的事物，但他因不适而表现出的回避行为比较明显，这时，他的刺激敏感性很容易被人当作是缺点。但在社会环境下，他会有意识地控制不适的感觉和情绪，这时，刺激敏感性反而成了优点——这并不是胆怯，而是一种谨慎、细致的调节能力。

肯定并包容孩子的情绪。这个小男孩的反应强度特别低，因此，强制让他表达自我对他没有任何帮助。此时，父母要支持和包容他的情绪，让他能安心地表达自己的恐惧和犹豫；要谨慎地看待他的敏感，帮助他表达自己内心真正的想法。当父母抛开偏见，走进孩子的内心时，孩子会敞开心扉，不再掩饰自己的内心。

引导孩子找出适合他们的解决方法。在父母的支持下，当孩子开始表达自己的想法后，父母接下来要做的就是和孩子一起思考如何解决问题。如果孩子向父母寻求帮助，父母可以帮助他们，但更重要的是，要让孩子自己找到解决问题的方法，然后按照计划执行。孩子需要相信自己的判断和想法，也需要培养遭遇挫折后能重新开始的自信心。因此，父母要让孩子自己做出合适的决定并执行下去，这种自主性经验对孩子来说十分重要。只有这样，孩子才会真正相信自己的

能力并获得自信。

提醒孩子履行自己的决定。这个小男孩有较强的规则性，只要他制定了解决方法，就能坚决执行。因此，在他执行自己制定的解决办法时，父母稍加鼓励即可，不要催促他，只需要提醒他不要忘记，并支持他有计划地按自己制定的解决方法执行下去即可。

和孩子一起努力解决问题。孩子通常会自己努力寻找解决问题的方法，但过程不会一帆风顺。在人生路上，迎接新挑战和自我开发并不是件容易的事。孩子可能无法顺利执实行自己的计划，遭受失败的打击，但如果父母认为孩子遭遇失败和挫折是没有能力的表现，那么，即使之后处在鼓励的氛围中，孩子也很难再进行尝试，因为在他们看来，与"留守原地"相比，接受已制订的计划却无法执行下去是件更痛苦的事情。

所以，父母需要和孩子一起寻找"是什么干扰了孩子的思考"。即使对成年人来说，纠正一个错误的小习惯或克服恐惧也具有挑战性。很多父母会给孩子灌输错误的思想，比如认为只要努力就能克服一切困难。如此一来，一旦困难没有被克服，孩子会变得更加焦虑。所以，父母要有耐心，要和孩子一起不断努力。父母的耐心是孩子成长的动力，父母的信任是孩子发现自己内心力量的保障。

引导孩子寻找自己真正想要的东西。仔细观察孩子在自行解决问题的过程中为何会失败，这样能发现孩子真正的需求。例如，孩子想要拒绝朋友，但最后却没开口，此时，孩子可能有想和朋友变得亲密的归属需求。如果孩子希望加入朋友的游戏但失败了，他们可能会转向自己玩游戏的尊重需求。

父母找到孩子真正的需求，让孩子的需求逐个得到满足，就可以充分地增强孩子的自尊心。

挑战适应性。孩子找到了解决问题的方法，并在反思失败原因的过程中找到了自己真正的需求，他们已经充分地相信自己，拥有了自主生活的自信。接下来，孩子可以试着去战胜自己的缺点了。父母要做的，就是适当地表扬孩子积极的行为，如：

"宝贝在游乐园和朋友一起笑着玩耍的样子真的很帅气。"

"和你一起玩汽车玩具的那个朋友说非常喜欢你，还想和你一起玩。"

"你和朋友玩的时候看起来很开心，这就是你真正想要的吧。"

"宝贝做得真棒！"

分享适应的喜悦，尝试接触新事物。当孩子和朋友一起融洽地玩喜欢的游戏时，如果他们非常适应环境，就可以让他们和朋友一起尝试接触新环境。例如，带孩子和朋友一起去游乐园，在朋友的陪伴下，他们会愿意尝试新的游乐设施。这时，孩子的目标仅是尝试，而不是享受或挑战。反复练习后，孩子对陌生环境的接近性会逐渐增强。一开始，孩子可能只玩一两种游乐设施，之后会逐渐增多。此外，孩子会渐渐熟悉游乐园的路线，可能还会知道去哪里买冰激凌，当路过时，他们会要求父母给他们买。他们也会自行安排买票之后要做的事情。通过反复学习和熟悉环境，孩子越来越自信，想要尝试的主动性也会提高。

以上就是气质培养的方法。气质培养不可能一蹴而就，需要一个过程，父母应该摒弃想凭借一天的亲子对话或一周的努力就解决孩子问题的想法。不断反思、克服困难，这不是短时间内就能完成的，需要一直坚持下去。所以，父母要陪着孩子慢慢来。希望父母们通过本书的一些事例，提前了解前进的方向，更加耐心地指导并相信孩子。

支持性对话的力量

前文提到的 6 岁小男孩在咨询中心里曾和我们进行了不到 30 分钟的对话。这个孩子虽然活动性弱，不太喜欢说话，缺乏活力，但其实他具备可以做许多事的能力。

我们要做的就是让他把已经具备的能力充分地发挥出来。虽然这需要一定的时间，但只要逐步推进、合理引导，他就会像小鸡破壳而出一样，自己发现并解决问题。他会进一步成长，证明自己很出众。

为了让大家了解这一过程，下面列出了全部对话内容，希望大家了解什么样的对话方式能促进孩子的气质发育。

理解孩子：

"今天过得很愉快吧？"
"大家都在玩射击游戏，就我没玩。"
"民秀没玩，原来是这样。"
"嗯。"
"我有点好奇，民秀是想玩没玩成，还是不喜欢玩呢？"
"不喜欢玩。"
"哦，原来是不想玩，所以才没玩。"
"嗯，后来我没有再继续搭积木，改成折纸了。"
"是吗？看来民秀在朋友们玩射击游戏的时候觉得很烦躁，所以没再搭积木，改为折纸了。不搭积木后感觉舒服一些吗？"

在这种情况下，父母可能会问："你不玩积木后做什么去了？""没做成想做的事，你不难过吗？"这些问题包含这样的暗示：某件事没做完就去做其他事情并不好，不值得鼓励，因为这会影响孩子。实际上，孩子决定了自己解决问题的方式，当他们听到父母的提问时，他们反而会觉得自己没有解决问题，还会觉得自己胆小害怕，内心受到了伤害。这样一来，孩子可能会对自己的内向性气质和抑制性气质感到羞愧，并产生害怕的感觉。所以，父母需要注意：不要带着错误的观念问问题。

"嗯。"
"原来是这样，那太好了。我很好奇民秀用纸折了什么呢。"
"嗯……折了书包，但太难了。"
"折纸时遇到了困难。"

为孩子打造提高反应强度的平台：

"嗯……搭积木时觉得很烦躁，所以没能搭完，结果后来折纸也没折好，所以有些难过吧。"
"没错，感觉有些难过呢。"
"是啊，民秀伤心了。"
"嗯……"
"民秀对哪一点感到伤心了呢？老师想知道。"
"想用积木搭房子，但却没搭完；想折纸书包，但太难了，也没折成……"
"原来是这样，你原本是想把积木搭完的，对吗？"
"嗯。"
"朋友们玩射击游戏打扰到了你，你感到烦躁，所以积木没搭完就出去了。"
"嗯。"

"如果你继续留在那里搭积木，会怎么样呢？"

"嗯……积木会倒塌。"

"你当时担心积木会倒塌？"

"嗯，我讨厌积木倒塌。本来我想在朋友们去其他地方玩的时候继续搭积木的，结果玩游戏的时间结束了。"

支持孩子的规则性：

"原来如此。民秀要遵守游戏时间。所以，虽然民秀很伤心但还是得把积木玩具整理好，对吗？"

"嗯。"

"即使难过也还是把玩具都整理好了，这是件很不容易的事情，但民秀还是做到了。民秀遵守了教室里的规则，你真棒。"

挖掘孩子的活动性：

"民秀其实还是想把没搭好的积木搭完，对吗？"

"没错。"

"那么，你现在还想再试试吗？你还想继续搭原来的积木房子吗？"

"嗯，但现在我想搭一架飞机。"

改善孩子的情绪质量：

"那也很不错，飞机也很棒！那我们一起来试试吧！"

"好。"

给孩子的适应性创造机会：

"哇！民秀用积木搭成了飞机！老师也来试着搭一架。我们一起试着让飞机飞起来吧。"

为了让孩子积极玩耍，最好主动向孩子发出邀请：

"好！那……这里是乘坐飞机的地方！"

"好的！尊敬的乘客们，这是一架开往济州岛的飞机，请大家入座吧！"

鼓励孩子的接近性：

"哇！民秀玩飞机玩得真开心呀！开飞机的样子真的是太酷了。这个游戏真的很有趣。和朋友们一起玩这个游戏也会很有趣吧，可以和朋友们一起玩呢！"

"是的，没错。"

全面观察孩子的气质

在这种情况下，很多父母认为孩子玩得不够尽兴，担心他们会不开心，所以只专注地陪他们玩耍，想让他们玩得尽兴。为了让孩子说出自己的想法，安慰孩子的内心，他们每晚和孩子交谈，拥抱孩子，安慰孩子。

其实，这种引导方法只关注了孩子的一种特征，而没有关注到孩子的整体气质，"只见树木，不见森林"，孩子的气质就无法全面发展。

也就是说，孩子可能只关注负面情绪或一直执着于未被满足的需求，当他们面对社会现实时，内心会疲惫不堪，最终选择逃避。

父母需要做的是全面观察孩子气质特点，肯定优点，改善他们的情绪质量，并为他们创造适应环境的机会，这样一来，他们就能在不知不觉中激发出自己潜在的特质，感受到自身的力量，从而充满自信地、开心地玩耍。

通过观察孩子的行为，很容易只看到孩子的缺点，忽视他们的气质优点和需求。因此，想要真正关心孩子，父母应该寻找那些自己忽略的东西，如孩子天生的气质优点、潜在的需求和丰富的内心，这样才会知道应该从哪些方面向孩子提供帮助。父母对孩子最深沉的爱就是帮助孩子永远朝气蓬勃、勇往直前，活出自己想要的样子。

32 正视孩子的气质缺点及问题行为

大多数孩子都或多或少地存在一些气质缺点，需求可能缺乏，也可能过剩。对此，很多父母往往会认为孩子出现了问题，因为这个问题一直反复出现或一直都未得到解决。孩子的问题行为让父母苦恼不已：究竟怎样才能消除它们呢？在给出具体的方法之前，我们先来了解一下什么是问题行为（见图32-1）。

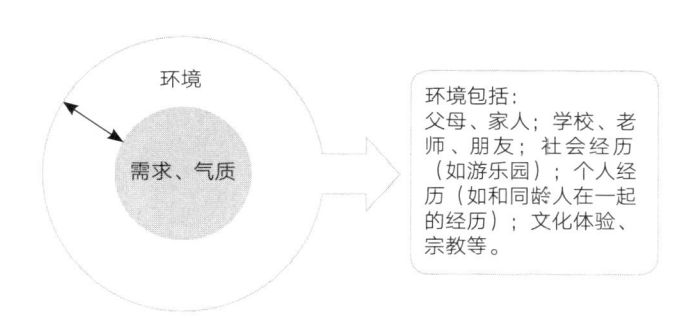

环境

需求、气质

环境包括：
父母、家人；学校、老师、朋友；社会经历（如游乐园）；个人经历（如和同龄人在一起的经历）；文化体验、宗教等。

图 32-1　问题行为的含义

何为问题行为

问题行为并不是说孩子本身有问题，而是说孩子的行为出了问题。因此，当出现问题行为时，父母需要把关注点放在孩子的行为上。

以"孩子哭得很厉害"的情绪问题为例，孩子哭的原因因人而异，且他们想通过哭获得的需求也各不相同。孩子哭可能表示他们难过、生气，也可能表示他们紧张。但即使哭的理由相同，孩子气质特性中的反应强度不同，哭的强度也会不同；孩子的刺激敏感性的程度不同，他们哭的次数也会不同。另外，孩子身处的环境，即父母的性格特点、养育方式、家庭氛围、学校、老师、朋友、社会经历等的不同，也会对孩子哭的理由、强度和次数产生影响。

而且，对其他孩子很有效的解决方法不一定适用于自己的孩子。

想要探究问题所在，必须注意同时观察孩子的气质特征、需求和周围环境，因为孩子的问题行为来源于生活环境，是气质优缺点和需求之间发生化学反应的结果。

问题行为暗藏"功能"

孩子为什么一定要做出某种行为呢？即使父母和老师再三劝说，反复地告诉他们规则，甚至严厉地批评他们，这些行为依旧反复出现。由于找不到孩子出现问题行为的根源，父母或老师的理解之心会逐渐消失，认为孩子是有意为之，进而可能会更加严厉地训斥孩子，把一切错误都归咎于孩子。

但是，父母或老师在试图纠正孩子的问题行为时，可能会忽略一件最重要的事情，即孩子通过问题行为达到的目的，我们可以把它称为"功能"。孩子会通过问题行为得到自己想要的东西，回避自己讨厌的东西，以及防御自己害怕的东西。例如，孩子在号啕大哭时，如果妈妈很快地回应他，他可能会得到妈妈更多的照料。直接通过哭来快速获得想要的东西，这样他就不用再费其他力气了，所以他们会继续做出这种行为。

因此，当父母试图寻找解决孩子问题行为的对策时，在观察孩子的气质特征和需求后，还需要了解问题行为指向的"功能"。

错误的养育方式加剧孩子的行为问题

父母了解了孩子问题行为的"功能"具体是什么后，还要找出哪种养育方式强化了这种"功能"。例如，如果孩子用哭来表达他想要某种东西时，妈妈会很快地对他做出反应，但当妈妈没有察觉到或反应较慢，这会加剧孩子靠哭达到目的的问题行为。父母不恰当的反应、漠不关心的态度、恐吓、奖励等都可能会使孩子的问题行为变得更加严重。

父母的反应
- 对孩子好的行为反应迟钝，而对孩子不恰当的行为反应迅速。
- 对孩子的行为做出过度反应的共情型态度。
- 无条件地给予孩子肯定的盲目型态度。

父母对孩子笑、皱眉头、说话甚至责骂对孩子的成长发展都非常重要。但当孩子做出不合适的行为时，父母不当的反应会加剧孩子的问题行为。

例如，当孩子渴望得到妈妈的反馈时，他们会通过"不听话"来刺激妈妈做出反应。而如果妈妈总是反应过度，或没有反应时，孩子就不会主动做事情。也就是说，妈妈反应迟钝和反应过度都会加剧孩子的问题行为。

父母的漠不关心
- 对做出不当行为的孩子态度冷淡。
- 对做出不当行为的孩子假意拒绝。
- 对做出不当行为的孩子表现出厌恶或抗拒。

另外，父母无视孩子的错误行为应该是"对孩子的行为不予回应"，而不是把孩子当成透明人。然而，在孩子做出错误行为时，很多父母和老师的确会视若无睹甚至拒绝孩子。这种做法不仅无法让孩子反思自己的问题行为，反而会让孩子感到自己被排斥了，内心受到伤害。

父母的吓唬行为
- 对孩子说要把玩具扔了，之后却把玩具还给孩子。
- 叫孩子出去，之后却没让孩子出去。
- 只举起手吓唬孩子。
- 说不让孩子做某事，之后又允许孩子做。

孩子做错事时，很多父母会吓唬孩子"你再这样的话，我就……"，尤其是父母想尽快解决孩子的问题时，通常会使用这样的方法。但是，吓唬孩子实际上会加剧孩子的问题行为，是一种错误的解决方式。一开始，吓唬孩子似乎很有效，但渐渐地，如果父母不加大吓唬力度，孩子就不会乖乖听话。最后，孩子对父母温和的指令变得迟钝起来。同时，父母以强烈的情绪吓唬孩子后，通常会立刻感到后悔，不再吓唬。这样一来，孩子反而会因此藐视父母的权威，并产生抵抗情绪。

父母的奖励
- 对孩子进行有条件的控制,如"如果……,我就给你买玩具"。
- 非奖励情况,如"你得把这个做好,才能给你买玩具"。
- 吓唬,如"不做就不给你贴表扬贴纸"。
- 非实质奖励,如"做得好,很了不起"。

奖励是纠正孩子问题行为的一种策略。奖励的目的是让孩子努力做出积极的行为,可以让孩子明白延迟自我满足会获得更好的结果。对孩子的恰当行为给予奖励,会提升孩子的信心。

不过,父母在奖励时,如果没能正确地理解奖励的目的,稍有不慎,奖励会成为控制孩子的手段,如"如果……我就给你这个"或"只有做完这个,你才能得到那个"。"做了 A,就给你 B"的错误奖励方式会让孩子以为自己努力做出积极行为后理应得到奖励,因此,他们会对奖励的目的和原则产生误解。

例如,一些父母常因孩子经常打人而感到苦恼,为了控制孩子的攻击性,父母尝试奖励他们,如"如果不打朋友就给你买想要的零食"。但事实上,这种奖励方式无法让孩子真正学到自我调节的必要性,孩子依旧无法理解"控制情绪对自己是必要的",而且这种奖励方式可能会成为孩子问题行为被压制后的安慰剂。也就是说,孩子依旧不理解自己错在哪里。当他们没有打别人时,他们会认为自己做得不错,但他们想打别人的想法依旧存在。这时,想矫正他们的思想会更加困难。

因此,父母在运用奖励的过程中,他们所说的话非常重要。如果父母称赞孩子"没有打朋友,做得不错",那么孩子会认为"一直忍着想打朋友的心情,做得不错"。父母应该这样说:"虽然和朋友玩的时候不能随心所欲,但你做出了努力,尽力没让自己生气(鼓励),今天你忍住了打朋友的错误行为(核心)!"父母要明确地向孩子传达这样的鼓励。

奖励虽然是一种很有效的纠正问题行为的策略，但要避免长时间使用，也要避免经常使用。如果父母滥用奖励，孩子会更难以找到自己行为的内在动机。因此，想要通过奖励纠正孩子的行为，父母需要对孩子的气质和状况进行细致的分析。

实际上，父母不要用奖励来纠正孩子的问题行为，而要把奖励当作促进孩子做出积极行为的手段。例如，当孩子第一次学会整理玩具时或养成好的学习习惯时，父母可以给予他们奖励，并表扬他们的行为。另外，无论奖励能起到多好的效果，尽量在短期内使用。对于幼儿，同样的奖励的使用时长最好不要超过一个月。

附 录

气质育儿 Q & A

Q. 孩子都 7 岁了，还会动不动就哭，该怎么办？

A. 孩子可能是抑制性气质或敏感性气质，无法很好地控制情绪。如果孩子属于抑制性气质，为了让孩子表达自己的需求，父母可以告诉孩子满足需求的方法；如果孩子属于敏感性气质，父母可以观察孩子的情绪，用明确的感情词语表达孩子的情绪，让孩子认识到自己的情绪。

Q. 在幼儿园或游乐场时，孩子完全无法与其他孩子和睦相处，该怎么办？

A. 孩子属于社会性弱的气质。社会性弱的抑制性气质的孩子或社会性弱的敏感性气质的孩子,很难接近同龄人或与同龄人相处。所以,在孩子刚开始融入朋友时,父母要帮助孩子,并在旁边指导和称赞,让孩子慢慢地尝试,直到孩子熟悉为止。

社会性弱的顺应性气质的孩子和社会性弱的持续性气质的孩子都喜欢独处,对与同龄人相处缺乏兴趣。对于这样的孩子,父母需要帮助他们结识爱好相同的朋友。

Q. 孩子现在依旧睡得不长,晚上经常醒,该怎么办?

A. 抑制性气质的孩子和敏感性气质的孩子在夜晚经常难以进入深度睡眠。而且,如果抑制性气质的孩子在白天无法充分表达自身需求或需求无法得到满足,那么他们缺失的活动性需求会通过不安分的睡眠习惯表达出来。

敏感性气质的孩子对轻微的刺激很敏感,所以很难入睡。父母可以调整房间内的温度和湿度,保持房间清新、凉爽;孩子睡觉前最好用凉水给他们降温,这样有助于他们睡个好觉。

Q. 孩子对父母也不会坦露内心的真正想法,该怎么办?

A. 孩子可能是顺应性气质或抑制性气质,他们不愿表达自己的想法。顺应性气质的孩子对自己的内心并不关心,他们会说自己不知道内心的真正想法是什么。抑制性气质的孩子则很难说出内心的想法,因为他们无法理顺被压抑和被回避的情绪。因此,对于顺应性气质的孩子,与其向他们抛出问题,不如对他们说"你看起来心情……",通过观察孩子,用反映孩子心情的语言引导他们感受内心;对于抑制性气质的孩子,可以对他们说:"你想和朋友说哪件伤心事？""我对具体的内容很好奇。"同时，要给他们整理思路的时间，放慢聊天的节奏。

Q. 兄弟姐妹之间的关系很紧张，该怎么办？

A. 在婴幼儿期，孩子的确无法和兄弟姐妹和睦相处。尤其对持续性气质的孩子和敏感性气质的孩子来说，在发生矛盾后，他们经常大打出手。当持续性气质的孩子和兄弟姐妹发生矛盾时，父母需要对他们晓之以理，要树立公平的原则，分割玩具等物品的所有权，并制定游戏规则。而对于敏感性气质的孩子，父母可以教他们用语言来表达自己的不适，这样，他们会逐步养成在发生矛盾前通过沟通来解决问题的习惯。

Q. 孩子非常讨厌读书和解算术题，该怎么办？

A. 孩子很可能是注意力弱的气质，他们很难专注于学习。通常，抑制性气质的孩子和敏感性气质的孩子在学习上很难集中注意力，他们无法忍受做讨厌的事情，且讨厌经历挫折。对于这样的孩子，父母需要帮助他制定能坚持下去的目标，让他们坚持练习，并培养他们的耐力。而持续性气质的孩子对某些事情的排斥是天性使然，父母需要引导他们制定目标，然后指导他们为达到自己的目标坚持到底。在指导孩子时，父母要有耐心和果断性。

Q. 孩子好像总是说谎，该怎么办？

A. 孩子很可能是顺应性气质或抑制性气质。顺应性气质的孩子想要获得某物，却无法表达出来，他们偷偷地拿到想要的东西后，害怕被揭穿，所以会掩盖事实真相。抑制性气质的孩子想要表达无法被满足的高需求时会夸大其词，也可能会遮遮掩掩。当孩子说谎时，最好的养育方式是告诉他们，父母已经知道他们说谎了，然后告诉他们要诚实。

Q. 无论怎么说，孩子早上都起不来该怎么办？

A. 基本上，规则性较弱或刺激敏感性较强的孩子会出现这类情况。敏感性气质的孩子起床困难可能是因为身体状况，而持续性气质的孩子则会因为起床后要做自己不想做的事情而感到烦躁。

　　早晨起床终究是一种习惯。所以，父母必须以一贯的方式要求孩子按时起床。对于敏感性气质的孩子，父母要留意自己的语气和态度，温和地叫醒孩子。对于持续性气质的孩子，父母要平静、果断，不要屈从于孩子的意志。

Q. 稍微让孩子做点事，他就发很大的火，该怎么办？

A. 顺应性气质的孩子和抑制性气质的孩子在拒绝他人和处理消极情况时经验不足，缺乏成熟的应对策略。所以，在家庭中，父母要尝试让孩子接受不同的意见和想法，承认差异。如果孩子表现还不错，但并不是父母喜欢的方式，那么，与接受孩子的行为相比，对孩子来说，拒绝反而是一种更好的体验。

敏感性气质的孩子爱闹别扭,父母要解读他们的心思,多陪伴他们,但不要过于纵容。对持续性气质的孩子来说,如果他们没有获得自己想要的东西,会不高兴。如果"不做某件事"是原则,那么即使孩子不高兴,他们也会把这一原则坚持到底。在孩子释怀之前,父母不要干涉他们的行为,而要静静地等待。

Q. 孩子每天都冒冒失失的,总丢三落四,该怎么办?

A. 规则性和注意力弱的孩子无法看管好自己的物品,因此,父母要反复地把原则告诉他们,让他们变得专注,并养成习惯。社会性强的顺应性气质的孩子或持续性气质的孩子,除了和朋友一起玩之外,对其他事情都不太关心,需要花很长的时间才能养成习惯。在幼儿期,他们无法在几个月内养成习惯,这时,父母不要急躁,要耐心地不断提醒孩子。

Q. 孩子好像攻击性很强,用拳头打了朋友的脸,该怎么办?

A. 活动性强的敏感性气质的孩子或社会性强的敏感性气质的孩子往往会表现出攻击性行为,因为他们无法忍受不合自己心意的情况。他们容易暴躁,会大喊大叫并威胁对方,扔玩具或举起拳头,甚至动手打人。对于这种气质类型的孩子,父母需要对其进行自我控制训练,帮助他们调控自身需求和情绪。

最重要的是预防或及时制止孩子的攻击性行为,不要让这种行为成为孩子的习惯,因为当某种行为不断重复时,它会成为习惯性的、下意识的反应。所以,当孩子举起拳头或突然想扔东西时,父母应该立刻抓住孩子的拳头或抢过孩子想要扔的玩具,阻止孩子的行为。

孩子只知道用攻击来表达愤怒，所以，要教给孩子其他解决自身不适的方法。例如，告诉孩子，当非常生气时，与其动手打人，不如拍打靠垫，用"真的是气得忍不了了！"这样的话来表达自己的心情。

社会性弱的抑制性气质的孩子和社会性弱的敏感性气质的孩子感到不适时，会直接咬对方或打对方。在这种情况下，父母需要教孩子在情绪激动时要控制自身行为，而不是控制对方的行为；更有效的方法是教给他们社交方法，避免发生冲突。例如，在玩抓人游戏时，教孩子不要直接拦住过来的朋友，而是迅速地喊"停"。在和朋友玩游戏时，如果气氛突然变得紧张，父母可以教孩子提议换游戏，比如教他们对朋友说"这个游戏就到此为止吧，现在我们来玩赛跑"。

Q. 耍赖要求再做一次，不让他做，他就哭得很厉害该怎么办？

A. 抑制性气质的孩子、持续性气质的孩子以及敏感性气质的孩子，即使游戏结束，也会耍赖要求再玩一次。抑制性气质的孩子在自己的要求被拒绝时，只会哼哼唧唧地哭泣；持续性气质的孩子会边哭边固执地要求再玩一次；敏感性气质的孩子可能会动来动去、号啕大哭。不同气质的孩子的哭泣方式有所不同，但他们之所以想"坚持再玩一次"，其理由基本上都是父母给了他们"再玩一次"的机会。尤其是对持续性气质的孩子和敏感性气质的孩子来说，即使多次坚决地拒绝他们，他们也不会轻易地妥协。所以，父母需要耐心地引导他们。

Q. 孩子经常摸自己的生殖器官，即使帮他转移注意力，他仍然会继续摸，该怎么办？

A. 抑制性气质的孩子和敏感性气质的孩子基本上都具有较强的刺激敏感性。对这类孩子来说，感官刺激可以让他们感到放松。就像吮吸手指、抚摸被子一样，在玩耍的过程中，孩子会在不自觉的情况下碰触或抚摸自己的生殖器官，这会让他们感到开心。所以，当孩子感到紧张或无聊时，摸生殖器官会成为他们专属的"游戏"。

尤其是活动性强的抑制性气质的孩子和活动性强的敏感性气质的孩子，当他们感到无聊或需求无法得到满足时，他们会通过摸生殖器官来打发时间。在这种情况下，与其担忧孩子，不如帮助孩子，满足孩子的需求，并在身边监督他们，避免他们一再出现这种行为。对于 6 岁以上的孩子，父母需要严格要求他们，不要让他们在不适宜的场合摸生殖器官。

Q. 对活动性强的顺应性气质的孩子来说，什么是必需的？

A. 守护

活动性强的顺应性气质的孩子不会要求父母照看他们。他们的事情会自己做。他们不会要求别人关注，做事时，也不喜欢请求别人帮忙。他们觉得自己做事很自在，习惯自己做事，所以，无论是帮助他人还是寻求他人帮助，都会让他们感到不适。

因此，在他们做事时，父母最好在旁边默默地守护他们，静静地看他们做。这能让孩子体会到父母的爱和支持，也能让他们感受到与他人在一起时的相互支持和情感交流是非常美好的。另外，孩子向身旁的父母提出一些小小的请求和问题，学会面对自己不知道的或难以解决的事情时，他们会懂得通过询问他人、寻求帮助来满足自身的需求。

当孩子在搭积木、玩布娃娃或做练习题时，父母要面带微笑并耐心地看着他们。孩子看到这种眼神之后，他们的关注点将不再是自己做的事情，而是体验到"存在的爱"，即"无论我做什么，父母都是爱我的"。

所以，父母与其问孩子"你需要什么？"，不如陪在他们身边，并对他们说"有什么需要就告诉我"。当孩子请求帮助时，父母再自然而然地加入，可以温柔地说："看来不太行，让我们一起来试一试吧。"

活动性强的顺应性气质的孩子大多追求有成就指向性的目标，与享受过程相比，他们更关注结果和成就。所以，他们经常忽视追求成就过程的幸福。因此，在孩子勤奋认真做事的同时，父母最好能帮助他们体验过程的快乐。

理解并支持孩子的内心

活动性强的顺应性气质的孩子做任何事都很认真，但他们并不太在乎自己的实际内心状态和情绪；也可能是因为他们做事太专注，无暇顾及其他事情。所以，活动性强的顺应性气质的孩子的需求越强烈，就会越专注于满足自身需求，而不是情绪。如此一来，当感到累的时候，他们只会说累了，但不会想自己为什么会累。

大部分小学高年级的孩子都已经有明确的爱好，但活动性强的顺应性气质的孩子会因理想不明确感到苦闷。他们对自己的主观想法好像一直都很模糊，所以，当他们在为一些事情烦恼时，为了忘记烦恼、追求舒适，他们往往会腾出时间去玩游戏、看电视或看漫画书来缓解压力。

在这个阶段，孩子的高需求和认真做事的优势依然存在，父母需要帮助他们多接触新事物，迎接新挑战，提升他们对自己的主观情绪的敏感度。平时，父母要耐心地帮助孩子，让孩子理解自己的行为和话语中包含的主观想法和情感。如果父母能在一旁帮助孩子，孩子就能意识到自己因顺应性气质而忽视的主观情绪和意志。

活动性强的顺应性气质的孩子往往会先考虑他人，而且他们不会在琐碎的事情上发表自己的看法。针对这一点，父母应为他们创造轻松讨论的家庭氛围。需要注意的是，不要要求孩子表达自己的需求。例如，对孩子说"你到底想要什么东西"，这样要求孩子表达自己的需求，与孩子的顺应性气质是相违背的，反而会让孩子感到不适。

妈妈："今晚咱们出去吃饭，宝贝想吃什么呢？"

孩子："炸酱面，比萨也不错，肉也行，我觉得都可以，爸爸妈妈想吃什么，我就吃什么。"

妈妈："谢谢宝贝为爸爸妈妈着想。你最先说的是炸酱面，大概最想吃的就是它了。宝贝确实喜欢炸酱面。"

孩子："没错。"

妈妈："那么，咱们今天吃炸酱面，怎么样？"

孩子："好啊，那我们就吃炸酱面吧。"

妈妈："好的。"

认识、鼓励和称赞孩子的能力

活动性强的顺应性气质的孩子做任何事都很认真、出色，他们会顺应社会期望，且在学习中多表现出一种"执行中心"态度，而不是"能力中心"态度。

能力中心是认识到自己的主观能力，并享受能力发展的过程。而执行中心则是按预期做事，更看重结果。如果结果失败了，他们会立刻感到沮丧，他们根据目标而产生的动机会消失，学习的乐趣也随之消失。

　　因此，活动性强的顺应性气质的孩子不会空有梦想，他们重视维护自己认真学习的成果。即使犯了小错误，他们也会感到焦虑和沮丧。所以，进入小学以后，这种气质类型的孩子渐渐形成了一种追求安全的学习模式。与挑战自己相比，他们更倾向于维护自身的优秀能力。因此，对他们来说，鼓励并称赞他们的主观能力是十分必要的。

　　孩子："妈妈，我做得很好吧！钢琴老师夸我弹得好。"

　　妈妈："你弹钢琴很认真，实力得到了认可，所以心情很好是吧？"

　　孩子："嗯，没错。"

　　妈妈："你坚持不懈地弹钢琴，实力真的提升了不少，真棒！可是，宝贝什么时候弹钢琴会心情好呢？"

　　孩子："嗯……心情好的时候。"

　　妈妈："啊，心情好的时候弹钢琴心情更好啊？那你今天回到家弹钢琴，就说明你今天的心情不错，对吗？"

　　孩子："是的。"

　　妈妈："那昨天你回家后弹钢琴，也是因为发生了让你心情好的事情吗？"

　　孩子："没有，昨天我只是想弹而已。"

　　妈妈："看来宝贝心情好的时候会弹钢琴，只想弹的时候也会弹呀。妈妈现在知道你什么时候才会弹钢琴了。"

　　像这样，父母深入了解孩子的主观情感变化，并给孩子解释出来后，孩子能渐渐意识到自己喜欢什么，并开始学着表达。

未来，属于终身学习者

我这辈子遇到的聪明人（来自各行各业的聪明人）没有不每天阅读的——没有，一个都没有。巴菲特读书之多，我读书之多，可能会让你感到吃惊。孩子们都笑话我。他们觉得我是一本长了两条腿的书。

——查理·芒格

互联网改变了信息连接的方式；指数型技术在迅速颠覆着现有的商业世界；人工智能已经开始抢占人类的工作岗位……

未来，到底需要什么样的人才？

改变命运唯一的策略是你要变成终身学习者。未来世界将不再需要单一的技能型人才，而是需要具备完善的知识结构、极强逻辑思考力和高感知力的复合型人才。优秀的人往往通过阅读建立足够强大的抽象思维能力，获得异于众人的思考和整合能力。未来，将属于终身学习者！而阅读必定和终身学习形影不离。

很多人读书，追求的是干货，寻求的是立刻行之有效的解决方案。其实这是一种留在舒适区的阅读方法。在这个充满不确定性的年代，答案不会简单地出现在书里，因为生活根本就没有标准确切的答案，你也不能期望过去的经验能解决未来的问题。

而真正的阅读，应该在书中与智者同行思考，借他们的视角看到世界的多元性，提出比答案更重要的好问题，在不确定的时代中领先起跑。

湛庐阅读 App：与最聪明的人共同进化

有人常常把成本支出的焦点放在书价上，把读完一本书当作阅读的终结。其实不然。

时间是读者付出的最大阅读成本

怎么读是读者面临的最大阅读障碍

"读书破万卷"不仅仅在"万"，更重要的是在"破"！

现在，我们构建了全新的"湛庐阅读"App。它将成为你"破万卷"的新居所。在这里：

- 不用考虑读什么，你可以便捷找到纸书、电子书、有声书和各种声音产品；
- 你可以学会怎么读，你将发现集泛读、通读、精读于一体的阅读解决方案；
- 你会与作者、译者、专家、推荐人和阅读教练相遇，他们是优质思想的发源地；
- 你会与优秀的读者和终身学习者为伍，他们对阅读和学习有着持久的热情和源源不绝的内驱力。

下载湛庐阅读 App，
坚持亲自阅读，
有声书、电子书、阅读服务，
一站获得。

本书阅读资料包
给你便捷、高效、全面的阅读体验

本书参考资料
湛庐独家策划

- ✔ **参考文献**
  为了环保、节约纸张，部分图书的参考文献以电子版方式提供

- ✔ **主题书单**
  编辑精心推荐的延伸阅读书单，助你开启主题式阅读

- ✔ **图片资料**
  提供部分图片的高清彩色原版大图，方便保存和分享

相关阅读服务
终身学习者必备

- ✔ **电子书**
  便捷、高效，方便检索，易于携带，随时更新

- ✔ **有声书**
  保护视力，随时随地，有温度、有情感地听本书

- ✔ **精读班**
  2~4周，最懂这本书的人带你读完、读懂、读透这本好书

- ✔ **课　程**
  课程权威专家给你开书单，带你快速浏览一个领域的知识概貌

- ✔ **讲　书**
  30分钟，大咖给你讲本书，让你挑书不费劲

湛庐编辑为你独家呈现
助你更好获得书里和书外的思想和智慧，请扫码查收！

（阅读资料包的内容因书而异，最终以湛庐阅读App页面为准）

육아 고민 기질 육아가 답이다！（Parenting Worries? Temperament Parenting is the Answer!）
Copyright ⓒ 2019 by Choi Eunjung
All rights reserved.
Translation rights arranged by ICT Company Ltd(SOULHOUSE)
through May Agency and Chengdu Tennyo Culture Communication Co., Ltd.
Simplified Chinese Translation Copyright ⓒ 2022 by Cheers Publishing Company

本书中文简体字版由 SOULHOUSE 授权在中华人民共和国境内独家出版发行。未经出版者书面许可，不得以任何方式抄袭、复制或节录本书中的任何部分。

著作权合同登记号：图字：01-2022-4892 号

版权所有，侵权必究
本书法律顾问　北京市盈科律师事务所　崔爽律师

图书在版编目（CIP）数据

现在，发现孩子的优势 /（韩）崔殷贞著；张彦青译. -- 北京：中国纺织出版社有限公司，2022.10
　ISBN 978-7-5180-9859-0

Ⅰ. ①现… Ⅱ. ①崔… ②张… Ⅲ. ①家庭教育-教育心理学　Ⅳ. ①G780

中国版本图书馆CIP数据核字（2022）第169642号

责任编辑：刘宇飞　朱安润　责任校对：高　涵　责任印制：储志伟

中国纺织出版社有限公司出版发行
地址：北京市朝阳区百子湾东里 A407 号楼　邮政编码：100124
销售电话：010—67004422　传真：010—87155801
http://www.c-textilep.com
中国纺织出版社天猫旗舰店
官方微博 http://weibo.com/2119887771
唐山富达印务有限公司印刷　各地新华书店经销
2022年10月第1版第1次印刷
开本：710×965　1/16　印张：21
字数：330千字　定价：89.90元

凡购本书，如有缺页、倒页、脱页，由本社图书营销中心调换